教育部"创新团队发展计划"研究成果（IRT_17R52）

CHINA'S MONETARY POLICY
OBJECTIVES AND TRANSFORMATION

中国货币政策
目标与转型

范从来 著

南京大学出版社

前　言

　　20世纪80年代以来,西方发达国家开始实施单一通货膨胀目标制,实现了产出和通胀稳定。1981—2007年,世界经济平均增长率为3.03%,通货膨胀率平均为6.45%,勾勒出全球经济"高增长、低通胀"的独特画卷,Stock & Watson(2005)、Karras(2013)称此现象为宏观经济的"大稳健"(The Great Moderation)。改革开放40年,我国经济发展经历了物价、产出高波动,再到物价、产出双稳定的转变过程。1978—1995年,以标准差计算的波动性,我国经济增速波动性为3.4%,通货膨胀率波动性为7.2%。1996至今,经济运行趋于平稳,经济波动性明显缩小。1996—2017年,经济增速波动性为1.9%,通货膨胀率波动性为2.4%,产出、物价双稳定,呈现出"高增长、低通胀"的中国特征。与世界经济的"大稳健"相比,中国经济完全可以称为"高稳健"。这种稳健的实现是多种因素促成的,本书试图从货币政策角度对这个问题进行初步的探讨。

　　自从1929至1933年世界经济大萧条促使货币政策成为主要需求管理工具以来,如何制定适应一国经济金融运行状态的货币政策目标,以确保货币政策有效决策和实施,一直是学术界和政策决策层讨论的热点议题。2008年国际金融危机的发生,在很多方面,引起了学术界对货币政策理论的重新思考,其中一个重要方面就是,为什么旨在稳定价格的货币政策无法确保金融稳定。这一争论直接威胁到以价格稳定为单一目标的经典货币政策。危机后在各国货币政策实践中大有将金融稳定纳入最终目标体系的趋势。自中国经济步入新常态以来,随着产出增速的持续放缓和经济结构的艰难调整,中国的金融风险正不断放大,货币政策应该如何兼顾金融稳定成为我们必须面对的重大问题。与此同时,中国的货币政策实施正在由数量型为主向价格型为主转变,这也要求我们认真思考如何创新使用货币政策以更好地服务于经济金融的稳定运行。正是基于以上这些理论背景和现实需求，形成了本项研究成果。

从现有文献来看，学术界和政策决策层普遍认为，如果从社会福利最大化角度来看，中央银行应当首先将货币政策最终目标设定为价格稳定。那么，再从世界主要国家中央银行在操作实践中所采用最终目标的演化过程来看，也相应经历了20世纪80年代之前的经济增长向20世纪80年代之后的价格稳定转变，再到2008年国际金融危机爆发以来，又进一步向以价格稳定为主同时兼顾金融稳定目标的转变。其演变脉络如图1所示。

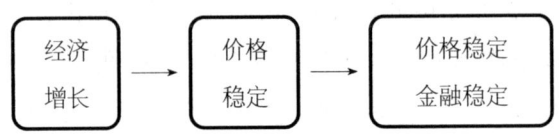

图 0-1　货币政策最终目标选择的演变

就价格稳定目标而言，大量文献表明，中央银行将货币政策最终目标设定为价格稳定，可以通过减少通货膨胀造成的社会福利成本，进而实现社会福利最大化。这是因为，通货膨胀会通过影响货币支付和计价单位功能以及价格机制的信号功能发挥，进而造成社会福利损失。

具体地，首先，从货币功能角度来看，通货膨胀会导致名义利率上升，进而使得微观主体持有货币的机会成本增加从而减少货币持有量，这样就会使货币支付功能弱化，并表现为微观主体会花费更多时间进行经济交易并减少闲暇和工作时间，从而造成福利损失（Driffill et al.，1990；Lucas，1994）；另一方面，通货膨胀还会要求所有名义量持久调整，从而使得商品价格变动频繁而产生菜单成本最终造成福利损失（Fischer & Modigliani，1978）。其次，从价格机制的信号功能来看，通货膨胀越高会造成通胀变异性越大（Barro，1997）。这样，微观主体往往会形成未预期到的通货膨胀，而未预期到的通货膨胀又使得商品、劳动和金融市场上价格机制的信号功能无法发挥而造成资源配置扭曲，并表现为商品过剩、失业以及财务成本上升。可见，中央银行将最终目标设定为价格稳定，可以通过保障货币功能的高效发挥以及资源的有效分配，进而实现社会福利。事实上，基于上述原因，自从20世纪80年代以来，几乎所有的中央银行都逐步将价格稳定设定为其最终目标（张晓慧，2012）。

然而，早在20世纪70年代，以菲利普斯曲线为代表的凯恩斯经济学，却为中央银行将货币政策最终目标设定为经济增长提供了理论依据。菲利普斯曲线实际上意味着，中央银行可以在可容忍的通货膨胀和由此换来的经济增长之间进行权衡。由此，中央银行运用扩张性货币政策刺激经济增长就成为这一时期重要的政策目标。这之后，西方工业化国家出现了较为严重的"滞胀"问题。经济增长与通胀之间的交替关系不再出现，中央银行所实施的货币政策无法实现经济增长反而导致通货膨胀。同时，新古典经济学理论研究也进一步表明，在微观主体理性预期的推动下，菲利普斯曲线实际是一条处于自然率水平上的垂直线，这意味着货币政策并不会对经济增长产生影响（Lucas，1976），从而也就使得学术界和政策决策层认识到，中央银行只有专注于单一目标，保持好价格水平的稳定，才能在最大程度上为经济运行创造稳定适宜的环境，这也就促使了各国中央银行的货币政策最终目标由经济增长转变为价格稳定。

2008年国际金融危机爆发以前，尽管金融失衡积累了大量风险，但并未引起中央银行的足够重视。其中一个关键原因在于价格稳定可以确保金融稳定的信念深入人心。20世纪70年代以来，主流观点认为货币政策的首要最终目标是致力于实现长期价格稳定，货币政策本身并不是一个足以应对资产价格暴涨和暴跌之潜在破坏效应的有效工具，但是价格稳定与金融稳定之间具有较强的正相关性。Schwartz（1995）提出了"Schwartz假设"，认为价格稳定是实现金融稳定的充分条件，保持价格稳定的货币政策同样也可以实现金融稳定。更谨慎的观点如Issing（2003）则认为尽管价格稳定并非实现金融稳定的充分条件,但两者之间的确存在着某种一致性,价格稳定能够促进金融稳定。Bernanke & Mishikin(1997)也认为价格稳定和金融稳定是高度一致的目标,可以在通货膨胀目标制的货币政策框架下取得。Poole(2007)指出,在一个具有内在联系的货币政策框架下,通货膨胀、经济增长和金融稳定可以协调,其中价格稳定是关键因素。此外,实证研究表明,从长期来看,金融稳定和币值稳定的确是互为补充的,并且金融危机通常爆发在价格水平不断上升之后(Bordo, 2000; Calomiris, 1998)。因此,中央银行维护金融稳定和实现币值稳定这两个目标是一致的,不存在所谓的取舍问题。这一关于价格稳定与金融稳定一致性的观点和价格稳定与产出稳定具有一致性的发现如出一辙。

随着2008年国际金融危机的爆发,人们又对单一的价格稳定目标展开了深刻反思。这是因为,自20世纪80年代以来,西方工业化国家金融市场化程度出现不断加快趋势,金融体系发展步伐大大加快。在此情况下,一旦中央银行放松货币条件,就会导致金融体系信贷、资产价格以及大宗商品价格的大幅波动,从而加剧金融失衡,并最终影响到国民经济运行的稳定性。但是,如果从其价格稳定目标来看,由于这一目标是以盯住CPI为主,而CPI又因其不直接包含资产价格,以及无法体现大宗商品价格波动引致的结构性价格上涨,从而使得价格表现出相对稳定性,这就不难看出,如果中央银行仅仅将价格稳定设定为最终目标,就会纵容资产价格泡沫,进而累积巨大的金融风险。由此,Mishkin(2011)在反思货币政策科学和策略时指出:"虽然价格和产出稳定肯定是有益的,但此次危机表明,孤立盯住这些目标的政策也许不足以产生好的经济效果。"Borio(2011)也进一步指出:"中央银行业务在此次国际金融危机之后已经异与往昔。"可见,国际金融危机爆发之后,中央银行在实现价格稳定目标的同时还要兼顾金融稳定性。事实上,从社会福利最大化的角度来看,如果中央银行对金融稳定做出反应,会降低产出和通货膨胀波动并提高社会福利(Christiano et al., 2008; Bauducco et al., 2008; Cúrdia & Woodford, 2010)。同时,经验证据也发现,在本轮国际金融危机期间,相当多国家的中央银行确实对金融稳定做出了积极反应(Cecchetti & Li, 2008; Bulír & Cihák, 2008; Baxa, 2013)。

回顾我国货币政策改革的40年,我国在改革初期围绕币值稳定,货币政策是单目标还是双目标,进行了激烈的争论。随着改革和发展的推进,货币政策在坚守币值稳定的基础上,旗帜鲜明地选择了多目标之间的动态权衡。

单目标与双目标之争。改革初期我国货币政策选择的是发展经济和币值稳定的双目标。"我国货币政策的目标,必须兼顾发展经济和稳定货币两个方面"(刘鸿儒,1983),把发展经济放在首位。这种选择与经典理论相悖,引起学术界很大的争议,争议的焦点是稳定通货和发展经济之间的关系很难处理,无法兼顾。而从实际情况来看,改革之初,我国生产力水平低下,经济结构失衡,商品严重短缺。为迅速发展经济,我国提高农产品价格、提高工资、安排就业等,政策势必造成货币发行过多,1980年我国商品零售价格指数上升了6个百分点。如果简单地采取抽紧银根、压缩消费的办法,物价是稳定了,但必然会造成生产难以恢复,人民生活受到影响,大家对改革发展就会失去希望。在这种状况下,"我们采取的货币政策,实际上是从搞活经济入手,重点发展农业和日用消费品生产,调整农轻重比例关系,增加商品供应,从而使货币流通同商品流通相适应"(刘鸿儒,1983)。搞活经济,增加商品供应,以此为基础稳定物价。1981年,我国的商品零售价格指数下降到2.4%,1982年为1.9%。理论上,中央银行的产出稳定目标与价格稳定目标是一致的,不存在取舍关系,伯南克等(2007)因此将这一现象称之为"神圣巧合"或"天赐的巧合"。稳定价格的货币政策可以同时实现产出缺口稳定,从而使产出围绕自然水平增长。这种增长是指在充分就业水平上的平稳增长,即保持产出缺口稳定的增长。我国改革初期,显然不具备这种条件。正是基于中国的实际情况,打破理论上的教条,实施双目标的货币政策,迎来了改革开放的良好开局。

稳健彰显目标之间的动态权衡。1985年、1988年、1994年我国均遇到了严重的通货膨胀问题,商品零售价格指数分别为8.8、18.5、21.7,通货膨胀给我国经济发展造成了极大的影响。在这样的背景下,1995年《中华人民共和国中国人民银行法》正式以法律的形式将我国中央银行货币政策目标确定为:"保持货币币值的稳定,并以此促进经济增长""这一单目标论的规定实际上并未得到广泛认同。"(谢平,2000)1997年以后中国发生了通货紧缩,1998年商品零售价格指数为97.4,同时又遭遇1998年亚洲金融危机的冲击,经济增长陷入了低迷,中国似有信贷紧缩的迹象,社会各界要求货币政策发挥更积极的作用。我国实施的是积极财政政策与稳健货币政策的组合,那时稳健的货币政策首次出现并一直延续至今。对稳健的表述学术界一直认为内涵不清晰,不利于预期管理。但从实施过程来看,应该是指,对付通货紧缩,不是简单的通货再膨胀;对付经济增长低迷,也不是迅速扩张货币。在确保流动性充裕的前提下,稳定经济增长,经济增长率从1998年的7.84到2000年的8.49,再到2003年的10.04。通过经济增长的稳定恢复市场信心,实现币值的稳定,商品零售价格指数到2004年回到100之上(102.81),成功化解亚洲金融危机对我国经济的冲击。稳健货币政策显示出货币政策目标中币值稳定权重的加大,其现实背景则是,改革红利使得我国生产力迅速发展,卖方市场转向买方市场,经典理论中单一目标的条件开始具备。

多目标内涵的拓展。进入21世纪,虽然我国银行法对货币政策的目标没有进行修改,但在实践中,多目标成为我国货币政策的选择。"把握好实现币值稳定、经济增长、充分就业、国际收支平衡四大目标间的平衡,促进经济社会又好又快发展"(周小川,2011)。我国的货币政策可以说是旗帜鲜明地把币值稳定、经济增长、充分就业、国际收支平衡作为目标,而不是遵循经典的货币政策单一目标论。2008年国际金融危机爆发以前,西方经济普遍呈现出低通胀和平稳产出缺口并存的特点,不少学者将这一现象称为经济周期"大稳健"时期。本轮金融危机表明经济稳定并不能保证金融稳定,在某些情况下,基于经济稳定的政策目标事实上造成了整个金融体系的不稳定。经济稳定与金融稳定的背离使得货币政策必须反思是否应该将金融稳定纳入最终目标。中国的

《金融业发展和改革"十二五"规划》就明确提出要"优化货币政策目标体系,处理好促进经济增长、保持物价稳定和防范金融风险的关系"。2016年,防控金融风险正式明确成为宏观调控的目标,并首提货币政策与金融审慎监管的协调重要性。党的《十九大报告》正式提出"健全货币政策和宏观审慎政策双支柱调控框架"。可以说,防控金融风险成为新的目标,货币政策多目标的内涵得到进一步的拓展。

我国货币政策从单目标走向双目标,再走向多目标,显示出中国的改革不是拘泥于经典信条,而是从实际出发,根据中国不同发展阶段面对的不同矛盾加以权衡。正是这种选择,实现了我国经济的高速增长和币值的相对稳定。1996年以前,经济大起大落,峰谷差距很大。1978—1995年经济增速波动性(标准差)为0.034 0,通胀率波动性(标准差)是0.071 8。1996年至今经济更加平稳,峰谷差距明显缩小。1996—2017年经济增速波动性(标准差)仅为0.019 1,通胀率波动性(标准差)为0.023 8。中国经济总体上更加"稳健",从"高增长、高通胀"变为"中高增长、低通胀"。当然,在双支柱调控框架下,货币政策、宏观审慎政策与经济稳定、金融稳定之间如何对应,是货币政策改革面临的新问题,这些问题的解决将有效推进中国经济的高质量发展。

本书在系统梳理货币政策研究脉络的基础上,多视角研究货币政策的价格稳定目标和金融稳定目标,结合对中国改革开放40年来货币政策实践的总结,以及中国经济高质量发展的新需求,探讨中国货币政策转型的新框架。中国货币政策的目标和转型是本书的研究主线。

目 录

第一章　货币政策的研究进展 ·· 001
　一、中外货币政策研究历程与前沿 ·· 004
　二、1978—1997年货币政策研究脉络和进展 ···························· 014
　三、1998—2007年货币政策研究脉络和进展 ···························· 020
　四、2008—2019年货币政策研究脉络和进展 ···························· 024
　五、货币政策研究的主线：市场化、稳增长、控风险 ··················· 029

第二章　学习型预期、波动性与中国通货膨胀的惯性特征 ········· 031
　一、研究的思路 ·· 031
　二、模型的构建和数据的选取 ·· 034
　三、实证分析 ·· 040
　四、结论和政策含义 ·· 048

第三章　适应性学习与中国通货膨胀非均衡运行机制 ············· 050
　一、文献述评 ·· 052
　二、理论模型构建 ··· 055
　三、参数校准与模拟分析 ··· 059
　四、结论和政策启示 ·· 066

第四章　中国的二元劳动力结构与通货膨胀动态形成机制 ······· 068
　一、文献回顾 ·· 068
　二、模型的构建 ·· 074
　三、经验分析 ·· 077

四、结论及政策建议 ………………………………………… 082

第五章　中国通货膨胀的驱动因素 ………………………………… 083
　　一、理论回顾 ………………………………………………… 083
　　二、通货膨胀动态方程模型 ………………………………… 087
　　三、计量模型设定和数据选取 ……………………………… 091
　　四、实证结果分析 …………………………………………… 093
　　五、结论与政策建议 ………………………………………… 100

第六章　学习速率与中国扩展的新菲利普斯曲线 ………………… 102
　　一、通货膨胀学习型预期 …………………………………… 106
　　二、中国扩展的新菲利普斯曲线 …………………………… 115
　　三、基于非结构模型的实证研究 …………………………… 121
　　四、基于 Markov 机制转换模型的研究 …………………… 126
　　五、结论与政策建议 ………………………………………… 130

第七章　价格波动的国际间传导机制 ……………………………… 133
　　一、研究思路 ………………………………………………… 133
　　二、国内外石油价格波动传导机制与典型化事实 ………… 136
　　三、模型构建、参数估计与数据选取 ……………………… 140
　　四、实证检验 ………………………………………………… 142
　　五、结论 ……………………………………………………… 151

第八章　全球化对中国物价水平的影响 …………………………… 154
　　一、文献回顾 ………………………………………………… 154
　　二、基本模型 ………………………………………………… 158
　　三、全球化影响物价水平的经验证据 ……………………… 162
　　四、结论与政策建议 ………………………………………… 169

第九章　汇率稳定、价格稳定与人民币最优汇率制度弹性 …… 171
- 一、模型 …… 173
- 二、一般均衡解 …… 177
- 三、最优汇率制度弹性与政策目标 …… 179
- 四、经济结构参数的估计 …… 187
- 五、最优汇率制度弹性与政策含义 …… 193
- 六、结论 …… 195

第十章　金融冲击、资本监管与货币政策调控 …… 196
- 一、文献综述 …… 196
- 二、理论模型 …… 200
- 三、模型校准 …… 210
- 四、实证分析 …… 212
- 五、结论与启示 …… 222

第十一章　经济金融周期分化与中国货币政策的改革 …… 224
- 一、经济周期与金融周期：趋同到分化 …… 225
- 二、货币政策调控：数量型还是价格型？ …… 230
- 三、货币政策改革的内在逻辑 …… 233

第十二章　高质量发展与货币政策框架的转型 …… 236
- 一、高质量发展阶段货币政策的重要性上升 …… 237
- 二、中国货币政策框架的转型路径和实践经验 …… 240
- 三、构建符合高质量发展阶段的货币政策新框架 …… 246
- 四、结论 …… 249

参考文献 …… 251

后　记 …… 285

表索引

表 1-1	中国 1992—2019 年货币政策领域主要关键词	004
表 1-2	中国 1992—2019 年货币政策领域主要关键词分类	008
表 1-3	中国 2011—2018 年货币政策领域主要关键词	009
表 1-4	国际 1978—2019 年货币政策领域主要关键词	011
表 1-5	国际 1988—2019 年货币政策领域主要关键词分类	013
表 1-6	国际 1978—1997 年货币政策领域主要文献	019
表 1-7	国际 1998—2007 年货币政策领域主要文献	024
表 1-8	国际 2008—2019 年货币政策领域主要文献	028
表 2-1	各种方法下通胀惯性参数估计值	041
表 2-2	基于通胀惯性、预期和波动性的通胀动态模型估计结果	043
表 2-3	Markov 机制转化模型的参数估计结果	044
表 3-1	三种适应性学习算法	058
表 3-2	参数估计结果	059
表 3-3	不同学习模型的解释能力	060
表 3-4	通胀预期与通胀惯性影响力对均衡通胀的作用方向和力度	066
表 4-1	变量的平稳性检验	080
表 4-2	回归分析的相关数据	080
表 5-1	基于 HP 滤波方法的主回归方程估计结果	094
表 5-2	稳健性估计结果	097
表 5-3	潜在产出变化对通货膨胀的影响	098
表 6-1	不同学习速率下的平均绝对偏差	107
表 6-2	学习型预期下以 gap 作为驱动因素的参数估计结果	111
表 6-3	学习型预期下以 gap 作为驱动因素的参数估计结果(简化形式)	113

表 6-4	基于消费者预期指数下以 gap 作为驱动因素的参数估计结果	114
表 6-5	学习型预期下新菲利普斯曲线估计结果	118
表 6-6	基于消费者预期指数的新菲利普斯曲线估计结果	120
表 6-7	单位根检验结果	121
表 6-8	cpi 与 m_2、gap、appi、opn、sho 之间的 Granger 因果关系检验结果	122
表 6-9	Markov 机制转换模型的参数估计结果	127
表 7-1	美国和中国石油现货之间的波动溢出效果检验结果	144
表 7-2	美国和英国以及英国和中国石油现货价格之间的动态溢出效应	146
表 7-3	美国、英国和中国石油期货价格之间的动态溢出检验结果	147
表 7-4	美国、英国、中国石油期货和现货价格之间的动态溢出效应检验结果	148
表 7-5	不同石油价格变量波动性的动态相关系数变化情况	150
表 8-1	变量测度及数据来源	163
表 8-2	OLS、FGLS 估计与固定效应模型的估计结果	164
表 8-3	动态 GMM 模型的估计结果	165
表 8-4	开放条件下对 Taylor"通胀环境假说"的检验	168
表 9-1	参数估计结果	192
表 9-2	最优汇率制度弹性各参数和冲击估计值	194
表 10-1	外源性金融冲击与内源性金融冲击的宏观效应比较	220
表 11-1	因子分析结果	227
表 11-2	不同周期间的协同性	228
表 11-3	从主要文件看双支柱调控框架的演变	234
表 12-1	不同区间经济增长率与物价指数的平均值与标准差	245

图索引

图 0-1　货币政策最终目标选择的演变 …………………………………………… 002
图 1-1　四十年来经济发展和货币政策改革情况 ………………………………… 003
图 1-2　1992—1997 年中国货币政策关键词 …………………………………… 015
图 1-3　1988—1997 年国际货币政策关键词 …………………………………… 017
图 1-4　1998—2007 年中国货币政策关键词 …………………………………… 021
图 1-5　1998—2007 年国际货币政策关键词 …………………………………… 023
图 1-6　2008—2019 年中国货币政策关键词 …………………………………… 025
图 1-7　2008—2019 年国际货币政策关键词 …………………………………… 027
图 2-1　我国通货膨胀水平动态变化趋势(1990—2019) ……………………… 039
图 2-2　基于递归学习能力的我国通货膨胀预期(1990—2019) ……………… 042
图 2-3　不同时期我国通胀水平处于两状态下的概率 ………………………… 046
图 3-1　2001—2019 年中国实际通胀率与预期通胀率走势 …………………… 051
图 3-2　最优学习模型的参数更新结果 ………………………………………… 062
图 3-3　最优学习模型的通胀非均衡运行模拟结果 …………………………… 062
图 4-1　城镇失业率与经济增长率变动 ………………………………………… 070
图 6-1　不同学习速率下的平均绝对偏差 ……………………………………… 108
图 6-2　公众关于常数项的信念随着时间的变化情况 ………………………… 109
图 6-3　公众关于自回归系数的信念随着时间的变化情况 …………………… 109
图 6-4　脉冲响应结果 …………………………………………………………… 123
图 6-5　方差分解结果 …………………………………………………………… 125
图 6-6　中国通胀水平驱动因素模型处于不同状态的概率 …………………… 129
图 7-1　国内外石油价格波动传导机制图 ……………………………………… 138
图 7-2　ϕ_{asas} 的密度曲线 …………………………………………………… 143

图 7-3　ϕ_{ascs} 的密度曲线 ·· 143

图 7-4　ϕ_{asas} 的 Gelman-Rubin 检验曲线 ·· 144

图 7-5　ϕ_{ascs} 的 Gelman-Rubin 检验曲线 ·· 144

图 7-6　美国和中国石油现货波动性之间的动态相关系数 ······································ 145

图 8-1　开放经济条件下价格水平的传递 ··· 161

图 9-1　外汇市场压力曲线与最优政策反应 ·· 185

图 10-1　金融冲击下资本监管的双重效应 ·· 209

图 10-2　逆周期资本监管下主要经济金融变量对金融冲击的响应路径 ··················· 215

图 10-3　顺周期资本监管下主要经济金融变量对金融冲击的响应路径 ··················· 216

图 10-4　不同货币政策与资本监管组合对应的福利损失分布 ································· 218

图 10-5　内源性金融冲击下不同政策组合对应的福利损失分布 ······························ 222

图 11-1　中国的增长周期、价格周期与金融周期 ·· 228

图 11-2　增长周期扩张对价格周期和金融周期的动态效应 ···································· 229

图 11-3　正向货币冲击和正向利率冲击的脉冲响应结果 ······································· 232

图 12-1　改革开放以来中国 GDP 和 CPI 变化指数 ·· 244

第一章 货币政策的研究进展

为探究货币政策研究的中国特色,本章以"货币政策"为关键词对知网和 web of science 两个数据库 1978—2018 年的国内外文献进行文献计量学的对比研究。文献计量学常用工具包括 SATI、CiteSpace 和 Bibexcel,其中 SATI 和 Bibexcel 仅能简单呈现数据结果,而 CiteSpace 可直接呈现知识图谱用于分析(左丽华,2016)。为系统梳理货币政策研究脉络,并能够直观展现,本章使用可直接呈现知识图谱的 CiteSpace 进行文献计量分析。

文献计量学主要研究方法包括词频分析法、共词分析法、聚类分析法等。词频分析法较为经典,属于内容分析法,通过考察关键词的频次变化、研究目标领域的研究热点和研究趋势,通常用于针对目标领域某个阶段的文献关键词进行分析。共词分析法同样是内容分析法,通过考察文献中的各个关键词之间的共现关系和共现强度,呈现出关键词的内在联系和文献主要内容,进而分析目标领域的研究结构、研究前沿和发展趋势。目前在图书情报领域、材料领域、医学领域、通信技术领域等有广泛应用。聚类分析法属于数据挖掘法,通过考察关键词之间的共现强度,挑选出研究领域相近的关键词,将这些关键词置于同一个区域形成聚类,并利用可视化工具呈现出聚类网络,从而直观地反映出该阶段各个热点研究领域、核心文献和核心关键词。本章也将主要使用这三种方法对货币政策领域进行关键词研究和文献共被引研究。

目前常用的文献计量指标为频数(Frequency)、中介中心性(Betweenness Centrality)、激增指数(Burst)和 Σ 指数(Sigma)。"频数"用于反映各个节点在相应研究领域的统计数据中的出现次数,其大小反映出该领域的热度。"中介中心性"根据一个点落在其他点的最短路径上的程度来确定,即网络中经过某点并连接这两点的最短路径占这两点之间的最短路径线总数之比,可以用来表示对称关系的任何大小网络的中心性(Freeman,1977),因此中介中心性主要用于量化各个节点的重要程度和研究地位。"激增指数"用于研究在某段时间内的突然爆发的热点主题,通过对文档某些特征频率的建模有效地识别出热点主题在该时段的爆发强度(Kleinberg,2003)。"Σ 指数"基于中介中心性和激增指数进行构建,其模型为 $\Sigma=(\text{centrality}+1)^{\text{burst}}$,用于研究文献的创新性(Chen et al.,2010)。综合而言,"频数"是最直观地反映整体研究状况的指标,"中介中心性"则可以反映出各个阶段研究主题的重要程度,而"激增指数"主要研究突然爆发的热点问题,"Σ 指数"用于研究文献创新性。由于本文试图梳理改革开放 40 年来国内外货币政策的研究脉络和各阶段的研究重点,因此主要基于"频数"和"中介中心性"进行研究。

以"金融"为关键词对知网和 web of science 两个数据库 2000—2018 年的文献进行文献计量分析,发现关键词"货币政策"在两个数据库中的重要性差异巨大。在知网数据库中,"货币政策"的频数高居榜首,中介中心性高达 51%,即与金融相关的中国文献 50% 以上都与货币政策相关。在 web of science 数据库中,频数大于 200 的关键词有 54 个,而"monetary policy"的频数仅为 145,中介中心性不足 1%,并非研究的重心。因此,本文将分别梳理改革开放以来国内外在货币政策领域的理论沿革、实践探索,比较国内外货币政策研究差异,探究中国货币政策研究的趋势、特征和理论基础。

参考陈雨露(2019)对改革开放以来国内外中央银行研究的四阶段划分法(每 10 年为一阶段),并结合中国国情将中国货币政策发展划分为三阶段,分别为"经济高波动、物价高波动"时期(1978—1997 年)、"经济高增长、物价低通胀"时期(1998—2007 年)、"经济新常态、物价低通胀"时期(2008—2018 年),对这三个阶段的国内外货币政策研究文献进行梳理,通过绘制知识图谱(见图 1-1)直观展示货币政策研究领域的关键词、核心文献、研究前沿和热点问题。

| 第一章 货币政策的研究进展 |

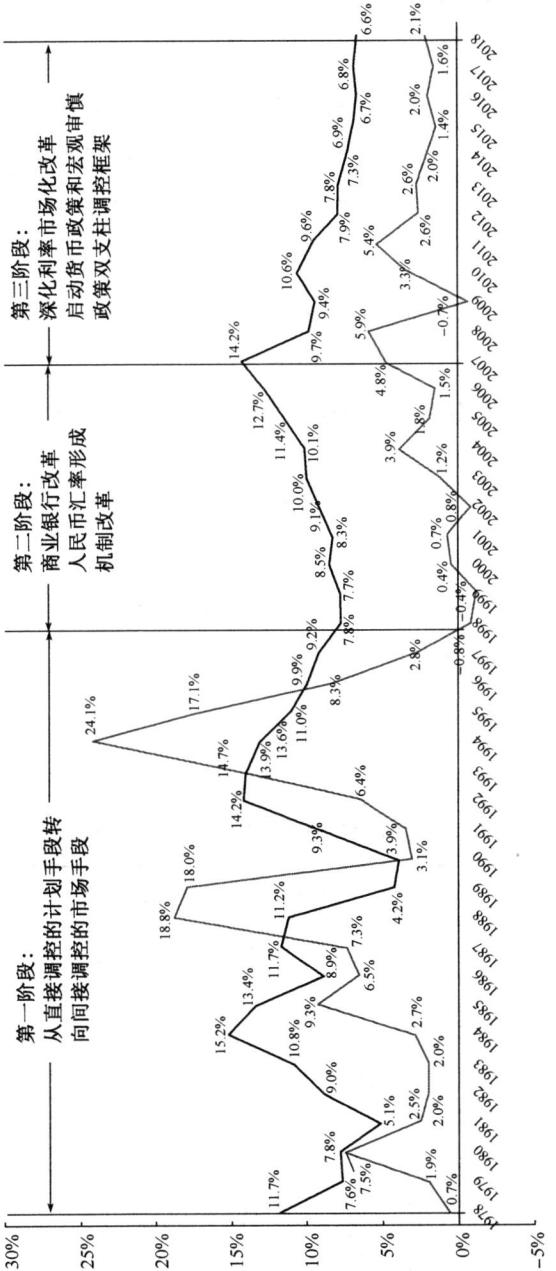

图1-1 四十年来经济发展和货币政策改革情况

资料来源：国家统计局，作者绘制。

一、中外货币政策研究历程与前沿

1. 中国货币政策研究历程与前沿

本章以"货币政策"作为关键词,对知网的 SCI 来源期刊、核心期刊、CSSCI 期刊三大数据库进行检索,由于相关文献最早为 1992 年,所以将 1992—1997 年、1998—2007 年、2008—2019 年作为中国货币政策文献研究的三个时间段。

经过筛选和初步处理,三阶段的文献数量分别为 671 篇、5 920 篇、11 657 篇。将三阶段的数据分别输入 CiteSpace,时间切片选择 1 年,阈值选择 20,对关键词进行分析(由于知网提供的文献数据中不包括引文,因此无法针对引文进行文献共被引分析)。

本章整理了中国 1992—2018 年货币政策领域的关键词,其中中介中心性大于等于 0.1 的名单如表 1-1 所示,1992—1997 年共有关键词 44 个,1998—2007 年共有关键词 31 个,2008—2019 年共有关键词 48 个。本章将 123 个关键词分为 6 类,分别为:① 经济综合类关键词;② 数量型调控关键词;③ 价格型调控关键词;④ 汇率类关键词;⑤ 风险类关键词;⑥ 计量经济学及模型类关键词。

表 1-1　中国 1992—2019 年货币政策领域主要关键词

1992—1997 年		1998—2007 年		2008—2019 年	
关键词	分类	关键词	分类	关键词	分类
货币供应量	②	经济	①	财政政策	①
物价上涨	①	货币政策	①	货币政策	①
财政管理	①	金融机构	①	金融政策	①
金融政策	①	货币供应量	②	金融稳定	⑤
中央银行	①	金融	①	金融危机	⑤
国际储备	④	财政金融	①	经济增长	①

(续表)

1992—1997年		1998—2007年		2008—2019年	
关键词	分类	关键词	分类	关键词	分类
通货膨胀	①	银行	①	金融	①
财政金融	①	中华人民共和国	①	货币供应量	②
经济波动	⑤	金融政策	①	利率市场化	③
经济	①	人民币汇率	④	影子银行	⑤
金融	①	利率	③	财政金融	①
货币政策	①	财政管理	①	外汇储备	④
凯恩斯学派	③	货币供给	②	宏观审慎政策	⑤
财政	①	汇率制度	④	通货膨胀	①
通货膨胀率	①	财政政策	①	利率	③
利率	③	货币政策传导	①	Dsge模型	⑥
经济体制	①	会员国	①	流动性过剩	①
金融机构	①	成员国	①	美联储	④
银行	①	中央银行	①	紧缩货币政策	①
货币政策工具	①	通货膨胀	①	货币供给	②
市场经济	①	外汇储备	④	人民币汇率	④
货币主义	②	通货膨胀率	①	金融机构	①
产业	①	通货紧缩	①	中央银行	①
弗里德曼主义	②	财政	①	经济	①
货币供给	②	欧元	④	美国	④
财政赤字	①	欧洲货币	④	溢出效应	①
北美洲	④	欧罗	④	人民币国际化	④
商品经济	①	公开市场操作	②	资产价格	①
货币数量论	②	汇率	④	量化宽松	②
内生性	①	流动性过剩	②	人民币	①

(续表)

1992—1997年		1998—2007年		2008—2019年	
关键词	分类	关键词	分类	关键词	分类
中华人民共和国	①	国际储备	④	新常态	①
公开市场业务	②			汇率	④
公开市场操作	②			宏观经济	①
适度从紧	①			金融监管	⑤
货币乘数	②			银行风险承担	⑤
金融管理	①			国际货币体系	①
金融宏观调控	①			Var模型	⑥
分支机构	①			宏观调控	①
社会主义市场经济体制	①			货币政策工具	①
国民经济	①			Svar模型	⑥
货币投放	②			结构性改革	①
外生性	①			金融风险	⑤
货币发行	①			利率走廊	③
货币管理	①			系统性金融风险	⑤
				金融周期	⑤
				宏观审慎	⑤
				宏观审慎监管	⑤
				Dsge	⑥

资料来源：知网文献数据，作者整理。

为分析中国各阶段货币政策领域研究重点，我们将表1-1中各分类关键词个数和百分比进行统计，结果如表1-2所示。

理论层面，中国货币政策的理论基础从货币主义转向新兴的新古典综合学派，货币主义认为货币需求函数具有稳定性，因此货币政策中介目标应采用货币供应量，而新兴的新古典综合学派则认为货币需求函数并不具有高度的稳定性,利率是货币政策最有效的中介目标。目前中国货币调控框架从数量型向价格型转变,理论与实际相一致。此外,新兴的新古典综合学派认为货币政策的最终目标应同时包括长期价格稳定和短期产出稳定,这与我国当前多目标的动态权衡相一致。

实践层面,共有三大主线:市场化、稳增长、控风险。这与十九大报告中提出的"构建市场机制有效、微观主体有活力、宏观调控有度的经济体制"相一致。① 改革开放40年来,我国货币政策不断完善、与时俱进的过程就是货币政策市场化的过程。我国的货币政策市场化共分三步:调控机制市场化、汇率制度市场化、利率市场化。1992—1997年,我国货币政策由直接调控转向间接调控,政策工具由信贷政策转向公开市场操作。1998—2007年,我国不断完善人民币汇率形成机制,进行了人民币汇率制度改革,"人民币汇率"等汇率类关键词数量和占比迅猛增长,我国开始实施盯住一篮子货币、有管理的浮动汇率政策。2008—2018年,利率市场化成为货币政策改革重心,"利率市场化"等价格型调控关键词数量和占比显著提高,在此期间我国不断放开贷款利率管制、存款利率浮动上限,由市场供求来决定存贷款利率,日前LPR机制的推出进一步解决了存贷款利率双轨问题。② 改革初期,刘鸿儒(1983)指出,我国货币政策的最终目标是发展经济和稳定货币两方面。1995年,《银行法》规定我国央行货币政策目标是"保持货币币值的稳定,并以此促进经济增长"。周小川(2011)指出,我国货币政策有四大目标:币值稳定、经济增长、充分就业、国际收支平衡。稳增长一直是我国货币政策的最终目标,"经济增长"是2008—2018年的重要关键词之一。③ 改革开放以来,我国在经济增长方面取得巨大成就,但非金融部门和政府部门的杠杆率逐年上升,2008年全球金融危机爆发后,"金融危机""影子银行"等风险爆发类关键词数量和占比显著提高,如"宏观审慎政策""金融监管"等风险管控类关键词数量和占比也在显著增加,研究重心向系统性金融风险倾斜,中国目前正协同利用金融审慎监管和货币政策,确保不发生系统性金融风险(童中文等,2017)。

表 1-2 中国 1992—2019 年货币政策领域主要关键词分类

	1992—1997 年		1998—2007 年		2008—2019 年	
① 经济综合类关键词	30	68.2%	18	58.1%	21	43.8%
② 数量型调控关键词	9	20.5%	4	12.9%	3	6.3%
③ 价格型调控关键词	2	4.5%	1	3.2%	3	6.3%
④ 汇率类关键词	2	4.5%	8	25.8%	6	12.5%
⑤ 风险类关键词	1	2.3%	0	0	11	22.9%
⑥ 计量经济学及模型类关键词	0	0	0	0	4	8.3%
总计	44		31		48	

资料来源：作者计算。

以下关键词是中国关于货币政策研究长期关注的要点：货币政策、经济、金融机构、通货膨胀、银行、中央银行、货币供应量、财政金融、金融政策。此外，受特殊事件的冲击和中国阶段性货币政策导向的影响，在不同阶段，中国关于货币政策的研究热点也呈现时代性特征：1998 年中国出现严重的通货紧缩现象，范从来（2000）提出通货紧缩时期货币政策仍具有有效性；在 1994—2005 年中国汇率形成机制逐步完善期间，谢平和张晓朴（2002）提出汇率政策应该是货币政策的组成部分；2008 年金融危机席卷全球，周小川（2013）提出中国利率市场化改革要和金融改革进程相一致；2009 年中国人民银行表示要研究建立宏观审慎管理制度，王爱俭和王璟怡（2014）提出宏观审慎政策应与货币政策协调配合，2009 年中国人民银行等六部门联合发布《跨境贸易人民币结算试点管理办法》，开启了贸易领域的人民币国际化；2015 年国际货币基金组织宣布人民币加入 SDR，该阶段人民币国际化、外汇储备纷纷成为研究热点。

2011—2018 年中国货币政策领域的关键词中，中介中心性大于等于 0.01 的名单如表 1-3 所示，共 24 个主要关键词，可分为经济综合类、利率市场化类、风险管控类三大类。经济综合类关键词主要有：金融稳定、宏观经济、

DSGE 模型、溢出效应、新常态、量化宽松、货币政策工具、svar 模型、结构性改革、金融周期。利率市场化类关键词主要有：利率市场化、利率走廊。风险管控类关键词主要有：影子银行、宏观审慎政策、金融稳定、金融监管、银行风险承担、金融风险、系统性金融风险、宏观审慎监管。其中，以"系统性金融风险"为代表的风险管控、以"结构性改革""新常态"为代表的经济转型和以"利率走廊"为代表的利率市场化是当前货币政策三大的热门研究领域。

表 1-3　中国 2011—2018 年货币政策领域主要关键词

年份	中介中心性	关键词
2013	0.15	金融稳定
2013	0.12	利率市场化
2014	0.12	影子银行
2017	0.09	宏观审慎政策
2013	0.05	金融稳定
2012	0.04	宏观经济
2014	0.03	金融监管
2014	0.07	DSGE 模型
2015	0.03	溢出效应
2013	0.02	量化宽松
2015	0.02	新常态
2012	0.02	宏观经济
2014	0.02	金融监管
2018	0.02	银行风险承担
2011	0.01	货币政策工具
2012	0.01	Svar 模型
2016	0.01	结构性改革
2017	0.01	金融风险

(续表)

年份	中介中心性	关键词
2017	0.01	利率走廊
2018	0.01	系统性金融风险
2019	0.01	金融周期
2019	0.01	宏观审慎
2019	0.01	宏观审慎监管
2019	0.01	Dsge

资料来源:作者整理。

2. 国际货币政策研究历程与前沿

本章以"Monetary Policy"作为关键词,对 web of science 的 web of science 核心合集数据库进行检索,文献类型设定为"article",年份分别设定为 1978—1987 年、1988—1997 年、1998—2007 年、2008—2019 年。

经过筛选和初步去重处理,四阶段的国外文献数量分别为 319 篇、1 185 篇、3 809 篇、10 132 篇。本章将四阶段的文献数据分别输入 CiteSpace 软件中,时间切片选择 1 年,阈值选择 20,分别对关键词和文献进行分析(由于 1978—1987 年文献关键词数据缺失,故该阶段不进行关键词分析)。

本章整理了国际 1988—2019 年货币政策领域的关键词,其中中介中心性大于等于 0.1 的名单如表 1-4 所示,1988—1997 年共有关键词 35 个,1998—2007 年共有关键词 27 个,2008—2019 年共有关键词 34 个。本文将 96 个关键词分为 6 类,分别为:① 经济综合类关键词;② 数量型调控关键词;③ 价格型调控关键词;④ 汇率类关键词;⑤ 风险类关键词;⑥ 计量经济学及模型类关键词。

表 1-4 国际 1978—2019 年货币政策领域主要关键词

1988—1997 年			1998—2007 年			2008—2019 年		
关键词	翻译	分类	关键词	翻译	分类	关键词	翻译	分类
Inflation	通货膨胀	①	Model	模型	⑥	Inflation	通货膨胀	①
Model	模型	⑥	Monetary policy	货币政策	①	Fiscal policy	财政政策	①
Monetary policy	货币政策	①	Rule	规则	①	Business cycle	商业周期	①
United states	美国	①	Money	财产	①	Shock	冲击	⑤
Money	财产	①	Inflation	通货膨胀	①	Market	市场	①
Rational expectation	理性预期	②	Rule	规则	①	Exchange rate	汇率	④
Time series	时间序列	⑥	Time series	时间序列	⑥	Interest rate	利率	③
Market	市场	①	Policy	政策	①	Transmission	传导机制	①
Reputation	声誉	①	Liquidity	流动性	①	Price	价格	③
Price	价格	③	Fund	基金	①	Rule	规则	①
Information	信息	①	Monetary policy rule	货币政策规则	①	Model	模型	⑥
Test	检验	⑥	Business cycle	商业周期	①	Policy	政策	①
Credibility	可信性	①	Price	价格	③	Monetary policy	货币政策	①
Cost	成本	①	Exchange rate	汇率	④	Impact	冲击力	⑤
Debt	债务	①	Discretion	相机抉择	③	Dynamics	动力	①
Interest rate	利率	③	Interest rate	利率	③	Money	财产	①
Economy	经济	①	Cointegration	协整检验	⑥	Risk	风险	⑤
Monetary	货币	①	Credibility	可信性	①	Crisis	危机	⑤

(续表)

1988—1997年			1998—2007年			2008—2019年		
关键词	翻译	分类	关键词	翻译	分类	关键词	翻译	分类
Cointegration	协整检验	⑥	Growth	经济增长	①	Country	国家	①
Unemployment	失业	①	Rational expectation	理性预期	②	Growth	增长	①
Developing country	发展中国家	①	Output	产出	①	Optimal monetary policy	最优货币政策	①
Income	收入	①	Transmission	传导机制	①	Information	信息	①
Policy	政策	①	Information	信息	①	Output	产出	①
Rule	规则	①	Central bank independence	中央银行独立性	①	Economy	经济	①
Exchange rate	汇率	④	Market	市场	①	Euro area	欧元区	④
Business cycle	商业周期	①	Stability	稳定性	⑤	Consumption	消费	①
Deficit	赤字	①	Contract	合同	①	Credit	信贷	②
Trade	贸易	①				Time series	时间序列	⑥
Discretion	相机抉择	③				Test	检验	⑥
Time consistency	时间一致性	⑥				Fluctuation	波动	⑤
Fiscal policy	财政政策	①				Volatility	不稳定性	⑤
Fluctuation	波动	⑤				Sticky price	黏性价格	③
Behavior	行为	①				Debt	借贷	①
Politics	政治	①				Cointegration	协整	⑥
International evidence	国际证据	①						

资料来源：web of science 文献数据，作者整理。

为分析国际各阶段货币政策领域研究重点,本文将表1-1中关键词各分类个数和百分比进行统计,结果如表1-5所示。

表1-5 国际1988—2019年货币政策领域主要关键词分类

	1988—1997年		1998—2007年		2008—2019年	
① 经济综合类关键词	24	68.6%	18	66.7%	18	52.9%
② 数量型调控关键词	1	2.9%	1	3.7%	1	2.9%
③ 价格型调控关键词	3	8.6%	3	11.1%	3	8.8%
④ 汇率类关键词	1	2.9%	1	3.7%	2	5.9%
⑤ 风险类关键词	1	2.9%	1	3.7%	6	17.6%
⑥ 计量经济学及模型类关键词	5	14.3%	3	11.1%	4	11.8%
总计	35		27		34	

资料来源:作者计算。

理论层面,国际关于货币政策研究的基础理论历经了新古典主义(包括货币主义、理性预期和真实商业周期)、新凯恩斯主义和新兴的新古典综合学派。20世纪60年代和70年代新古典主义的三波浪潮"货币主义""理性预期""真实商业周期"彻底击败了旧凯恩斯主义,但20世纪80年代和90年代新凯恩斯主义又通过三波研究"一般不均衡""理性预期在市场未出清情况下应用""价格黏性、实际货币余额"构建起成体系的微观基础,并解释了"看不见的手"对短期宏观经济现象不起作用的原因,从而重新得到多数学者认可(Mankiw, 2006)。此后,新兴的新古典主义在更高的层面利用动态随机一般均衡框架将新凯恩斯主义、新古典主义、维克塞尔主义等众多学派统一起来。

实践层面,共有三大特征:单一目标为主、重视模型搭建和实证检验、重视风险防范。① 以德意志联邦银行为代表的中央银行采用货币增长目标制,以英格兰银行为代表的中央银行采用通货膨胀目标制。除美联储外,大部分西方国家采用的都是单一规则单一目标,而美联储的货币政策要求同时兼顾产出就业和价格,表1-5显示,价格型调控关键词比例始终高于数量型调控关键词。② 国际研究更关注计量经济学,注重模型的搭建和分析,计量经济学及模型类关键词占比始终位于高位。③ 由于2008年金融危机,国际货币政策的风险类关键词占比在2008—2018年显著提升,但提升幅度仍明显低于中国,中国风险类关键词占比达到了23%,而国际只有18%,说明目前中国对防控系统性金融风险的研究更加重视。

二、1978—1997年货币政策研究脉络和进展

1. 1992—1997年中国货币政策研究脉络

利用CiteSpace软件,得到1992—2019年中国货币政策领域关键词的时间序列图谱。图谱将关键词从时间和聚类两个维度进行排序,首先利用软件将关键词进行聚类分析即按领域进行分组,其次使用LLR算法对各聚类进行命名,最后将各组关键词按时间序列(年份)进行排序,从而得到知识图谱。图谱右端每一个"♯"代表一个聚类,♯后是该聚类的名称,♯左侧是该聚类所有的关键词,关键词按年份依次排序,十字形节点和关键词一一对应,十字形面积反映了关键词在文献中出现的"频次",十字形面积越大代表该关键词的频次越多,即该关键词在货币政策研究领域越重要。两两关键词之间的弧线代表前后关键词之间具有相关性,后一个关键词代表的研究领域是基于前一个关键词代表的研究领域。

中国货币政策研究的关键词演变的路径如图1-2、图1-4、图1-6所示。时间序列图谱清晰地展示了1992年以来中国关于货币政策研究的脉络和进展,也侧面反映出中国货币政策的演变历程。

1992—1997年是中国货币政策调控框架改革的阶段,理论基础主要为货币数量论。知识图谱的聚类分别为"财政""人民币汇率""美利坚合众国""经济体制改革""分支机构""货币论"。① 理论方面,该阶段货币数量论成为中国货币政策领域主流理论,图1-2中该阶段关键词分属6大聚类,"货币论"

| 第一章 货币政策的研究进展 |

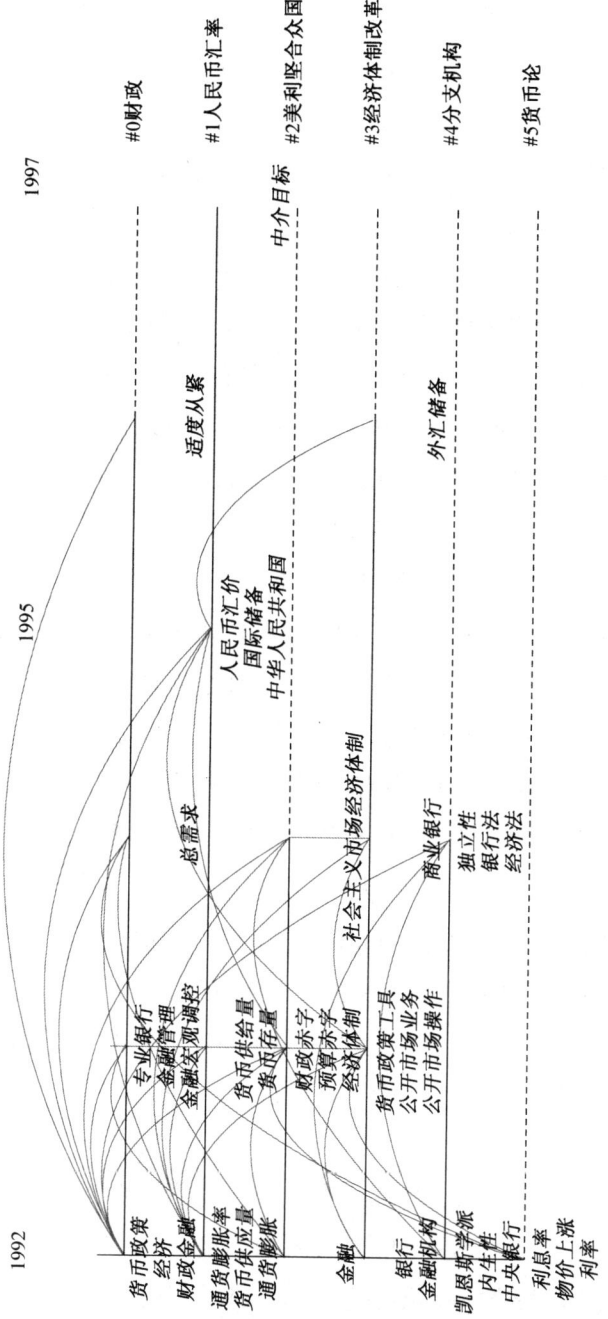

图1-2 1992—1997年中国货币政策关键词

资料来源：知网文献数据，CiteSpace软件绘制。

是其中之一。"人民币汇率"聚类的关键节点包括"货币供给量","经济体制改革"聚类的关键节点包括"公开市场操作",二者分别为数量型调控货币政策的目标和工具,充分体现了货币数量论是该阶段中国货币政策领域的理论基础。② 经济体制改革方面,1992年社会主义市场经济体制初步确立,该阶段经济体制是研究重点,而商业银行体系作为经济体制一环也相应成为研究热点,1996年央行正式将货币供应量作为中介目标,理论与实践相一致。③ 分支机构方面,我国是典型的银行主导型金融市场,因此与银行相关的领域是研究热点,包括1992年的"中央银行"、1994年的"银行法"等。④货币政策方面,1998年中国货币政策调控框架正式从直接调控转向间接调控,整体形成了以广义货币供应量为中介目标、以币值稳定为单一最终目标、综合运用多种政策工具的间接货币政策调控框架(张晓慧,2008)。

2. 1988—1997年国际货币政策研究脉络

1988—1997年是国际货币政策的中介目标由货币量转向通货膨胀率的阶段,理论基础从货币数量论过渡到新古典主义和新凯恩斯主义的争辩交锋。知识图谱的聚类分别为"国家/状态""货币政策""经济周期""均衡"(见图1-3)。① 理论方面,20世纪80年代和90年代新凯恩斯主义利用"一般不均衡""理性预期在市场未出清情况下应用""价格黏性、实际货币余额"构建起成体系的微观基础,重新得到多数学者认可,与"货币主义""理性预期""真实商业周期"的新古典主义分庭抗礼(Mankiw,2006)。"货币中性"是知识图谱中五大聚类之一,也是新凯恩斯主义与新古典主义争辩的重点。新古典主义认为货币中性在长短期均成立,而新凯恩斯主义认为货币中性在短期不成立、在长期成立(沈越、邱晨曦,2005)。此外,该阶段计量经济学迅速发展,成为当时的研究热点。② 中介目标方面,由于20世纪80年代出现"货币基数偏移"等现象,20世纪90年代部分国家中央银行探索单一通货膨胀目标制的可行性,通货膨胀目标制增强了货币政策的透明度和可信度,并能部分地解决时间不一致带来的困扰,因此聚类"利率期现结构"为该阶段研究重点。③ 交易成本

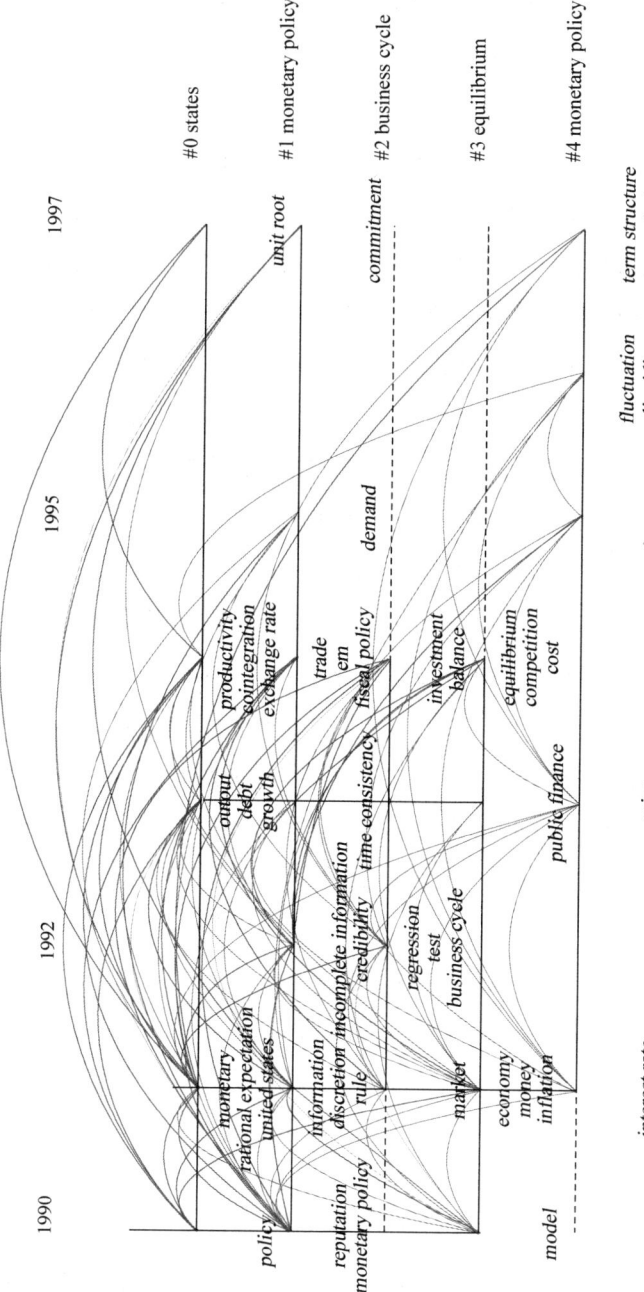

图1-3 1988—1997年国际货币政策关键词

资料来源：web of science 文献数据，CiteSpace 软件绘制。

方面,1982—1990年美国经常项目差额始终为负,1991年实现盈余,但财政赤字问题仍然严重,因此1991年赤字为当年研究热点,聚类"均衡"为该阶段的研究重点。

3. 1978—1997年国际货币政策领域重要文献

本章整理了国际1978—2019年货币政策领域的核心文献,其中被引量排名前10的名单如表1-6、表1-7、表1-8所示。总体而言,国际关于货币政策研究的基础理论历经了新古典主义(包括货币主义、理性预期和真实商业周期)、新凯恩斯主义和新兴的新古典综合学派,从文献共被引的分析结果也可以看出货币政策理论的变迁过程。

1978—1987年,货币主义、理性预期理论击败旧凯恩斯主义,占领学术高地。西方发达国家饱受20世纪70年代滞胀的困扰,传统凯恩斯主义的有效性受到质疑,新古典主义思潮回归,以弗里德曼为代表的现代货币主义理论和以卢卡斯、萨金特、华莱士为代表的理性预期理论被相继提出,掀起了货币数量论和理性预期理论在货币政策领域应用的研究热潮。Sargent & Wallace(1975)基于理性预期理论提出一个包含卢卡斯总供给计划的长期中立模型,证明了产出的概率分布与有效的确定性货币供应规则无关。Barro(1976)从货币政策反馈控制角度论述了理性预期对货币政策的影响,认为增加货币噪音只会使经济调整过程延长和复杂化。Kydland & Prescott(1977)证明了当理性预期合理时,即使有固定的社会目标函数,并且政策制定者知晓政策影响的时间和程度,选择的最佳决策也无法实现社会目标函数的最大化。Barro(1977)假设只有未预料到的货币变动才会影响失业率或产出水平等实际经济变量,并设定了模拟货币增长过程的简单模型,从而说明货币政策对失业的影响。Barro(1983)设定了一个声誉均衡(reputation equilibrium)的状态,在理性预期情况下,货币政策的结果介于自由裁量权和理想规则之间。

1988—1997年,货币政策领域的研究开始从模型研究向计量实证研究转变,价格黏性、一般不均衡理论帮助新凯恩斯主义争夺宏观经济学主流思想。

Rogoff(1985)使用包络定理证明了理想的中央银行代理人对通货膨胀有一个很大但有限的权重,同时为选择非通胀率的其他中间货币目标提供了新的研究框架。Engle & Granger(1987)在 Granger 研究的基础上提出了一个表示定理,将联合集成系统的移动平均、自回归和纠错表示联系起来,进而提出了一种两步估计法,并通过实例说明消费和收入是协整的,而工资和价格不是,存在价格黏性。Johansen & Juselius(1990)通过指定一个 VAR 模型解决了经济建模中长期关系的估计和测试问题。Cukierman(1992)通过博弈论模型解释了中央银行不提供足够的流动性以使长期通胀为零的原因,并对中央银行独立性的原因和后果进行实证分析。

表 1-6 国际 1978—1997 年货币政策领域主要文献

1978—1987 年		1988—1997 年	
引用数	名称	引用数	名称
34	Sargent TJ, 1975, J POLIT ECON, 83, 241	51	Bernanke BS, 1992, AM ECON REV, 82, 901
23	Barro RJ, 1976, J MONETARY ECON, 2, 1	41	Engle RF, 1987, ECONOMETRICA, 55, 251
21	Fischer S, 1977, J POLIT ECON, 85, 191	39	Cukierman A, 1992, CENTRAL BANK STRATEG, 0, 0
12	Weiss L, 1980, J POLIT ECON, 88, 221	34	Persson T, 1990, MACROECONOMIC POLICY, 0, 0
11	Lucas RE, 1975, J POLIT ECON, 83, 1113	30	Backus D, 1985, AM ECON REV, 75, 530
10	Barro RJ, 1983, J MONETARY ECON, 12, 101	29	Johansen S, 1988, J ECON DYN CONTROL, 12, 231
10	Dornbusch R, 1976, J POLIT ECON, 84, 1161	28	Rogoff K, 1985, Q J ECON, 100, 1169

(续表)

1978—1987 年		1988—1997 年	
引用数	名称	引用数	名称
10	Phelps ES, 1977, J POLIT ECON, 85, 163	27	Barro RJ, 1983, J MONETARY ECON, 12, 101
9	Barro RJ, 1977, AM ECON REV, 67, 101	27	Johansen S, 1990, OXFORD B ECON STAT, 52, 169
9	Kydland FE, 1977, J POLIT ECON, 85, 473	25	Giavazzi F, 1988, EUR ECON REV, 32, 1055

资料来源：web of science 文献数据，作者整理。

三、1998—2007 年货币政策研究脉络和进展

1. 1998—2007 年中国货币政策研究脉络

1998—2007 年是中国外汇领域改革的阶段，理论基础开始从货币数量论转向新兴的新古典综合学派。知识图谱的聚类分别为"汇率""预算赤字""银行""流动性过剩""欧罗"（见图 1-4）。① 理论方面，该阶段新兴的新古典综合学派兴起，该学派融合了新凯恩斯主义和新古典主义的核心理论，其理论基础包括货币主义、理性预期、增长和波动学说，认为货币政策的最终目标为长期价格稳定和短期产出稳定、最有效的中介目标为利率和通货膨胀率（郭冠清，2013）。伍志文（2002）通过实证分析证明传统货币数量论对中国而言在短期内失效，同时该阶段中国货币政策开始淡化货币的数量型调控，探索价格型调控，初步提出了"利率市场化"，体现了中国货币政策领域理论基础的转变。② 汇率方面，2005 年 7 月中国进行人民币汇率制度改革，标志着中国汇率改革获得阶段性成功，因而汇率制度成为 2002—2006 年的研究热点。③ 流动性方面，1998—2000 年期间中国发生了严重的通货紧缩问题。学术界也对货币政策在通货紧缩时期是否有效进行了深入的研究，赵晓雷（1999）从实际利率角度出发判断中国没有陷入流动性陷阱，范从来（2000）从名义利率角度出

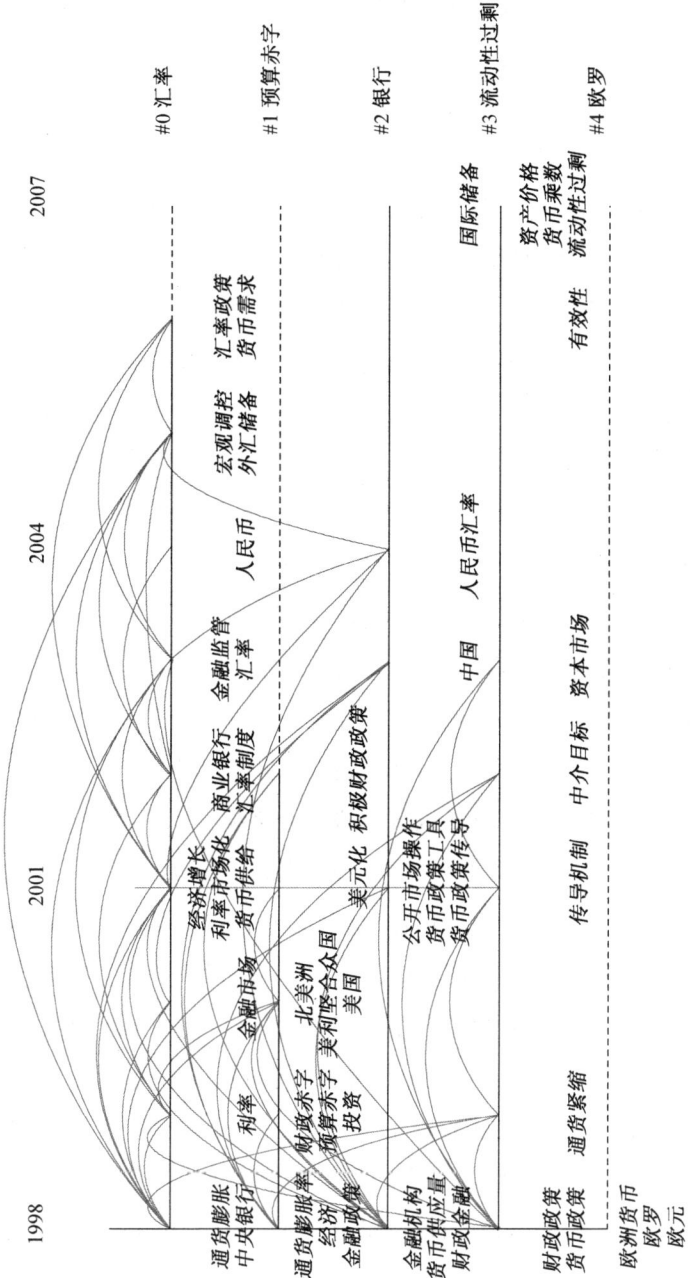

图 1-4 1998—2007 年中国货币政策关键词

资料来源：知网文献数据，CiteSpace 软件绘制。

发判断中国没有陷入流动性陷阱,并提出通货紧缩时期货币政策仍有效。此外,改革开放以来中国作为国际最大的转型经济体,货币政策从相机抉择转向数量型调控再转向价格型调控,货币政策的传导机制和传导渠道相应地成为该阶段的研究热点。盛松成和吴培新(2008)提出中国货币政策具有信贷规模和货币供应量双中介目标,调控对象则分别对应实体经济和金融市场。

2. 1998—2007年国际货币政策研究脉络

1998—2007年是国际货币政策最终重点关注目标在薪资提高和产出增长的阶段,理论层面则体现为新古典主义和新凯恩斯主义彼此融合,新兴的新古典综合学派开始兴起。知识图谱的聚类分别为"通货膨胀""货币政策"(见图1-5)。① 理论方面,学术界开始融合新凯恩斯主义和新古典主义思想的核心思想,Romer(2000)指出虽然IS-LM模型并非普适性的理论,有许多缺陷,但可以通过取代LM曲线、假设中央银行以货币供应量为目标且遵循实际利率规则的方法提高该模型的有效性。同时,新兴的新古典综合学派所讨论的最优货币规则成为该阶段的研究重点。② 中央银行方面,以原美联储主席格林斯潘为代表的各国中央银行在该阶段纷纷实施监管放松的货币政策,过度的金融创新造成了薪资和产出的虚假繁荣,资产泡沫和金融风险开始出现。

3. 1998—2007年国际货币政策领域重要文献

1998—2007年,新兴的新古典综合学派吸收了新凯恩斯主义和新古典主义的核心理论,在该阶段得到了迅速发展(见表1-7)。Gali & Gertler(1999)开发并估计了一种通货膨胀的结构模型,其中包含纯粹前瞻性的新凯恩斯主义菲利普斯曲线,并认为新凯恩斯主义菲利普斯曲线为通货膨胀动态提供了良好的初步近似。Clarida et al.(1999)基于新凯恩斯主义视角回顾了有关货币政策规则的文献,认为最优的货币政策隐含地包含了通胀目标。Svensson(1997)认为中央银行的通胀预测成为货币政策明确的中间目标,通胀目标简化了货币政策的实施和监控。Bernanke & Mihov(1998)开发并应用了基于VAR的方法,用以衡量货币政策的立场。Erceg et al.(2000)制定了一种优

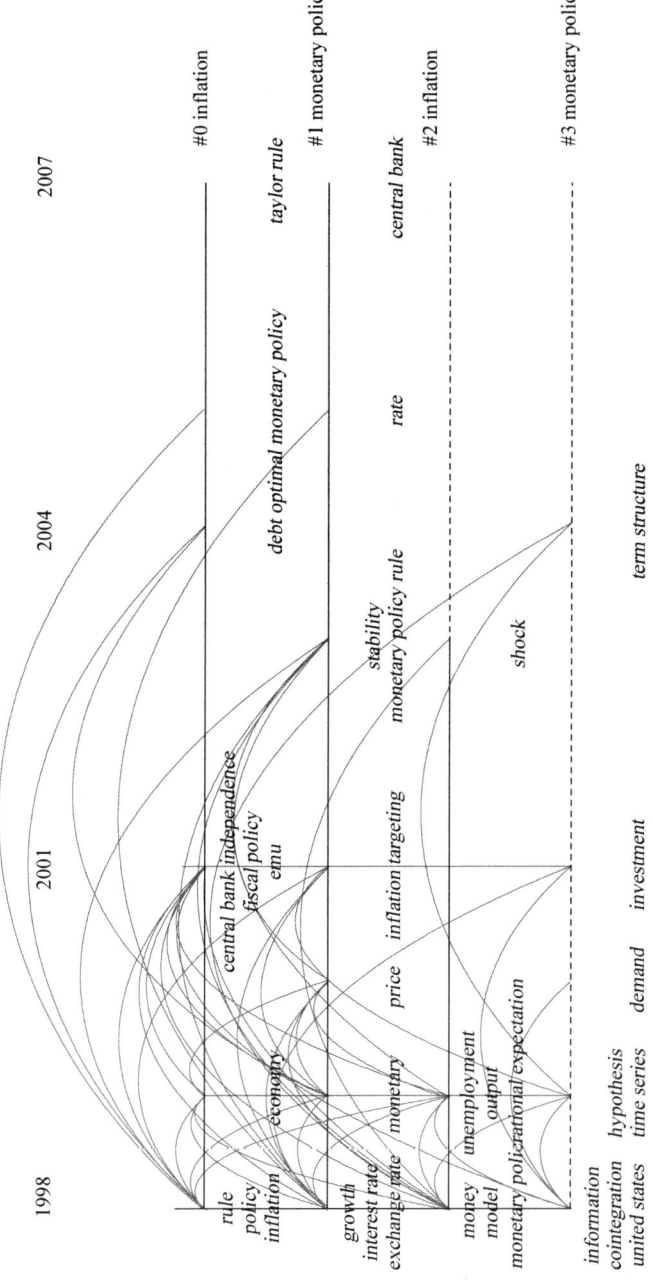

图 1-5 1998—2007 年国际货币政策关键词

资料来源：web of science 文献数据，CiteSpace 软件绘制。

化代理模型,其中劳动力市场和产品市场都表现出垄断竞争和交错名义合同。Woodford(2003)考虑了中央银行仅根据经济状况的变化逐步调整利率的趋势的可行性,证明了在一个优化私营部门行为的简单模型的背景下,将利率平滑目标分配给中央银行是可行的。

表1-7 国际 1998—2007 年货币政策领域主要文献

1998—2007 年	
引用数	名称
336	Clarida R, 1999, J ECON LIT, 37, 1661
262	Clarida R, 2000, Q J ECON, 115, 147
193	Woodford M, 2003, INTEREST PRICES FDN, 0, 0
178	Gali J, 1999, J MONETARY ECON, 44, 195
150	Clarida R, 1998, EUR ECON REV, 42, 1033
108	Taylor JB, 1999, MONETARY POLICY RULE, 0, 0
95	Erceg CJ, 2000, J MONETARY ECON, 46, 281
94	Bernanke BS, 1998, Q J ECON, 113, 869
91	Rotemberg JJ, 1997, NBER MACROECON ANNU, 12, 297
91	Svensson LEO, 1997, EUR ECON REV, 41, 1111

资料来源:web of science 文献数据,作者整理。

四、2008—2019 年货币政策研究脉络和进展

1. 2008—2019 年中国货币政策研究脉络

2008—2019 年是中国宏观调控框架改革的阶段,理论基础为新兴的新古典综合学派,开始构建 DSGE 模型。知识图谱的聚类分别为"通货膨胀""货币政策""金融危机""新常态""金融周期"(见图 1-6)。① 理论方面,新兴的新古典综合学派搭建了微观与宏观相一致的 DSGE 模型,相比前一阶段,该阶段中国对于新兴的新古典综合学派的理论研究更加深入,"利率"成为研究

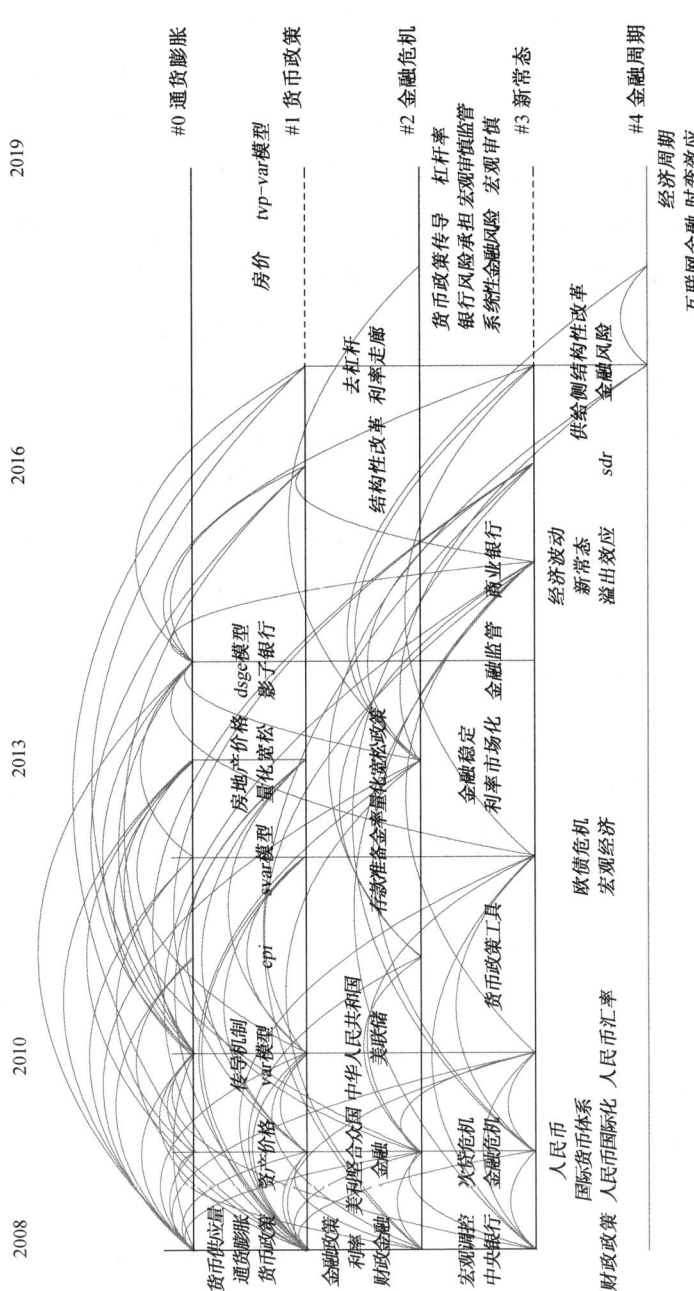

图 1-6　2008—2019 年中国货币政策关键词

资料来源：知网文献数据，CiteSpace 软件绘制。

的重点,DSGE 模型成为中国学者研究货币政策最有效的模型。② 货币政策方面,2013 年金融机构贷款利率限制被全面放开,中国利率市场化改革被深入推进,因此利率市场化成为该阶段的研究热点。易纲(2009)梳理了中国1978—2008 年利率市场化的进程,王宇和李宏瑾(2015)讨论了利率市场化条件下的中央银行基准利率选择和利率调控模式。此外 2017 年利率走廊也是当年研究热点,以上研究有力推动了宏观调控由数量型向价格型的转变。③ 通货膨胀和金融危机方面,2014 年影子银行、2017 年去杠杆、2018 年银行风险承担和系统性金融风险、2019 年杠杆率相继成为研究热点,同时十九大确立"货币政策+宏观审慎"双支柱调控体系。宏观审慎政策与货币政策互为补充、相辅相成,"金融风险"成为当前的研究重心。④ 经济转型方面,2014 年首次提出新常态,2015 年提出供给侧结构性改革,2019 年政府工作报告中提出深化供给侧结构性改革,"三期叠加"背景下,聚类"新常态"成为研究重点。

2. 2008—2019 年国际货币政策研究脉络

2008—2019 年是国际货币政策着重防范金融危机和控制系统性金融风险的阶段,理论上体现为动态随机一般均衡模型(DSGE)得到了长足发展,新兴的新古典综合学派成为主流。知识图谱的聚类分别为"通货膨胀""金融危机""财政政策"(见图 1-7)。① 理论方面,学术界将金融周期等因素引入DSGE 模型,新兴的新古典综合学派利用 DSGE 模型对新古典主义和新凯恩斯主义进行了深度融合,使得 DSGE 模型成为解释金融危机最有效的模型框架,各国中央银行利用 DSGE 模型完善本国货币政策。② 金融危机方面,2008 年全球性金融危机后,各国中央银行纷纷实施大规模的量化宽松货币政策,释放大量流动性用以恢复金融体系的正常功能,同时搭建宏观审慎政策框架,二者结合形成"事前反应和事后救助"体系。

3. 2008—2019 年国际货币政策领域重要文献

2008—2019 年,在金融危机之后,各国央行深入研究宏观审慎政策,在一般均衡模型中引入金融因素,广泛运用 DSGE 模型,新兴的新古典综合学派

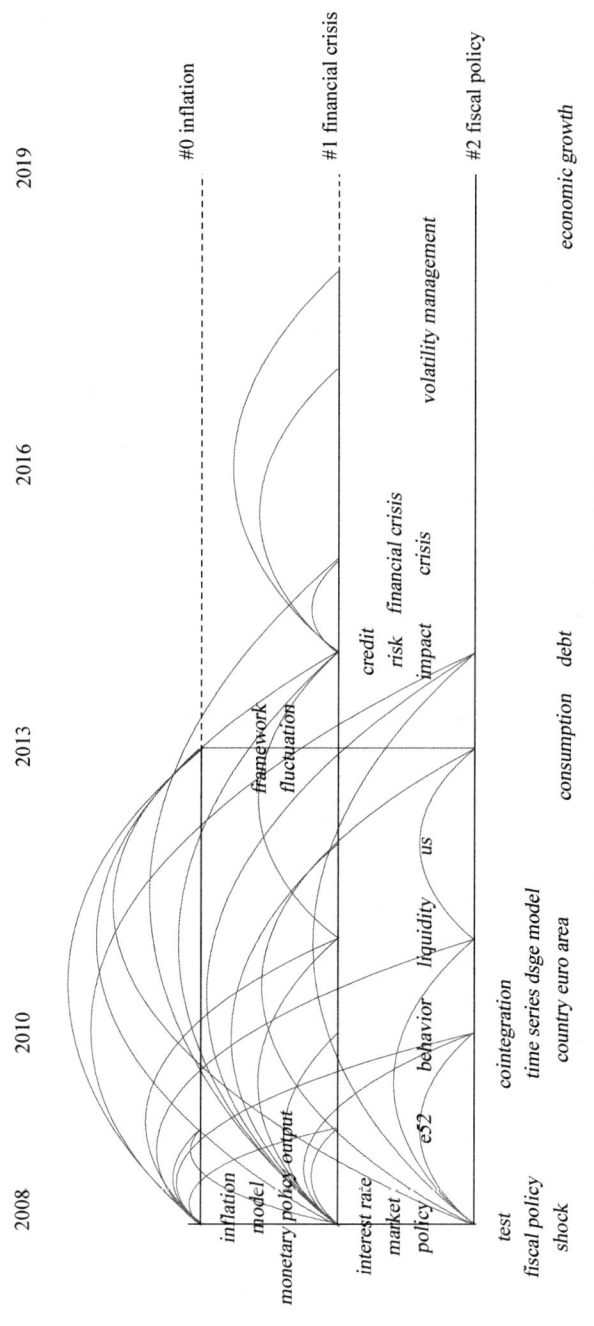

图 1-7 2008—2019 年国际货币政策关键词

资料来源：web of science 文献数据，CiteSpace 软件绘制。

成为宏观经济学主流思想。Smets and Wouters(2003)开发并估计了一种DSGE模型,该模型具有欧元区的黏性价格和工资,并引入十个正交结构性冲击,对这种冲击的影响及其对欧元区商业周期波动的贡献进行实证研究。Smets and Wouters(2007)使用贝叶斯似然法,利用七个宏观经济时间序列估计美国经济的DSGE模型,证明了该模型能够在样本外的预测中与贝叶斯矢量自回归模型竞争。Gertler and Karadi(2011)开发了一个定量货币DSGE模型,其金融中介面临内生确定的资产负债表限制,并利用该模型来评估中央银行使用非常规货币政策对抗模拟金融危机的效果。Christiano et al.(2005)提出了一个模型,其中包含了适度的名义刚性,可以解释观察到的通货膨胀惯性和产出持续性,模型的主要特征是在货币政策遭遇扩张性冲击后,可以防止边际成本急剧上升。Gali and Monacelli(2008)提出了一个分析货币联盟最优货币和财政政策的可操作模型,说明了最优的政策组合要求共同中央银行将通货膨胀稳定在联盟层面,而财政政策则具有国家特定的稳定作用。

表1-8 国际2008—2019年货币政策领域主要文献

2008—2019年	
引用数	名称
475	Christiano LJ, 2005, J POLIT ECON, 113, 1
360	Woodford M, 2003, INTEREST PRICES FDN, 0, 0
357	Smets F, 2007, AM ECON REV, 97, 586
205	Smets F, 2003, J EUR ECON ASSOC, 1, 1123
185	Sims CA, 2006, AM ECON REV, 96, 54
173	Gali J, 2008, MONETARY POLICY, 0, 0
153	Gertler M, 2011, J MONETARY ECON, 58, 17
150	Gali J, 2005, REV ECON STUD, 72, 707
145	Woodford M, 2003, INTEREST PRICES, 0, 0
119	Bils M, 2004, J POLIT ECON, 112, 947

资料来源:web of science文献数据,作者整理。

五、货币政策研究的主线：市场化、稳增长、控风险

综合来看，伴随改革开放40年辉煌成就，中国货币政策既顺应时代潮流，理论基础的演进与国际接轨，由货币主义学派演变为新兴的新古典主义学派；又结合国情、社会主义市场经济体制，以及转型经济体的客观实际，沿着市场化、稳增长、控风险三条主线，具有中国特色。

中国货币政策理论基础的演进顺应时代潮流，与国际接轨，由货币主义学派演变为新兴的新古典主义学派。宏观经济学理论基础的发展历经了旧凯恩斯主义，以货币主义、理性预期和真实商业周期为代表的新古典学派，以一般不均衡、价格黏性为代表的新凯恩斯主义，融合了新古典主义和新凯恩斯主义精华的新兴的新古典综合学派。我国货币政策的理论基础顺应理论前沿的发展，从货币数量论发展为新兴的新古典综合学派，是全球较早应用DSGE模型制定货币政策的国家之一。伴随着人民币汇率形成机制改革和利率市场化改革，我国货币政策正由数量型调控向价格型调控转变，与当今主流货币政策发展方向一致。

中国货币政策的实践结合自身国情，符合转型经济体的定位，具有中国特色。由于中国是当今全球最大的转型经济体，2020年即将实现全面小康，人均国民收入水平相较发达国家而言仍较低，因此制定货币政策时不仅要考虑长期的价格稳定，还要能够实现短期的产出稳定，从而促进经济增长。此外，我国社会主义市场经济体制要求能够实现充分就业，因此我国货币政策从稳定物价的单目标制发展为目前的多目标制，即"把握好实现币值稳定、经济增长、充分就业、国际收支平衡四大目标间的平衡，促进经济社会又好又快发展"（周小川，2011）。回顾货币政策40年发展，市场化、稳增长、控风险三条主线始终未变，市场化是转型经济体又好又快发展的必由之路，稳增长是转型经济体发展的目标，控风险是发展的底线；同期西方国家则大多遵循单一目标。理论与实践相结合，中国的货币政策走出了中国特色，获得了巨大成功。

当前我国货币政策研究不断细化,愈加重视计量经济学和理论模型在货币政策研究上的应用。由于目前我国仍是全球最大的转型经济体,防范系统性金融风险仍是工作重心,因此以"系统性金融风险""银行风险承担"为代表的风险管控、以"结构性改革""新常态"为代表的经济转型、以"利率走廊"为代表的利率市场化是当前货币政策的三大热门研究领域。

第二章 学习型预期、波动性与中国通货膨胀的惯性特征

稳定物价是货币政策最终目标中最为重要的一环。价格的不稳定在大多数时期都表现为通货膨胀。从政策制定而言,透彻理解通货膨胀的动态生成机制,有助于中央银行科学有效地分析经济形势,适时调控货币政策的实施方向和力度,防止货币政策产生失当、失效的风险。

20世纪60年代以来,通货膨胀的动态特征受到了宏观经济理论界的广泛关注,尤其是通货膨胀动态中所呈现的惯性特征,更是货币政策相关研究分析的重点。如果通货膨胀动态过程中惯性特征显著且程度较高,货币政策作用则存在较长的滞后效应,实现预期政策目标所需的时间相对就会更长;反之,政策发生作用的滞后期相对较短,实现物价稳定目标所面临的社会成本相应地减少。可以说,调控通货膨胀必须深刻认识通货膨胀的动态特征,了解通货膨胀惯性程度的高低,惯性的来源,引入学习型预期和通货膨胀波动性后通货膨胀惯性特征是否变化。本章从通胀惯性、学习型预期、波动性特征以及机制转化等角度研究通货膨胀动态变化特征。

一、研究的思路

通货膨胀惯性是通货膨胀动态变化的重要特征之一,国外很多学者研究了通货膨胀惯性问题。Fuhrer(1995)认为惯性是指当一个变量受到扰动时,偏离其平均水平相当长时期的趋势。从历史上看,当通货膨胀率偏离了货币当局期望的比率时,通常需要几个季度或者几年,而不是几周或几个月才能返

回到期望比率,并指出经常用来衡量通货膨胀惯性的方法是通胀率的自相关函数,当然通胀率与其他经济变量的关系也可以用来表现惯性。

Levin & Piger(2004)基于单变量自回归模型,运用传统和贝叶斯计量经济学实证研究了十二个工业国家的通货膨胀惯性特征。O'Reilly & Whelan(2005)分别基于单变量自回归模型和包含其它变量的自回归模型,分析了自1970年以来欧元区通货膨胀的经济计量过程对时间的稳定性,特别关注所谓惯性参数的行为(滞后因变量系数的总和),实证结果表明惯性参数的全样本估计一般都接近1。Cecchetti & Debelle(2006)通过通货膨胀单因素过程研究了美国、法国等19个国家的通货膨胀惯性问题。Zhang(2008)通过单变量自回归模型研究了美国六大通胀系列的惯性问题。Zhang & Clovis(2009)基于单变量自回归模型,利用结构稳定性检验和中位数无偏估计方法对中国的居民消费价格和商品零售价格的通胀惯性进行了实证研究,并通过包含其它变量的自回归模型对中国通货膨胀惯性进行了敏感性分析。还有一些学者研究了预期因素对通货膨胀惯性的影响,大多数研究如 Milani(2005a,2005b)认为,只有在理性预期下,通货膨胀惯性系数才显著,而用学习型预期代替理性预期后,通货膨胀惯性系数不显著,这表明学习行为是通货膨胀惯性的主要来源。

张成思(2008)基于自回归模型和 Hansen(1999)的"格点拔靴"法对中国消费者价格指数通胀率、零售商品价格指数通胀率和 GDP 平减指数通胀率的惯性特征进行了分析,其实证结果表明中国通货膨胀惯性比较强,并认为货币当局要高度关注高通胀惯性对政策效果的影响,但是没有分析中国通胀惯性的特殊机理。而在通货膨胀预期方面,国内有很多重要的文献,如陈彦斌(2008)、杨继生(2009)等。现有预期研究有的采用调查问卷方式,如陈彦斌(2008),但是调查问卷方式一方面数据获得比较困难,另一方面也具有一定的偶然性。有的采用理性预期,理性预期的假设过于苛刻,而且数据也不能直接得到。杨继生(2009)用了一种简化处理方法,即将 t 期的通胀理性预期用

$t+1$ 期的通胀率来代替,该方法也有一些不足,实证研究时,t 期往往并不知道 $t+1$ 期的实际通胀率。学习型预期可以克服上面预期方法的局限性,社会公众根据过去的知识形成对将来通货膨胀的预期,并且随着新信息的获得,学习能力的增强,不断更新通货膨胀预期,所以我们研究学习型预期以及它对通货膨胀惯性的影响。

通货膨胀动态特征还有一个重要方面,那就是通货膨胀波动性的大小,在一篇开创性的论文中,Friedman(1977)认为,通货膨胀水平高将增大通货膨胀波动性(Thornton,2008)。随后国外很多学者研究了通货膨胀水平与通货膨胀波动性之间的关系,代表性论文是 Thornton(2007,2008)。Thornton (2007,2008)利用 GARCH 模型和 Granger 因果关系检验研究了通货膨胀水平与通货膨胀波动性之间的关系,其实证结果支持了弗里德曼的结论。赵留彦,王一鸣,蔡婧(2005)还通过马尔柯夫域变模型研究了通货膨胀水平与不确定性的关系,实证表明高通胀水平伴随着大的通胀不确定性。GARCH 模型虽然可以度量通货膨胀水平的波动性,但是不能刻画不同性质残差对波动性的非对称影响,而 TGARCH 模型由于引入了杠杆效应,可以有效测度不同性质残差对波动性的非对称影响,所以我们将分别通过 TGARCH 模型和 Markov 机制转化模型来实证研究我国通货膨胀波动性以及其与通货膨胀水平之间的关系。

总之,现有关于通货膨胀惯性的研究中,要么仅借助于只含通货膨胀自身滞后因子的自回归模型,要么借助于含有其他宏观经济变量的模型。很显然只含通货膨胀自身滞后因子的自回归模型由于模型过于简单,其意义受到一定的局限性。而含有其他宏观经济变量的多变量模型虽然能更全面地测度通货膨胀惯性,但是究竟选取哪些宏观经济变量也是一个有争议的问题;另外在利用含有其他宏观经济变量的多变量模型研究未来的通货膨胀动态变化特征时,相应其他宏观经济变量的预测也是一个问题,甚至比通货膨胀自身预测还困难。所以我们以只含通货膨胀自身滞后因子的自回归模型为基础,通过通货膨胀自身数据形成学习型预期和波动性特征,构建了一个包含通胀惯性、学习型预期和波动性特征的通胀动态模型,该动态模型从均值和波动项两个方面反映了我国通货膨胀水平的动态变化趋势和特征。

上面构建的模型一方面保持了传统方法的简洁性,因为该模型虽然引入学习型预期和波动性特征但是还是单变量模型,另一方面比传统模型又多了预期和波动性因素,从而可以更有效地反映我国通货膨胀测度因子的惯性等动态变化特征。但是该模型有一个局限性,即不能有效反映通货膨胀状态体制的变化。Hamilton(1989,1988)提出一个模拟体制变化的方法,将一个自回归参数视为一个离散状态的马尔可夫过程的结果。通货膨胀率可能会发生偶然的、离散的变化,假定计量经济学家不能直接观测这些变化,但是必须要根据观察到的系列行为对它们是否以及何时可能发生绘制概率推理。Hamilton(1989)通过一个非线性迭代过滤器形式提出一个绘制这种概率推理的算法。Hamilton(1989,1988)算法也能被视为时间序列"转折点"的正式统计识别,"转折点"是数据生成过程与生俱来的一个结构性的事件。为了从状态转移的角度测度我国通货膨胀测度因子的惯性特征,我们将利用Hamilton(1989,1988)的马尔可夫过程机制转换模型来研究我国通货膨胀水平的状态转移特征以及通货膨胀水平与通货膨胀波动性之间的关系。

二、模型的构建和数据的选取

1. 通货膨胀惯性测度的一般模型

在已有测度通货膨胀惯性的标准文献中(如 Taylor, 2000; Willis, 2003)一般使用下面基本自回归模型来测度通货膨胀惯性(张成思,2008):

$$cpi_t = c + \alpha(l)cpi_{t-1} + \varepsilon_t \qquad (2-1)$$

其中 cpi_t 代表通货膨胀水平,c 是常数项,ε_t 代表随机误差项,$\alpha(l) = \alpha_1 + \alpha_2 L + \cdots + \alpha_n L^{n-1}$ 表示滞后算子,$\alpha_1 + \alpha_2 + \cdots + \alpha_n$ 是通胀惯性的测度指标。

张成思(2008)进一步认为若直接对式(2-1)回归,可能存在的共线性会使估计结果不准确。从而将式(2-1)变形为

$$cpi_t = c + \rho pi_{t-1} + \sum_{k=1}^{n-1} \phi_k \Delta cpi_{t-k} + \varepsilon_t \qquad (2-2)$$

其中 $\Delta cpi_{t-k} = cpi_{t-k} - cpi_{t-k-1}$。一方面,式(2-2)中的系数 ρ 就是通胀惯性系数,即等于(2-1)式中各个滞后项的系数和。另一方面,在式(2-1)中存在共线性时,较准确的估计结果能够根据式(2-2)获得(张成思,2008)。在下文中,我们称方程(2-2)为通货膨胀惯性测度的一般模型。

在参数估计方法上,既可以利用普通最小二乘估计,又可以利用分位数估计方法,具体在后面的实证研究中介绍。

2. 包含通胀惯性、预期和波动性特征的通胀动态模型

虽然式(2-2)可以用来验证我国通货膨胀的惯性特征,但是式(2-1)仅仅含有自身滞后项,即便在不包括相关宏观经济变量的情况下,通货膨胀水平应该还受预期水平以及波动性水平的影响,我们在仅仅利用通货膨胀水平自身数据的基础上,构建以下的包含通胀惯性、预期和波动性特征的通胀动态模型,该动态模型从均值和波动项两个方面反映了我国通货膨胀水平的动态变化趋势和特征。

$$cpi_t = \alpha + \beta pi_{t-1} + \sum_{k=1}^{n-1} \theta_k \Delta cpi_{t-k} + \chi E_t(cpi_{t+1}) + \delta \log(\sigma_t^2) + \varepsilon_t$$
$$(2-3)$$

$$\varepsilon_t / I_{t-1} \sim GED(0, \sigma_t^2, \nu) \qquad (2-4)$$

$$\sigma_t^2 = \phi + \varphi \varepsilon_{t-1}^2 + \gamma \varepsilon_{t-1}^2 \Gamma_{t-1} + \lambda \sigma_{t-1}^2 \qquad (2-5)$$

公式(2-3)反映的是我国通货膨胀水平的均值项,该均值项主要从三个方面反映了我国通货膨胀水平,其一是 $\beta pi_{t-1} + \sum_{k=1}^{n-1} \theta_k \Delta cpi_{t-k}$,反映的是通胀惯性,参数 β 反映的是我国通货膨胀水平的惯性大小,其二是 $\chi E_t(cpi_{t+1})$,代

表通胀预期,参数 χ 反映了通胀预期对通货膨胀水平影响程度,其三是 $\delta\log(\sigma_t^2)$,反映的是通货膨胀水平波动性,参数 δ 反映了通胀波动性对通货膨胀水平影响程度。

公式(2-4)反映的是该模型的残差分布,我们采用 GED 分布。该分布的概率密度函数为:$f(\xi_t) = \dfrac{v\exp\left(-\dfrac{1}{2}|\xi_t/\lambda|^v\right)}{\lambda 2^{1+(1/v)}\Gamma(1/v)}$,$\Gamma$ 是伽玛函数,$\lambda = [2^{-(2v^{-1})}\Gamma(v^{-1})/\Gamma(3v^{-1})]^{1/2}$。该分布比正态分布复杂,不仅包括了正态分布的情形(当 $v=2$ 时),还可以表示比正态分布厚的情形($v<2$),比正态分布薄的情形($v>2$)(Morgan,1996)。

公式(2-5)反映的是通货膨胀水平的波动项,我们采用 TGARCH 模型(Glosten, Jaganathan & Runkle, 1993; Zakoian, 1994)。Γ_{t-1} 是一个虚拟变量或者指示变量,以反映不同性质残差对方差的影响。当 $\varepsilon_{t-1}<0$ 时,$\Gamma_{t-1}=1$,否则 $\Gamma_{t-1}=0$。若称 $\varepsilon_{t-1}<0$ 为负冲击,$\varepsilon_{t-1}>0$ 为正冲击,则负冲击对方差的影响为 $\varphi+\gamma$,而正冲击对方差的影响为 φ,一般来说,当 $\gamma>0$ 时,称之为杠杆效应。

在上面构建的我国通货膨胀动态变化模型中,关键和难点是通货膨胀预期项 $E_t(cpi_{t+1})$ 的估计。我们拟分别采用理性预期和学习型预期。对于理性预期我们与杨继生(2009)一样,利用下一期真实的通货膨胀水平来代替。对于学习型预期我们采用递归型学习算法。假定市场参与者虽然不知道完全正确的通货膨胀动态模型,但是他们会像经济计量学者一样估计一个经济模型,并且具有学习能力,不断根据能获得的新信息调整模型,并根据新的模型形成预期(Milani, 2005a, 2005b)。这个经济模型可以为包含其他宏观经济变量的多因素模型,但是从预测角度,很多研究都表明仅仅包含通货膨胀滞后因子的单因素模型预测能力最好,也就是说在仅仅包含通货膨胀滞后因子的单因素预测模型中加入相关经济变量并不能提高预测能力。同时宏观经济变量比较多,究竟加入哪一个宏观经济变量具有一定的随意性,另外相关经济变量数据的获得也是一个问题。所以,为简单,我们假定市场参与者利用如下的单变量模型作为他们的学习模型来形成他们的通胀预期,同时随着数据的更新,不断更新他们对单变量模型的估计,并以新的模型来更改他们对通货膨胀的预期(Preston,2005;Milani,2005a,2005b)。

$$cpi_t = \alpha_{0,t} + \alpha_{1,t} cpi_{t-1} + \varepsilon_t \tag{2-6}$$

$$\hat{\alpha}_t = \hat{\alpha}_{t-1} + t^{-1} R_{t-1}^{-1} X_t (cpi_t - X_t' \hat{\alpha}_{t-1}) \tag{2-7}$$

$$R_t = R_{t-1} + t^{-1}(X_{t-1} X_{t-1}' - R_{t-1}) \tag{2-8}$$

式(2-6)是市场参与者通过通货膨胀水平滞后值来预测通货膨胀水平的模型,式(2-7)和(2-8)反映了系数随着时间的推移而不断更新的过程。

与 Milani(2005a,2005b)一样,假定市场参与者在时期 t 形成预期时只能接触到 $t-1$ 期的信息,因此应该用 $\hat{E}_{t-1}$ 代替 $\hat{E}_t$。利用式(2-6)进行迭代可以得到如下公式(Milani,2005a,2005b):

$$E_{t-1}(cpi_{t+1}) = \hat{E}_{t-1}[\alpha_{0,t+1} + \alpha_{1,t+1} cpi_t + \varepsilon_{t+1}] = \alpha_{0,t-1}(1+\alpha_{1,t-1}) + \alpha_{1,t-1}^2 cpi_{t-1} \tag{2-9}$$

具体实证研究时,首先通过学习公式(2-6)到公式(2-8)计算出时变系数$(\alpha_{0,t}, \alpha_{1,t})'$,然后再根据公式(2-9)计算出基于市场参与者学习能力的通货膨胀预期。

3. Markov 机制转化模型

令 n_t 代表时间序列 $\tilde{y}_t$ 的趋势因素,若下式成立,则称 n_t 服从 Markov 趋势(Hamilton,1989)

$$n_t = \alpha_1 s_t + \alpha_0 + n_{t-1} \tag{2-10}$$

其中 $s_t = 0$ 或者 1 代表系统的不可观测的状态[①]。状态之间的转换满足下式

---

① 大写字母代表随机变量,小写字母代表特定的实现(Hamilton,1989)。

(Hamilton, 1989)

$$P\langle S_t=1|S_{t-1}=1\rangle=p, P\langle S_t=0|S_{t-1}=1\rangle=1-p;$$
$$P\langle S_t=0|S_{t-1}=0\rangle=q, P\langle S_t=1|S_{t-1}=0\rangle=1-q \qquad (2-11)$$

Hamilton(1989,1988)将 n_t 与其他随机过程联系起来。设特定时间序列 $\tilde{y}_t$ 可表示为：

$$\tilde{y}_t = n_t + \tilde{z}_t \qquad (2-12)$$

$$\tilde{z}_t - \tilde{z}_{t-1} = \phi_1(\tilde{z}_{t-1} - \tilde{z}_{t-2}) + \phi_2(\tilde{z}_{t-2} - \tilde{z}_{t-3}) + \cdots + \phi_r(\tilde{z}_{t-r} - \tilde{z}_{t-(r+1)}) + (\omega_1 s_t + \omega_0)\varepsilon_t \qquad (2-13)$$

其中 $\varepsilon_t \sim i.i.d. N(0,1)$，对式(2-12)差分并改写式(2-13)可以得到：

$$y_t = \alpha_1 s_t + \alpha_0 + z_t,$$
$$z_t = \phi_1 z_{t-1} + \phi_2 z_{t-2} + \cdots + \phi_r z_{t-r} + (\omega_1 s_t + \omega_0)\varepsilon_t \qquad (2-14)$$

其中 $y_t = \tilde{y}_t - \tilde{y}_{t-1}, z_t = \tilde{z}_t - \tilde{z}_{t-1}$。

通过移项和迭代，公式(2-14)还可以写成简化形式：

$$y_t - \mu(S_t) = \phi_1[y_{t-1} - \mu(S_{t-1})] + \phi_2[y_{t-2} - \mu(S_{t-2})] + \cdots + \phi_r[y_{t-r} - \mu(S_{t-r})] + \sigma(S_t)\varepsilon_t \qquad (2-15)$$

当 $s_t=1$ 时，$\mu(S_t)=\mu_1=\alpha_0+\alpha_1, \sigma(S_t)=\sigma_1=\omega_0+\omega_1$；当 $s_t=0$ 时，$\mu(S_t)=\mu_2=\alpha_0, \sigma(S_t)=\sigma_2=\omega_0$。反映了不同体制(状态)下，时间序列 y_t 的均值水平和波动性水平。

Hamilton(1989,1988)具体给出了参数的极大似然估计方法，详细步骤见 Hamilton(1989,1988)。未知参数 $\theta=(\mu_1,\mu_2,p,q,\sigma_1,\sigma_2,\phi_1,\phi_2,\cdots,\phi_r)$ 可以通过数值最大化下面的样本条件对数似然函数求得：

$$\ln f\langle y_T, y_{T-1}, \cdots, y_r | y_{r-1}, y_{r-2}, \cdots, y_0 \rangle = \sum_{t=r}^{T} \ln f\langle y_t | y_{t-1}, y_{t-2}, \cdots, y_0 \rangle$$

$$(2-16)$$

4. 数据选取

关于通货膨胀水平的测度有多种指标，我们选取应用最广泛的居民消费价格指数，同时为了避免季节波动和数据可得性，我们采用月度同比增长率数据，用 cpi 表示。时间跨度是 1990 年 1 月到 2015 年 12 月，一共 312 个数据，数据来源是中经网统计数据库与和讯宏观数据网，数据处理软件分别是 EViews 6、Matlab 7 以及 Gauss 8。

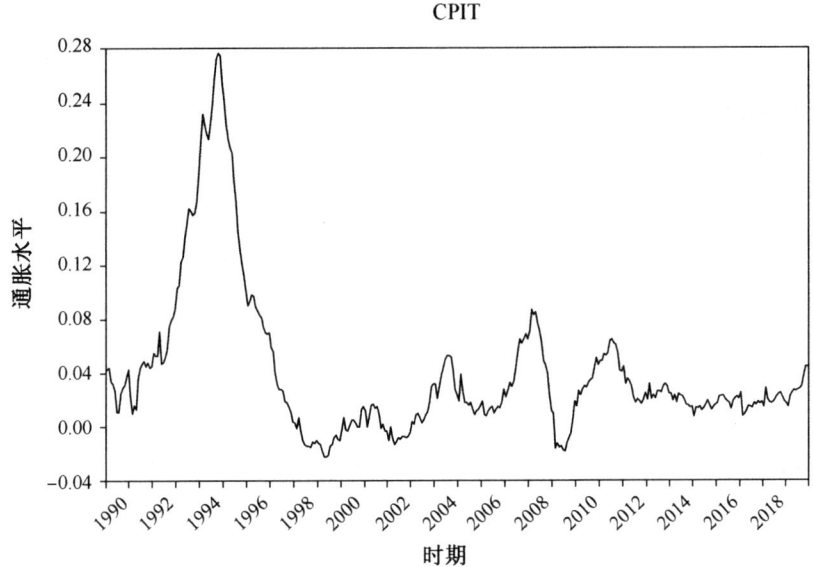

图 2-1　我国通货膨胀水平动态变化趋势(1990—2019)

图 2-1 显示了我国月度 cpi 从 1990 年到 2019 年的动态变化趋势。从图 2-1 可以看出近 20 年来我国 cpi 的变化幅度比较大，1990 和 1991 年我国通货膨胀水平基本还在 4% 以下，但从 1992 年开始，我国通货膨胀水平急剧上升，并于 1994 年末达到最高点，这时我国通货膨胀水平高达 27% 左右，出现严重的通货膨胀，此后又急剧下降，于 1997 年初回到 4% 以下，随后继续下降，其中 1998 年至 2000 年初甚至持续出现负的通货膨胀水平，随后一直到 2007 年初基本都在 4% 以下小幅度波动，随后通货膨胀水平又出现较大幅度

的上涨,于 2008 年初达到新的高点,大约 8% 左右,随后又一路下降,于 2009 年中旬达到最低点-2% 左右,接下来一直到 2010 年 8 月,通货膨胀水平又持续上升,2010 年 8 月我国通货膨胀水平已经达到 3.5%,并有继续上升的趋势,在 2011 年中旬达到局部最高点后进入下降通道,近年在低位徘徊。

总的说来,我国通货膨胀水平具有较强的持续性,本期具有较高的通货膨胀水平,一般下一期往往也具有较高的通货膨胀水平,但是从较长时期来看,通货膨胀水平又有高低交替的动态变化特征。

三、实证分析

1. 基于自回归模型和分位数法的研究

我们首先采用自回归模型(2-2)来研究我国的通胀惯性。宏观经济中滞后效应一般在 2 年内,由于选取月度数据,所以采用最大滞后项为 24,以充分测度时间滞后效应,并采用"渐近系数"的方法。即首先用包含直到滞后 24 阶的所有滞后项进行回归,然后找到系数显著的最大滞后项数,该系数显著的最大滞后项数即为最优滞后项数。各种方法下得到的最优滞后项数都是 13,最后用包含直到该最优滞后项数的所有滞后项进行回归(我们也取 12 为最大滞后项进行了计算,最终计算结果和最大滞后项为 24 只有细微差别,不影响整体结论)。在参数估计的方法方面,现有文献一般采用最小二乘估计的均值模型方法,普通最小二乘法模拟一个或多个协变量与响应变量条件均值之间的关系(Chen,2005),该方法具有一些局限性。例如:对于一个不太稳定的模型,似乎用最小二乘估计的有限样本分布很难得到一个令人满意的表述(Phillips,1977)。对于非对称分布,像左偏或者右偏的,最小二乘法的均值模型往往不能很好地总结变量之间的关系。分位数回归通过补充最小二乘法单独基于条件均值函数的局限性,提供了一个估计条件分位数函数的通用技术,正逐步成为线性和非线性响应模型统计分析的一个全面的方法(Koenkez & Machado,1999),相对于最小二乘法,分位数回归提供了更完整的统计模型

(Yu, Lu & Stander, 2003),更全面地反映了变量之间的关系。根据计算系数协方差的不同,分位数回归可分为 Huber Sandwich & Boot strap 两种方法,我们分别给出这两种方法在 0.5 分位点下以及最小二乘法下 cpi_{t-1} 项的系数估计值 $\hat{\rho}$ 以及置信区间,结果见表 2-1。

表 2-1 各种方法下通胀惯性参数估计值

Huber Sandwich 中位数法		Boot strap 中位数法		最小二乘法			
$\hat{\rho}$	95%置信区间	$\hat{\rho}$	95%置信区间	$\hat{\rho}$	95%置信区间	残差自相关 LM 检验	
						F 统计量	NR^2 统计量
0.979 (88)[a]	(0.957,1)	0.979 (97)[a]	(00.959,.998)	0.988 (160)[a]	(0.976,1)	1.108 [0.33]	2.308 [0.32]
残差 ADF 检验	−18.101*	残差 ADF 检验	−18.101*	残差 ADF 检验	−17.999*		

备注:[a] 小括号内的数值表示参数估计值的 t-统计量;* 表示残差在 1%显著性水平下都是平稳的;[b] 中括号内的数值表示拒绝"残差不存在自相关的原假设"的最小显著水平(因为回归模型含有因变量自身滞后项,所以不能使用 D.W. 统计量检验)。

从表 2-1 可以看出,各模型的残差都是平稳的。(古扎拉蒂,2000;陈彦斌,2008)按照现代协积观点,即使被解释变量和各个解释变量不是同阶的平稳序列,只要方程的残差序列是平稳的,就可以认为它们是协整的。残差自相关 LM 检验中 F 统计量和 NR^2 统计量的 p 值都大于 5%显著性水平,残差通过了自相关检验,表明最优滞后项数 13 足以消除模型(2-2-2)中的序列相关性(张成思,2008)。这些都说明前面建立的模型是有效的。同时还可以看出我国通货膨胀水平具有很强的惯性,无论分位数法还是最小二乘法,$\hat{\rho}$ 的值都是显著的,都非常接近 1。虽然利用的方法不尽相同,但是许多以前的文献也都倾向于发现通货膨胀过程具有高度惯性。在很多国内外的实证研究中,根据通胀数据估计的 AR 系数都接近于 1(Batini, 2002; O'Reilly & Whelan,

2005;张成思,2008;Zhang & Clovis,2009)。这与我们实证研究的结果基本一致。

2. 基于通胀惯性、预期和波动性特征的研究

我们首先利用 1990 年 1 月到 2019 年 12 月的我国通货膨胀指标数据计算出公式(2-6)到公式(2-8)中时变系数$(\alpha_{0,t}, \alpha_{1,t})'$的值;再根据公式(2-9)计算出基于 t 期可得信息(实际上只是直到 $t-1$ 期信息)的通货膨胀预期值。

图 2-2 显示了基于递归学习能力的我国通货膨胀预期与我国通货膨胀实际水平之间的关系,实线是我国通货膨胀测度水平实际值,而虚线是基于递归学习能力的通货膨胀预期值,两者比较接近,走势几乎完全相同,这说明基于递归学习能力的通货膨胀预期模型比较适合于我国实际情况。再利用包含通胀惯性、预期和波动性特征的通胀动态模型(2-3)到(2-5)来研究我国通货膨胀水平动态变化特征。表 2-2 给出了相关参数估计结果以及模型检验结果。

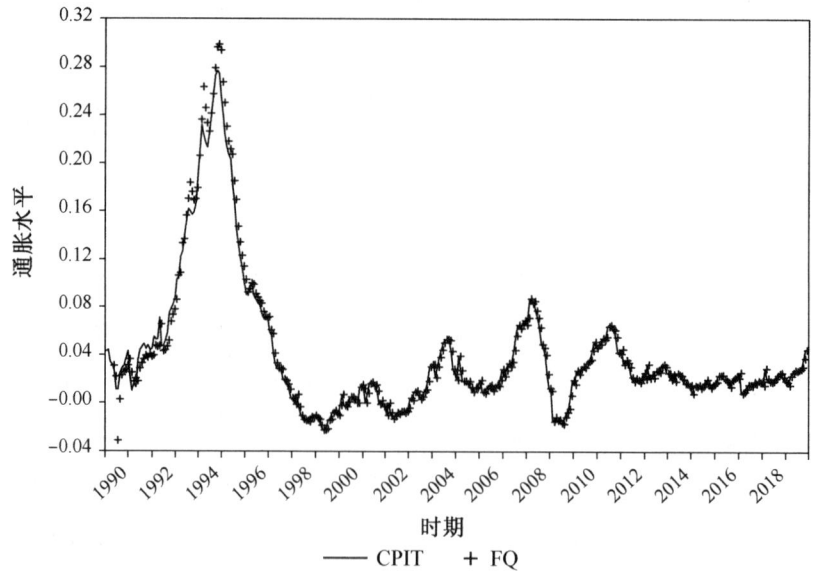

图 2-2 基于递归学习能力的我国通货膨胀预期(1990—2019)

表 2-2 基于通胀惯性、预期和波动性的通胀动态模型估计结果

参数名	估计值	标准差	Z 统计量和 p 值
α	0.0322	0.0104	3.0912[0.002]
β	0.5118	0.1194	4.2860[0]
χ	0.4259	0.1133	3.7607[0.0002]
δ	0.0029	0.0010	2.9333[0.0034]
ϕ	0.0000	0.0000	3.9307[0.0001]
φ	0.5324	0.1721	3.0930[0.002]
γ	−0.4385	0.1625	−2.6991[0.007]
λ	0.4377	0.0972	4.5027[0]
调整 R^2	0.9895	F-统计量	2369.909[0]
残差 ADF 检验	−17.9274*	ARCH LM 检验的 F 统计量	0.3145[0.5753]

备注：* 表示残差在 1% 显著性水平下都是平稳的；a 中括号内的数值表示拒绝"残差序列不存在 ARCH 效应的原假设"的最小显著水平。

从表 2-2 可知，调整 R^2 是 0.9895，说明 cpi 变化的 98.95% 都能由方程所解释；在 5% 显著性水平下，所有系数都是显著的，同时检验系数整体显著性的 F-统计量是 2369.909[0]，表明系数整体上是显著的；方程残差通过了平稳性检验，表明残差是平稳的；方程残差的 ARCH LM 检验表明方程残差没有 ARCH 效应，TGARCH(1,1) 模型已经消除了模型(2-3)到(2-5)的残差的条件异方差性。结合前面的结论"最优滞后项数 13 足以消除模型中的序列相关性"，实证研究得到的包含通胀惯性、预期和波动性特征的通胀动态模型是有效的。

进一步分析表 2-2，我们还可以得到如下结论。第一，在我国通货膨胀水平均值项的决定因素中，按照显著性水平，起最重要作用的还是通货膨胀惯性，其次是基于递归学习能力的通货膨胀预期，再次是通货膨胀水平波动性大

小。第二,相比较美国,我国通货膨胀惯性更强并且来源更复杂。Milani(2005a,2005b)通过美国数据的实证研究表明,当学习型预期取代理性预期之后,通货膨胀惯性系数变得不显著,学习行为是通货膨胀惯性的主要来源。而在我国,当学习型预期取代理性预期之后,通货膨胀惯性系数显著性和系数值虽然都有所下降,但是仍然显著为正的,这表明我国通货膨胀惯性只部分来源于递归学习能力。第三,我国通货膨胀水平的波动性大小对通货膨胀水平有正向影响,波动性大时,通货膨胀水平一般也比较高。第四,我国通货膨胀水平具有弱反杠杆效应,在 5% 显著性水平下,γ 不显著,而在 10% 显著性水平下,γ 显著而且等于小于 0,负冲击对方差的影响小于正冲击对方差的影响。

3. 通胀水平状态的机制转化

利用前面介绍的 Markov 机制转化模型对我国通货膨胀测度水平进行实证研究。根据公式(2-15),取滞后项 $r=4$,建立如下的两状态、滞后 4 期的我国通货膨胀测度水平状态机制转化模型:

$$cpi_t - \mu(S_t) = \phi_1[cpi_{t-1} - \mu(S_{t-1})] + \phi_2[cpi_{t-2} - \mu(S_{t-2})] + \phi_3[cpi_{t-3} - \mu(S_{t-3})] + \phi_4[cpi_{t-4} - \mu(S_{t-4})] + \sigma(S_t)\varepsilon_t \quad (2-17)$$

其中均值项 $\mu(S_t)$ 和波动项 $\sigma(S_t)$ 在 $s_t=0$ 和 $s_t=1$ 状态下会取不同的值 μ_1,μ_2,σ_1,σ_2。反映了不同体制(状态)下,时间序列 y_t 的均值水平和波动性水平。相关参数估计结果见表 2-3。

表 2-3 Markov 机制转化模型的参数估计结果

参数名	估计值	标准差
$\hat{\mu}_1$	4.028 3	1.173 5
$\hat{\mu}_2$	2.616 0	1.128 5
$\hat{\sigma}_1$	1.093 4	0.210 5
$\hat{\sigma}_2$	0.266 9	0.028 3
$\hat{\phi}_1$	1.119 3	0.058 6

(续表)

参数名	估计值	标准差
$\hat{\phi}_2$	0.029 4	0.085 9
$\hat{\phi}_3$	−0.121 7	0.080 3
$\hat{\phi}_4$	−0.054 6	0.051 6
$\hat{p}_{11}$	0.961 5	0.026 5
$\hat{p}_{22}$	0.987 0	0.008 5

从表 2-3 我们可以知道,如果将我国通货膨胀测度水平分为两个状态的话,较高状态的均值是 4.028 3% 左右,而较低状态的均值是 2.616 0% 左右,高状态均值是低状态均值的 1.539 9 倍左右。同时当我国通货膨胀测度水平处于较高状态时,其波动性也比较大,高状态下的通货膨胀测度水平方差是低状态下的通货膨胀测度水平方差的 5.194 5 左右。$\hat{p}_{11}$ 和 $\hat{p}_{22}$ 都比较接近 1,说明在状态转移方面,我国通货膨胀水平具有很强的惯性,当某一期我国通货膨胀水平处于高状态,则下一期会有 96.15% 左右的概率也处于高状态;当某一期我国通货膨胀水平处于低状态,则下一期会有 98.70% 左右的概率也处于低状态。同时高低状态的转移也要持续一段时间,按照 Hamilton(1989)、汉密尔顿(1999)给出的公式,在我国通货膨胀水平处于高状态的假设下,高状态预期持续时间是 $1/(1-\hat{p}_{11})\approx 26$ 个月,在我国通货膨胀水平处于低状态的假设下,低状态预期持续时间是 $1/(1-\hat{p}_{22})\approx 77$ 个月。

按照 Hamilton(1989,1988)、汉密尔顿(1999),可以根据下面公式:

$$P\langle S_t = s_t \mid y_t, y_{t-1}, \cdots, y_{t-4}; \hat{\theta} \rangle$$
$$= \sum_{s_{t-1}=1}^{0} \sum_{s_{t-2}=1}^{0} \sum_{s_{t-3}=1}^{0} \sum_{s_{t-4}=1}^{0} P\langle S_t = s_t, S_{t-1} = s_{t-1}; S_{t-2} = s_{t-2}; S_{t-3} = s_{t-3}; S_{t-4}$$
$$= s_{t-4} \mid y_t, y_{t-1}, \cdots, y_{t-4}; \hat{\theta} \rangle \tag{2-18}$$

来计算 t 时通货膨胀测度水平所处状态为 s_t(=1 或者 0)的概率。图 2-3 显示了从 1990 年到 2019 年我国通货膨胀测度水平处于高状态

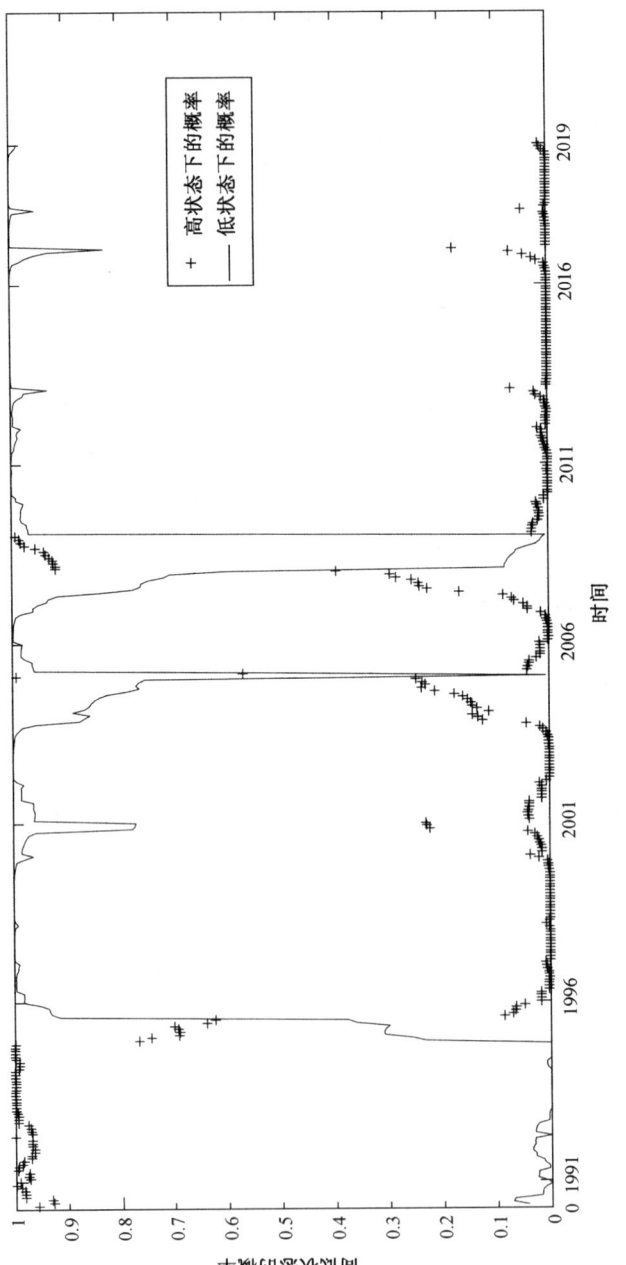

图 2-3 不同时期我国通胀水平处于两状态下的概率

($\hat{\mu}_1=$)、低状态($\hat{\mu}_2=$)下的概率。

图2-3基本反映了1990年到2019年以来我国通货膨胀水平的高低状态。在1996年之前我国通货膨胀水平一直比较高,尤其是1993年至1995年,我国通货膨胀水平经常在15%以上,甚至出现了27.7%的极端情况。但是到1997年之后,甚至一直到2006年我国通货膨胀水平整体都比较低,尤其是1998年、1999年、2001年以及2002年,我国甚至出现了通货膨胀水平为负的情况。2007年中期之后,我国又出现了新一轮的物价持续上涨,我国通货膨胀水平又逐渐处于较高状态,但是这一次持续的时间比较短,在2008年中期由于美国出现了"次贷危机"以及国内一些突发事件的影响,我国通货膨胀水平跟着急剧下降,很快又处于较低状态,在2009年前三个季度又出现了通货膨胀水平为负的情况。随后国家采用了一系列刺激经济的扩张性的财政和货币政策,我国通货膨胀水平又逐步回升,但总体还是处于较低的水平。虽然图2-3基本反映了1990年到2019年以来我国通货膨胀水平的高低状态,但是有时我国实际通货膨胀水平虽然比较高(低),但是根据Markov机制转化模型却判断为低(高)状态,即图2-3反映的不同时期我国通胀水平处于两状态下的概率也没有完全与我国实际通货膨胀水平相一致,这与Hamilton(1989)利用Markov机制转化模型研究美国产出一样。在我们的研究中,不可观测的状态仅仅是控制我国通货膨胀水平动态过程的影响因素之一,所以尽管某一时期我国实际物价水平比较高,而通过本节方法却将其判断为处于较低的状态。图2-3也显示了在状态转移方面,我国通货膨胀水平具有很强的惯性:当某一期我国通货膨胀水平以较高概率处于高状态,则下一期一般也以较高概率处于高状态;反之,当某一期以较高概率处于低状态,则下一期一般也以较高概率处于低状态。这与表2-2的结论是一致的。

四、结论和政策含义

首先,我国通货膨胀水平具有较强的惯性特征。原因如下:第一,无论是采用最小二乘法还是分位数法,通货膨胀惯性测度一般模型中的通胀惯性系数都非常接近 1;第二,在引入递归型学习能力后,通货膨胀惯性系数依然显著为正;第三,在两状态机制转化模型中,一个状态向另一个状态转移的概率比较小,而倾向于继续处于原来的状态。较强的通货膨胀惯性对货币政策有重要影响,如 Fuhrer(1995)认为,当反通货膨胀时,通货膨胀惯性越强,需要越强的货币政策,对实体经济的破坏也越大,也就需要更大的与反通货膨胀相关的成本。这就要求我国货币当局要高度重视通货膨胀惯性问题,不仅要将治理通货膨胀惯性作为我国宏观政策的重点,而且要提前关注高通胀惯性对反通货膨胀政策的影响。

其次,我国通货膨胀惯性的形成机理比较复杂,学习型预期只能部分解释通货膨胀惯性。在我国通货膨胀动态模型中引入学习型预期后,尽管通货膨胀惯性系数的显著性和系数值都有所下降,但是还是显著的,而且从系数值和显著性来看,通货膨胀惯性的作用要大于学习型预期的作用。这说明我国公众对通货膨胀预期的学习能力不强,主要还局限在静态预期。这就要求我国货币当局要增强货币政策透明度和可信性,逐步引导社会公众增强学习能力并形成合理预期。

再次,我国通货膨胀水平的状态转移时间比较长,一般都在 2 年以上。结合前面的分析,我国通货膨胀水平具有较强的惯性特征。这就要求我国货币当局在治理我国价格水平问题(无论治理通货膨胀还是通货紧缩)时要注意政策的时效性、平稳性和后效性,一般应该提前 2 年做出政策安排。

最后,我国通货膨胀水平与其波动性有着正向的关系。从包含通胀惯性、学习型预期和波动性特征的通胀动态模型来看,波动性增大,通货膨胀水平一般也有走高趋势,大的波动性往往也会导致通货膨胀水平的上升。从 Markov 机制转化模型来看,当我国通货膨胀测度水平处于较高状态时,其波动性也比较大,高状态下的通货膨胀测度水平方差是低状态下的通货膨胀测度水平方差的 3.4 倍左右,这与 Thornton(2007,2008)一样,也间接支持了弗里德曼的结论。这就要求我国货币当局在治理我国价格水平问题时要关注通货膨胀水平的波动性,尽量避免通货膨胀水平的大幅波动。

第三章　适应性学习与中国通货膨胀非均衡运行机制

中国经济在进入新常态的相当长时期内,可能会面临较大的潜在通胀压力。一方面,劳动力等要素价格大幅上升极易引发成本推动型通货膨胀;另一方面,尽管强制结售汇制度已经取消,但国际收支结构失衡导致的国内货币投放依然很高。新常态下的中国经济实际上面临着经济下行和通货膨胀的双重风险。在中国经济转向增速换挡、结构调整和前期政策消化的三期叠加阶段,转型升级和保增长成为今后一段时期宏观调控的主要任务,政策的推出也将更加重视结构效应和刺激效果。这就为央行前瞻性的管理好通货膨胀、防止价格的非理性上升增加改革的政策成本提出了更高要求。随着市场化程度不断加深,公众前瞻性决策行为对经济运行的影响愈发突出,货币政策要有效实现物价稳定的功能就必须考虑微观主体的预期形成机制。

经济系统是一个复杂的预期反馈体系,公众预期的改变最终会反映在经济波动上。在 Muth(1961)、Lucas(1972)、Sargent & Wallace(1976)等人发展出"理性预期"理论之前,经济学界并不十分热衷预期问题,对预期形成机制主要代之以静态预期、外推型预期以及适应性预期等简单形式。理性预期假说的重要贡献在于尖锐驳斥了微观主体预期非能动性的观点,认为公众具有高度理性,会通过自我学习和调整最终实现对经济变量的无偏和一致估计,公众能够准确预测到除随机冲击以外经济变量的基本走势。这一观点由此引致大量对传统宏观经济政策有效性的怀疑与反思,并使政策制定的着力点逐渐转移到公众预期上。但是,理性预期假说过分强调公众预期的理性化,与诸多经验证据并不吻合;此外,理性预期假说并未对公众预期形成机制做出具体描述,而只注重对预期结果性质的一系列规定。

历史反复昭示,每一次经济危机背后都是预期恶化的危机。肇始于2008年的国际金融危机再次告诫人们不能在过分的乐观与悲观两极间做跳跃性选择,一定程度上人类的基因里依旧镌刻着"动物精神"的烙印。尤其是在我国这样一个新兴转轨国家,在经济结构面临转型升级、公众受教育程度不够高的背景下,居民通胀预期的理性程度亟待提高。凝练相关典型化事实(见图3-1),不难发现,尽管公众预期能捕捉到实际通胀走向,但是在诸多时间节点上预测误差很大。总体来看我国居民的预期具有保守的适应性特征,现实的公众预期并非完全理性。而且,以2008年4季度也就是本轮国际金融危机全面爆发为界,我国居民的预期通胀率在这一分界点前后存在较为明显的对称走势。2013年以来,通货膨胀出现的负向发展趋势得到明显遏制。因此,从侧面推断,当前我国的通货紧缩风险并不十分严重,相反通货膨胀却很有可能随着经济刺激政策的相继推出而出现反弹,有效行使货币政策的物价稳定功能仍具有必要性。

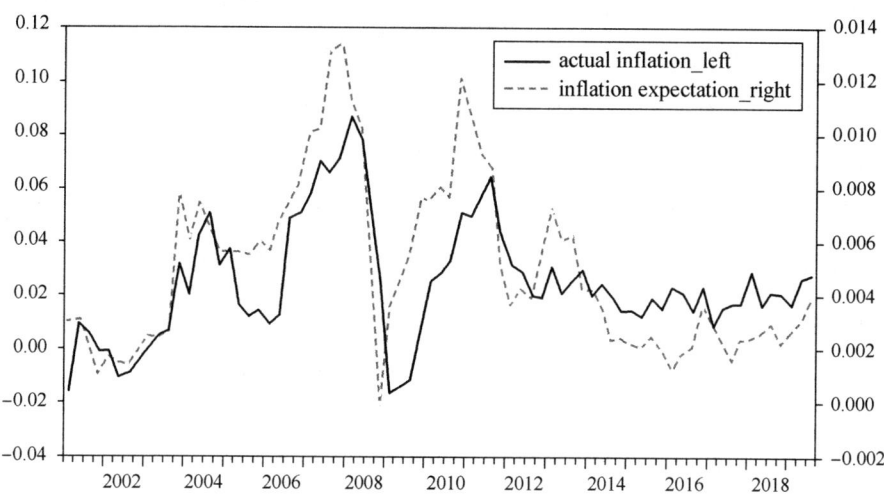

图3-1　2001—2019年中国实际通胀率与预期通胀率走势

一、文献述评

现实中,公众的通胀预期尽管能够捕捉实际通胀的基本趋势,但也明显表现出保守的适应性特点,因此真实的通胀预期处于一种不完全理性状态,这就为放松经典的理性预期分析框架提出了更高要求。20世纪80年代后,适应性学习理论开始受到学术界广泛关注。作为有限理性的代表,适应性学习理论被逐步运用于经济动态分析。适应性学习放松了理性预期暗含的一系列严格假设,认为现实中预期不可能具有完全理性性质,公众会基于自身对实际经济的不完全认知,在每期不断获取并更新决策所需的信息,通过运用某种计量手段不断更新自身预期。

过去在通货膨胀动态机制的研究中,基于理性预期假设获得通胀预期数据是一种普遍做法(如 Gali & Gertler, 1999;杨继生,2009)。但是在对菲利普斯曲线进行回归分析时,这种方法往往会放大预期因素对实际通胀的影响力,从而得出稳定物价的货币政策在很大程度上可以借由引导公众的通胀预期实现,同时避免实际干预导致的调整成本。这一推断不仅与发达国家尤其是美国在历史上为对抗高通胀而付出经济衰退代价的事实难以吻合,而且也无法解释中国通货膨胀在受到随机冲击后会在较长时间内偏离平均水平的经验发现(张成思,2008)。更为关键的是,在理性预期框架内分析通货膨胀的驱动机制忽视了公众预期形成的内生化问题,从而预期引导的有效性可能被过分夸大,相反实际干预由于存在显性调整成本而逐渐被忽视,但是打开预期形成机制这一黑箱,在更为放松的有限理性视角下探讨这一问题,结论会有很大不同。

针对理性预期假设的弊病,Sargent(1993)建议应该使用一个具体学习过程代替它。Bray(1982)、Evans(1985)、Evans & Honkapohja(2001)等人也相继提出预期形成的适应性学习理论。该理论假定公众一开始并不能掌握经济的均衡点,但他们会根据信息不断学习并调整预期,在交互反馈中,预测误差可能逐渐缩小直至收敛于理性预期均衡,也可能不断放大最终远离均衡,更一般的情况是公众围绕均衡水平进行持久学习。通过对预期形成和参数调整机制的刻画,公众的通胀预期得以内生化,而且通过控制学习过程的相关参数,适应性学习可以较好刻画预期的有限理性内涵,在此框架内理性预期可看作是适应性学习的极端情形(Orphanides & Williams, 2004)。

本章基于公众预期的有限理性这一事实,借助当前分析通货膨胀动态驱动机制的工作母机——混合新凯恩斯主义菲利普斯曲线(hybrid-NKPC),将适应性学习过程嵌入其中并进一步分析在公众预期偏离理性预期均衡水平的常态下通货膨胀的运行特点及治理对策,以期为转型期稳定物价的货币政策提供一定的参考建议。传统NKPC模型的微观基础源自基于理性预期、黏性价格和垄断竞争假设的新凯恩斯动态一般均衡理论,其中理性预期由于条件过于严格和假设严重脱离现实而备受诟病。作为"有限理性经济学"的典型代表,适应性学习理论更加贴近现实,嵌入这一机制将大大提高经典理论分析的说服力(Ireland, 2003)。

在嵌入学习过程的通货膨胀动态机制模型中,公众使用形式正确的经济运行方程形成预期,由于无法知晓方程的均衡参数,他们往往通过构建递归学习模型或固定增益学习模型等方法来估计参数(Primiceri, 2006; Milani, 2007)。相对于公众学习,Cogley & Sargent(2005)强调了政策制定者的学习过程与高通胀之间的关联,Eusepi & Preston(2010)、Honkapohja & Mitra(2014)则重点强调央行的适应性学习和沟通有效性问题。Zhang et al. (2008)基于通胀预期调查数据和近似理性预期的研究证实,前瞻性行为在通胀驱动中作用较小;适应性学习行为通常会导致通胀持久性(Orphanides & Williams, 2004; Milani, 2005, 2007)。上述研究暗示传统的基于理性预期的研究可能放大了公众前瞻性行为的影响以及预期管理的有效性。在有限理性条件下,公众预期将根据实际经济变化做出适应性调整,从而预期引导的效力有限。

Marcet & Nicolini(2003)提出了嵌入学习过程的超速通胀模型,发现适应性学习行为可以很好地解释一些国家发生的超速通胀现象;Evans &

Honkapohja(2005)则发现在价格灵活的完全竞争经济中学习行为可以产生理想的低通胀稳态。Berardi & Duffy(2007)认为央行应公布货币政策目标和决策规则以帮助公众采取正确的预测模型从而达到理性预期均衡,此外他们提出央行要教育公众如何形成预期;Svensson(2003)、Orphanides & Williams(2004)等也赞同央行应足够透明以促进公众学习,加速向理性预期均衡收敛。但是提高学习速度并不总是社会福利增进的,Ferrero(2007)的分析证实如果初始通胀高于理性预期均衡时的通胀,则学习过程加速可增进福利,反之,缓慢的学习过程更为有利;但是过于缓慢的学习速度可能招致制度转变成本大于转变收益(Gaspar et al.,2010)。与基于理性预期的研究不同,上述研究更加重视公众预期形成机制本身对通货膨胀运行的影响。在政策建议上也与众多提倡提高通胀预期在通胀动态中的影响力、强化预期引导并减少实际干预的文献不同,这些研究更加关注改善公众预期的形成机制,以促进经济向理性预期均衡收敛。尤其在当前央行声誉建设有待进一步完善的情况下,预期引导可能效果有限,必须多管齐下,通过逐步改善公众预期形成机制以抑制通胀对均衡水平的偏离程度。

近年来,国内学者对预期管理与通胀治理问题研究的立足点也开始转向有限理性,但是从公众学习视角出发分析预期形成机制与通货膨胀运行机制的重要文献仍屈指可数。一些典型文献如徐亚平(2009)认为公众对宏观经济运行认知有限,因而会通过适应性学习或相互间的信息传递等方式更新预期,如果相关信息不透明或透明度不高将延缓公众学习过程并加大预测误差。何启志和范从来(2011,2014)分别考察了递归式学习与固定增益学习在通胀决定中的作用,研究均显示当前学习型预期对通胀的决定作用要显著低于通胀惯性因素。但是,他们使用的通货膨胀预测模型只包含通胀滞后项和常数项,忽视了公众对产出缺口驱动因素的考虑,基于广泛流行的NKPC模型进行通胀预测更加全面,同时可以避免模型设定的随意性。李成等(2011)基于卡尔曼滤波式学习,在动态随机一般均衡框架内分析了通胀预期形成机制并提出预期管理对策。卞志村和高洁超(2014)将适应性学习机制嵌入标准新凯恩斯模型,在同时考虑央行通胀目标和产出目标基础上分析了货币政策目标制与宏观稳定之间的关系。他们在引入适应性学习的过程中对实际经济与均衡经济做了区分,并通过偏离度指标描述两者的差别,但是他们在使用固定增益学习机制时,对学习速率这一重要参数的设定具有随意性。此外,蒋海和储著贞(2014)发现私人部门的适应性学习预期会进一步缩小央行对通胀和产出的反应空间,他们建议央行应加强与公众的信息交流、引导公众进行合理的适应性学习。

二、理论模型构建

(一) 基础模型

设定通货膨胀按照混合新凯恩斯菲利普斯曲线形式运转:

$$\pi_t = \alpha E_t \pi_{t+1} + \beta \pi_{t-1} + \gamma y_t \tag{3-1}$$

其中,π_t 是通货膨胀率,$E_t \pi_{t+1}$ 是 t 期对 $t+1$ 期的预期通胀率,π_{t-1} 表征通胀惯性,y_t 是产出缺口。进一步,设定 y_t 服从如下 AR(1) 过程:[①]

$$y_t = \rho y_{t-1} + \varepsilon_t \quad \varepsilon_t \sim iid(0, \sigma^2) \tag{3-2}$$

由式(3-1)、(3-2)构成的动态系统表明,实际通胀由通胀预期、通胀惯性、产出缺口和外生冲击决定。在下文嵌入适应性学习机制时,假设公众完全知晓由式(3-2)表示的自回归过程,且参数 ρ, σ^2 的真实大小均为已知。上述系统是一个递归模型,其理性预期均衡(REE)解可写成如下形式:

$$\pi_t = \bar{\Phi}_\pi \pi_{t-1} + \bar{\Phi}_y y_t \tag{3-3}$$

其中,参数 $\bar{\Phi}_\pi$ 和 $\bar{\Phi}_y$ 为模型的 REE 解。[②] 将式(3-2)代入式(3-3)中

[①] 产出缺口的 AR(1) 过程设定参见 Orphanides & Williams(2004)、卞志村和孙俊(2011)、苏梽芳和陈凡(2012)。

[②] 递归模型的 REE 求解利用 Matlab 软件实现,具体利用了 Uhlig(1999)的待定系数方法和相关技术。

得到：

$$\pi_t = \bar{\phi}_\pi \pi_{t-1} + \bar{\phi}_y y_{t-1} + \upsilon_t \tag{3-4}$$

其中，$\bar{\phi}_\pi = \bar{\Phi}_\pi$，$\bar{\phi}_y = \rho \bar{\Phi}_y$，$\upsilon_t = \bar{\Phi}_y \varepsilon_t$。对式(3-4)向前滚动一期且两边同时取期望：

$$E_t \pi_{t+1} = \bar{\phi}_\pi \pi_t + \bar{\phi}_y y_t \tag{3-5}$$

用上式替换式(3-1)中的通胀预期项：

$$\pi_t = \alpha(\bar{\phi}_\pi \pi_t + \bar{\phi}_y y_t) + \beta \pi_{t-1} + \gamma y_t \tag{3-6}$$

经整理，得到均衡通货膨胀运转表达式：

$$\pi_t = \frac{\beta}{1-\alpha\bar{\phi}_\pi}\pi_{t-1} + \frac{\rho(\alpha\bar{\phi}_y+\gamma)}{1-\alpha\bar{\phi}_\pi}y_{t-1} + \frac{\alpha\bar{\phi}_y+\gamma}{1-\alpha\bar{\phi}_\pi}\varepsilon_t \tag{3-7}$$

由上式可知，均衡通货膨胀由通胀惯性、产出缺口和随机冲击共同驱动，而与通胀预期本身无关。当预期完全理性时，公众对未来通货膨胀的判断具有无偏性、有效性、预期偏差均值为0且无自相关性等特征(张蓓，2009)，因此均衡通货膨胀最终完全取决于实际因素。

(二) 嵌入学习过程的拓展模型

在由式(3-1)和式(3-2)构成的基础模型中嵌入适应性学习机制以刻画通胀预期形成过程。假设公众具有一定的理性判断力和计量分析基础，他们会像经济学家一样通过某种计量方法估计并更新式(3-4)给出的均衡参数值。但是公众虽然清楚通货膨胀运转的REE结构，却不知道参数$\bar{\phi}_\pi$和$\bar{\phi}_y$的具体数值，假定他们会根据通货膨胀的均衡运转方程衍生出主观判断：

$$\pi_t = \phi_{\pi,t-1}\pi_{t-1} + \phi_{y,t-1}y_{t-1} + \xi_t \tag{3-8}$$

上式可看作公众对通货膨胀的感知运转法则(PLM)。[①] 鉴于模型面临的

---

① 关于对感知运转法则(PLM)和下文提到的实际运转法则(ALM)的详细说明可参考 Evans & Honkapohja(2001)、《宏观经济学手册》第1A卷等。

同时性问题,① 设定公众按如下形式形成通胀预期:

$$E_t \pi_{t+1} = \phi_{\pi,t-1} \pi_t + \phi_{y,t-1} y_t \quad (3-9)$$

上式规定了预期的具体形成过程,即公众使用本期数据和上一期参数进行预测。联立式(3-1)、式(3-2)、式(3-9),即可得到通货膨胀的实际运转法则(ALM):

$$\pi_t = \frac{\beta}{1-\alpha\phi_{\pi,t-1}} \pi_{t-1} + \frac{\rho(\alpha\phi_{y,t-1}+\gamma)}{1-\alpha\phi_{\pi,t-1}} y_{t-1} + \frac{\alpha\phi_{y,t-1}+\gamma}{1-\alpha\phi_{\pi,t-1}} \varepsilon_t \quad (3-10)$$

在上式中,除 $\phi_{\pi,t-1}$、$\phi_{y,t-1}$ 外,其他参数都是固定的。而 $\phi_{\pi,t-1}$ 和 $\phi_{y,t-1}$ 是公众根据每期更新的信息、利用特定计量技术估计得到的。通过适应性学习机制形成通胀预期本质上要求公众事先知晓通货膨胀的均衡运转结构,在此基础上,通过对均衡运转的理解来形成 PLM。对比式(3-7)和式(3-10)可知,两者的不同之处在于均衡通货膨胀运转模型中所有参数都是固定的,而 ALM 中参数 $\phi_{\pi,t-1}$ 和 $\phi_{y,t-1}$ 是时变的,公众在每次形成预期前,将利用已有的一切信息通过某种估计技术即学习算法来更新参数。

令 $TMAP_1 = \frac{\beta}{1-\alpha\phi_{\pi,t-1}}$、$TMAP_2 = \frac{(\alpha\phi_{y,t-1}+\gamma)\rho}{1-\alpha\varphi_{\pi,t-1}}$、$VMAP = \frac{TMAP_2}{\rho}$,则式(3-2)、式(3-10)可写成矩阵形式:$\Omega_t = \begin{bmatrix} \pi_t \\ y_t \end{bmatrix} = \begin{bmatrix} TMAP_1 & TMAP_2 \\ 0 & \rho \end{bmatrix} \begin{bmatrix} \pi_{t-1} \\ y_{t-1} \end{bmatrix} + \begin{bmatrix} VMAP \\ 1 \end{bmatrix} \varepsilon_t$。目前,最为常用的适应性学习算法主要有基于递归最小二乘技术的递归学习模型(RLS)、基于常系数最小二乘技术的固定增益学习模型(CG-LS)和基于随机梯度算法的梯度学习模型(SG)等,具体见表3-1。

其中,RLS 模型的递归算法脱胎于最小二乘法,因而假设公众利用其更

---

① 同时性问题是指如果在(8)式中使用 $\phi_{\pi,t}$ 和 $\phi_{y,t}$,将出现 π_t 和 ϕ_t 相互同时决定的情形。为避免这一情况,改用 ϕ_{t-1} 作为预期形成方程的参数。对这一问题的详细叙述和处理参见 Poveda & Giannitsarou(2007)、Gaspar et al. (2010)。

新参数具有直观上的便利性和可行性;SG 模型的最大特点在于进一步简化了利用 RLS 模型估计的复杂性;而 CG-LS 模型则克服了 RLS 模型对结构变化不敏感的缺点,同时引进了可控参数学习速率 g。[①] 通过对初始 ϕ_0、Γ_0、Θ_0、π_0、y_0 进行赋值,再结合式(3-2)和式(3-10)通过迭代运算动态估计参数 $\phi_{\pi,t-1}$ 和 $\phi_{y,t-1}$,可不断获取并更新参数 ϕ_t,再将由对应的学习模型得到的参数值代入式(10),即得到通货膨胀的实际运转过程。多数文献直接采用某种特定学习模型,而较少关注模型与真实数据的匹配程度。对此,少数最近文献如 Evans et al. (2010)提出利用均方预测误差(MSE)识别不同学习规则的相对表现;何启志和范从来(2014)则利用平均绝对预测误差(MAE)确定合意的学习速率 g。本文涉及三种学习模型,除学习速率外,还需比较 RLS 模型和 SG 模型,借鉴结构化模型进行拟合评价时的思路,采取比较模拟经济的波动率与实际经济的波动率大小来判断模型的解释能力,进而遴选合意的学习模型。

表 3-1 三种适应性学习算法

学习算法	参数更新规则	变量表示
RLS	$\phi_t = \phi_{t-1} + (1/t)\Gamma_t^{-1}\Omega_{t-1}(\pi_t - \Omega'_{t-1}\phi_{t-1})$ $\Gamma_t = \Gamma_{t-1} + (1/t)(\Omega_{t-1}\Omega'_{t-1} - \Gamma_{t-1})$	$\phi_t = \begin{pmatrix}\phi_{\pi,t}\\\phi_{y,t}\end{pmatrix} = \left(\sum_{i=1}^{t}\Omega_{i-1}\Omega'_{i-1}\right)^{-1}\sum_{i=1}^{t}\Omega_{i-1}\pi_i$ $\Gamma_t = \sum_{i=1}^{t}\Omega_{i-1}\Omega'_{i-1}/t$
CG—LS	$\phi_t = \phi_{t-1} + g\Theta_t^{-1}\Omega_{t-1}(\pi_t - \Omega'_{t-1}\phi_{t-1})$ $\Theta_t = \Theta_{t-1} + g(\Omega_{t-1}\Omega'_{t-1} - \Theta_{t-1})$	$\varphi_t = \left(\sum_{i=1}^{t}(1-g)^{i-1}\Omega_{t-i}\Omega'_{t-i}\right)^{-1}$ $\left(\sum_{i=1}^{t}(1-g)^{i-1}\Omega_{t-i}\pi_{t-i+1}\right)$ $\Theta_t = g\sum_{i=1}^{t}(1-g)^{i-1}\Omega_{t-i}\Omega'_{t-i}$
SG	$\phi_t = \phi_{t-1} + 1/t\Omega_{t-1}(\pi_t - \Omega'_{t-1}\phi_{t-1})$	$\phi_t = \left(\sum_{i=1}^{t}\Omega_{i-1}\Omega'_{i-1}\right)^{-1}\sum_{i=1}^{t}\Omega_{i-1}\pi_i$

[①] 上述三种学习模型是现有文献里较常使用的,此外还有如 CG-SG 等许多扩展模型。限于篇幅和论证重点,本文对这三种学习模型的介绍浅尝辄止,进一步了解可参阅 Evans & Honkapohja(2001)经典论著中的第二、三章,Poveda & Giannitsarou(2007)以及 Evans et al. (2010)等典型文献。

三、参数校准与模拟分析

(一) 参数校准

本章的模拟分析主要基于两个方程:$\pi_t = \alpha E_t \pi_{t+1} + \beta \pi_{t-1} + \gamma y_t$、$y_t = \rho y_{t-1} + \varepsilon_t$。结合已有文献的参数选取范围,参数校准结果如下:

表 3-2 参数估计结果

参数	α	β	γ	ρ
系数值	1.278	−0.297	0.128	0.653

其中,通胀惯性体现出明显的反转性,这与一些典型的 NKPC 文献如 Rudd & Whelan(2007)、陈彦斌(2008)的结论是一致的。另外,将迭代次数设定为 56 期,将产出缺口冲击 ε_t 的标准差设为 0.0097;为平抑外生冲击对结果的随机影响,每组模拟试验均重复 15000 次。为保证算法的收敛性,模拟时对三种模型均施加投影便利性(Projection Facility)限制。[①] 此外,初始 π_0 和 y_0 均设为 0,令 $\phi_0 = \bar{\phi}$,过渡矩阵 Γ_0 和 Θ_0 都设定为 2*2 的过渡矩阵,由 PLM 到 ALM 的映射所对应的雅克比矩阵变换得到。遴选模型时,我们分析了固定增益学习模型中学习速率 g 在多种取值下的情况,以便与递归学习模型和梯度学习模型一道,比较它们生成的模拟通胀率波动和实际通胀率波动,取其中波动最为接近的模型作为下文分析的基准模型。需要说明的是,由于不可能穷举学习速率 g,因此,只在一定步长和区间内进行离散试验,在有限试验样本中,选取波动拟合最接近的模型。

表 3-3 给出了 RLS 模型、SG 模型和 CG-LS 模型簇生成的模拟通胀序列标准差,对于 CG-LS 模型簇,以 0 到 0.3 为区间、0.001 为搜寻步长,对 300 组学习速率 g 逐一进行分析,表 3-3 给出了其中解释能力最强的 17 组。

---

① 在更新学习参数时施加投影便利性限制可能会使公众在某些点的选择失去经济意义,但会大幅提高学习过程的收敛性,尤其 RLS 学习将以概率 1 向 REE 收敛。这一方法首先由 Marcet & Sargent(1989)提出,限于篇幅和论证重点,不再赘述,如有兴趣可参考《宏观经济学手册》第 1A 卷。

解释能力指标用 $\left(1-\dfrac{|stdev(\pi^{act})-stdev(\pi^{sim})|}{stdev(\pi^{act})}\right)$ 表示,其中,$stdev(\pi^{act})$ 是实际经济的通胀标准差,其值为 0.008 9,$stdev(\pi^{sim})$ 是模拟经济的通胀标准差。当 g 等于 0.027 时,对应的 CG-LS 模型解释能力最强,这与多数实证研究表明学习速率 g 的取值通常介于 0.015~0.03 是相吻合的。在其余 283 组模型中,有 47% 的模型能够解释 25.67%~45.89% 的实际通胀波动,还有 53% 的模型生成的模拟通胀波动很大,尤其当学习速率 g 超过 0.26 以后。当 g 超过 0.3 以后,对应模型生成的模拟通胀波动非常大,对解释实际通胀基本无效,说明 g 的有效取值不宜过大。当 g 取值越大,意味着经济的结构性变化对公众学习的影响越大,从而可能导致对均衡水平的更高波动,这与 Milani (2005)、何启志和范从来(2014)的结论一致。

表 3-3 不同学习模型的解释能力

模型	RLS	SG	g	0.022	0.027*	0.034	0.113	0.116	0.119	0.12
$stdev(\pi^{sim})$	0.003 2	0.003 0	—	0.007 3	0.009 1*	0.006 7	0.007 4	0.004 3	0.007 3	0.004 5
解释能力	35.77%	34.10%	—	82.43%	98.23%*	74.73%	83.68%	48.77%	82.00%	50.44%
模型	0.15	0.206	0.207	0.231	0.239	0.248	0.249	0.25	0.251	0.252
$stdev(\pi^{sim})$	0.005 9	0.004 5	0.006 6	0.004 8	0.005 7	0.005 3	0.004 3	0.005 3	0.005 8	0.006 5
解释能力	65.94%	49.57%	73.70%	53.82%	63.62%	59.51%	48.70%	59.56%	65.31%	72.73%

注:标记了"*"的模型代表其模拟通胀标准差与实际通胀标准差最为接近,解释能力最强。解释能力均由小数点后保留八位有效数字的模拟通胀标准差计算得到,限于制表需要,这里给出的模拟通胀标准差均缩进了四位。

(二)通货膨胀非均衡运行的模拟分析

一方面,通过式(3-7)可以得到均衡通胀序列 $\{\pi_1^{REE},\pi_2^{REE},\cdots,\pi_{56}^{REE}\}$,将式(3-7)向后迭代,可知均衡通胀 π_t^{REE} 取决于结构参数 α、β、γ、ρ,初始 π_0 和 y_0 以及外生随机冲击序列 $\{\varepsilon_1,\varepsilon_2,\cdots,\varepsilon_t\}$。另一方面,式(3-10)表明实际通胀对

均衡通胀的偏离程度主要受参数 ϕ_t 的学习过程影响。这为构建稳定物价的货币政策提供了一个新视角:首先通过影响经济的结构参数,如通胀预期影响因子 α 和通胀惯性程度 β 等,获得一个合意的低水平均衡通货膨胀;其次通过预期管理引导公众改善自身学习机制,以进一步促进实际通胀向均衡水平收敛。为此,首先设计如下指标表征通货膨胀运行对均衡的偏离程度:

$$\pi_t^{devi} = \frac{\pi_t^{sim} - \pi_t^{REE}}{\pi_t^{REE}} \qquad (3-11)$$

其中,π_t^{REE} 是均衡通货膨胀,π_t^{devi} 表示实际通胀对均衡水平的偏离度,反映了通货膨胀非均衡运行的程度。图 3-2 和图 3-3 分别显示了 CG-LS 模型在 g^* 取 0.027 时参数 $\phi_{\pi,t}$ 和 $\phi_{y,t}$ 的更新过程(ϕ_1、ϕ_2 分别表示 $\phi_{\pi,t}$、$\phi_{y,t}$,虚线值为对应的均衡水平)以及通胀对均衡水平的偏离程度在各期的分布,其中在第 18 期通胀对均衡的偏离度达到最大,此外第 26 期和末端也呈现出较大的恶性偏离。

需要注意的是,虽然 g^* 取 0.027 时模型与实际数据在波动匹配上是经验合意的,但并非最优选择,在既定均衡通胀下最优学习机制应该确保实际通胀对均衡水平的偏离度达到最小。经计算,式(3-7)的均衡通胀标准差为 0.002 5,明显低于 g^* 取 0.027 时的水平,从而反映出我国通货膨胀存在显著的非均衡运行特征,要进一步改善通胀状况就必须抑制这种非均衡运行现象。由于实际通胀波动偏大,导致解释能力越强的学习模型对应的通货膨胀非均衡运行程度也越大。这表明通过改善公众的学习机制可以显著降低实际通胀对均衡水平的偏离。因此,必须有效引导公众形成合理的学习机制,降低实际通胀运行的非均衡程度,从而有效抑制实际通胀波动。

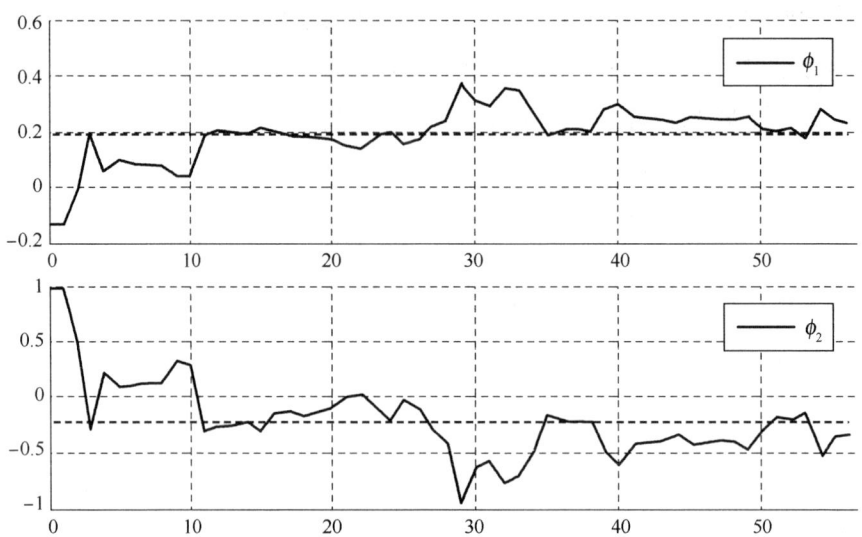

图 3-2　最优学习模型的参数更新结果

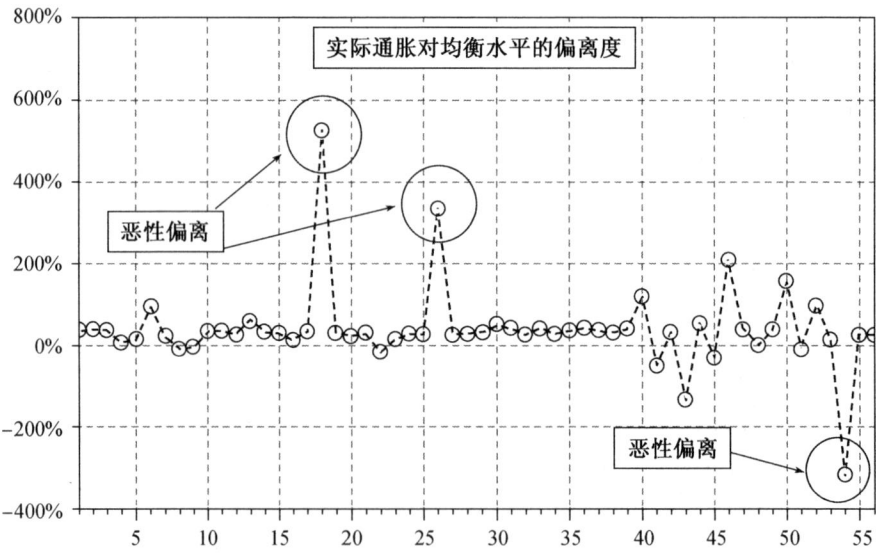

图 3-3　最优学习模型的通胀非均衡运行模拟结果

为此,我们一共检查了包括上述 RLS 模型、SG 模型和 CG-LS 模型簇在内的 302 组不同学习机制对应的通货膨胀非均衡运行程度。首先需要说明的是,理性预期可以看作是学习速率 g 等于 0 时的极限情形;当 g 逐渐增大时,公众预期的非理性程度也随之提高,这体现为历史预测误差对公众更新参数 ϕ_t 的影响权重变大,但是另一方面由于过渡矩阵 Θ_t 对参数 ϕ_t 的变化具有反向作用,因此 g 变化导致的通胀对均衡的偏离改变具有非单调性。绝大多数研究都倾向于 g 在 (0,1) 中取一个小正数,过大的 g 值被证明容易导致通胀偏离稳态过度波动。

检查结果可以从三个维度表述:在维度 I 上,半数学习模型产生的通胀非均衡运行程度较小,另外半数模型导致的通胀非均衡运行程度较大甚至很大;在维度 II 上,学习速率 g 的取值与通胀非均衡运行程度呈现出非单调关系,但是当 g 越接近 0.3 时,通胀运行出现较大或严重非均衡特征的概率显著上升,g 取值最大的 15.89% 的模型均导致通胀出现严重的非均衡特征,反之,当 g 越接近 0 时,通胀非均衡运行程度较小的概率显著上升,最小的 g 中前 10.26% 的模型导致的通胀非均衡运行程度都比较小;在维度 III 上,相较于 RLS 模型和 SG 模型,CG-LS 模型可以使通胀非均衡运行程度达到最低,其对应的最优学习速率稳定的集中在 [0.066,0.081] 和 [0.157,0.170] 两个区间。总体来看,虽然通过改变公众学习机制来抑制实际通胀对均衡的偏离具有不确定性,但是当适应性学习预期向理性预期收敛时,通胀实现较低程度的非均衡运行的概率越大;反之越背离理性预期,则通胀出现较大乃至恶性偏离均衡水平的概率越大;最优学习速率 g 则出现在介于两者之间的某些区域。

这一结果的政策启示是:公众预期的理性化程度越高不必然导致实际通胀对均衡水平的偏离程度的进一步降低,但是可以维持一个相对较低的偏离水平;反之如果由于政府失信、政策不透明、国民经济学素养偏低等原因引发公众预期的非理性程度显著提高,则很有可能导致实际通胀对均衡水平的恶性偏离,此时即使经济内生决定的均衡通胀水平很低也会带来实际通胀的高企。

需要特别注意的是,尽管提高公众预期的理性程度可以减小实际通胀对均衡的偏离从而在一定程度上起到稳定物价的作用,但进一步的防通胀必须借由引导经济形成一个合意的低水平均衡通胀来实现。考虑公众使用CG-LS模型(以g^*取0.027时为例)进行动态学习的情形,进一步模拟分析在通货膨胀决定方程式(3-1)中当通胀预期对实际通胀的影响力α和通胀惯性对实际通胀的影响力β发生改变时,均衡通胀如何变化。表3-4给出了这一影响的作用方向和程度,其中,通胀预期影响力α和通胀惯性影响力β的调整幅度均以0.015计。从模型1~4可知,通胀预期影响力α和通胀惯性影响力β对均衡通胀的作用方向是一致的,当通胀预期或通胀惯性在实际通胀决定中的影响力下降时,可以使相应的均衡通胀在水平和波动两个层面同时得到平抑;从模型5~6可知,在相同的改变幅度下,通胀惯性影响力β对均衡通胀的作用程度要大于通胀预期影响力α;模型7表明同时降低通胀预期和通胀惯性的作用可以最大限度地熨平均衡通胀。

在理性预期均衡下,通货膨胀最终决定于实际因素,通过式(3-7)可知,降低α和β有助于减小实际因素对均衡通胀的影响;而在非均衡条件下,公众预期是有限理性的,其学习过程的理性程度会影响实际通胀向均衡收敛的程度,即表现为式(3-10)对式(3-7)的偏离。模拟研究表明稳定物价的货币政策应从两个层面推进:第一,通过降低通胀预期影响力α和通胀惯性影响力β以抑制均衡通胀;第二,设法提高公众预期的理性程度以获得一个较小甚至最优的学习速率g,从而最大限度地降低实际通胀对均衡水平的偏离。基于具有严格微观基础的动态一般均衡理论可知,通胀预期影响力α和通胀惯性影响力β又进一步取决家庭的主观贴现因子、经济中每期更新产品定价的企业比例以及企业的定价决策模式等底层参数,这些参数在相当长的时期内是比较稳定的,因此促使经济形成合意的低水平均衡通胀是一个持续的缓慢调整过程。而通过使公众维持一个较小的学习速率g以防止实际通胀对均衡的较大偏离在短期需要规避政策调整的短视化倾向、完善货币政策信息披露机制("授之以鱼"),在长期则须提高国民的经济学受教育程度、增强公众对经济状况的判断力("授之以渔");均衡通胀内生于经济体系,受到很多既有偏好和制度因素的影响,因而其调控手段不能局限于货币政策,并且调控效果短期内可能难以立竿见影。

以往在研究货币政策的物价稳定功能时,没有引入"均衡通胀"的概念,而只在实际通胀层面进行探讨。"均衡通胀"概念的引入进一步凸显了治理通胀的长期性和货币政策预期管理的局限性;而通胀的非均衡运行特征更加强调了公众的预期形成机制对通货膨胀的影响,这也为稳定物价的货币政策提供了一个新的视角,短期政策完善配合长期制度建设,即长短结合抑制实际通胀。值得注意的是,许多研究认为提高通胀预期在通胀决定中的作用有助于降低央行治理物价的成本。其内涵的机理是:假设实际通胀更多取决于公众的通胀预期,那么如果能够通过有效的预期引导手段来设法降低这一预期,则稳定物价就无须动用央行的实际干预工具,也就不会产生实际成本。但是,这一机制成立的关键前提是央行能够成功引导预期。预期引导有助于社会合成一致性预期,帮助央行逆经济面进行反向调控。但是如果公众预期的理性化程度较高、对经济结构和运行有着较为清晰的认识,则反向预期引导是否有用令人怀疑,此时公众形成预期将更加注重对经济运行内在机理的判断,受政策引导面的影响较小。除非央行能够有效影响实际经济运行、引导经济形成合理的均衡通胀水平,否则在公众预期较为理性的情况下试图通过反向预期引导来降低实际通胀将很难实现,此时为抑制通胀应着力减小预期对实际通胀的决定作用。

表 3-4　通胀预期与通胀惯性影响力对均衡通胀的作用方向和力度

	α	β	均值	标准差
基准模型	1.278	−0.297	4.68E−05	0.002 465
模型 1	1.293(↑)	−0.297	4.75E−05(↑)	0.002 503(↑)
模型 2	1.263(↓)	−0.297	4.61E−05(↓)	0.002 427(↓)
模型 3	1.278	−0.282(↑)	4.82E−05(↑)	0.002 539(↑)
模型 4	1.278	−0.312(↓)	4.55E−05(↓)	0.002 395(↓)
模型 5	1.293(↑)	−0.312(↓)	4.61E−05(↓)	0.002 431(↓)
模型 6	1.263(↓)	−0.282(↑)	4.74E−05(↑)	0.002 499(↑)
模型 7	1.263(↓)	−0.312(↓)	4.48E−05(↓)	0.002 360(↓)
模型 8	1.293(↑)	−0.282(↑)	—	—

注：表中括号内的箭头方向表示对应变量或指标相对于基本模型的变化方向，此外，在模型 8 中，由于$|α+β|>1$，导致模型的 REE 没有唯一稳定解，因此略去对模型 8 的讨论。

四、结论和政策启示

基于公众预期的有限理性这一现实背景，我们首次将具有代表性的三种适应性学习机制分别引入混合新凯恩斯主义菲利普斯曲线。从而构建了可以刻画通货膨胀非均衡运行机制的动态模型。在搜集并整理 2001 年 1 季度至 2015 年 3 季度《城镇储户问卷调查报告》相关信息的基础上提取出我国公众的通胀预期数据，并估计我国的混合新凯恩斯主义菲利普斯曲线。在 302 组有限试验样本下，根据模拟通胀波动与实际通胀波动的匹配程度，遴选出经验合意的学习模型并以之作为通胀非均衡分析的基准模型。通过一系列模拟分析发现如下。

首先，通过调整公众的学习机制来抑制实际通胀对均衡的偏离程度存在一定的不确定性，但是总的来说当预期越趋于理性时，实现通胀对均衡较小偏离的概率越大；反之随着预期非理性程度的提高，通胀非均衡运行的程度也越高。总体来看,公众预期的理性化程度越高不必然导致实际通胀对均衡的偏离越小,但可以使通胀的非均衡运行维持在一个较低的次优水平上。但如果由于政府失信、政策不透明等原因引发公众预期的非理性程度显著提高,则很有可能给经济带来恶性通胀,此时实际通胀会大大偏离其均衡水平。

其次,通胀预期影响力和通胀惯性影响力对均衡通胀的作用方向是一致的,当通胀预期或通胀惯性在实际通胀决定中的影响力下降时,可以使相应的均衡通胀在水平和波动两个层面同时得到抑制;在相同的改变幅度下,通胀惯性影响力对均衡通胀的作用程度要大于通胀预期影响力;同时降低通胀预期和通胀惯性的作用可以最大限度地抑制均衡通胀。

政策启示有如下几点。第一,央行应通过预期管理引导公众形成合理的学习机制,以降低实际通胀对均衡水平的偏离,从而可以在一定限度内控制通胀波动。在短期,需要规避政策调整的短视化倾向、完善货币政策信息披露机制("授之以鱼");在长期,则须提高国民的受教育程度、增强公众对经济状况的理性判断力("授之以渔"),以维持较小的学习速率从而促进实际通胀向均衡水平收敛。第二,均衡通胀水平内生于整个经济体系,受到很多既有偏好和制度因素的影响,因而稳定物价的货币政策不能局限于预期管理,货币政策必须配合其他政策和制度建设共同发挥效力,并且均衡通胀的调整过程是缓慢的,其调控效果短期内难以立竿见影。第三,稳定物价的货币政策应该从两个层面开展:一是设法通过降低通胀预期和通胀惯性的影响力以抑制均衡通胀;二是设法提高公众预期的理性程度以获得一个较小甚至最优的学习速率,从而最大限度地降低实际通胀对均衡水平的偏离。

第四章　中国的二元劳动力结构与通货膨胀动态形成机制

改革开放以来,中国第二、三产业经济快速发展,大量农村居民进入城镇从事非农产业工作,其中一部分农村居民转化为城镇居民,但仍有较多数量的农村居民身份不变。据国家统计局数据显示,2018年末中国乡村非农产业从业人数为13 909万人,农民工人数为28 836万人,而同期中国城镇从业人员数为43 419万人。由此可知,在我国非农产业经济活动中既有农村居民身份的劳动者,也有城镇居民身份的劳动者,即在非农产业经济活动中具有二元劳动力的供给结构。

古典经济学家通常认为,在农业经济中,工资水平决定于维持基本生活消费等的需要,决定于农业的平均产量。在中国城镇化、非农产业经济快速发展进程中,农业剩余劳动力的工资水平也主要是取决于其在农业劳动中的收入水平和非农业劳动中供求关系。因此,与完全竞争的一元劳动力市场比较而言,存在农业剩余劳动供给的劳动力市场中的农业劳动者的工资水平必然是处于相对较低水平的情况。这为非农业生产经营单位提供了低成本的要素供给,必然对成本推动型的通货膨胀产生与一元劳动力供给情形下不同的影响。故探讨人口供给结构及其变化与劳动力成本之间的关系,以及与供给型的通货膨胀之间的关系具有重要的理论和现实意义。

一、文献回顾

从现有关于成本推动型的通货膨胀研究来看,没有较多地关注到经济和劳动力市场中的二元结构特征,现有对通货膨胀问题的研究主要是基于一元经济情形下的分析,理论逻辑主要是依据"菲利普斯曲线"及由此展开的相关拓展。其中,对推动通货膨胀的劳动力成本因素的分析主要是在一元劳动力供给情形基础上的,劳动力供给弹性较低,工资水平主要由劳动力市场的供求关系所决定。

在二元经济体制下,对非农业经济的产出活动而言,在劳动力供给上存在城镇中的劳动力供给和农村中非农业劳动力的供给,因此非农业产出的劳动力市场供给是二元结构的。由于改革开放后第二、第三产业的快速发展,农业人口从事非农业劳动的比重和绝对数量得到了较快增长,同时从经济周期角度而言,农业劳动力人口也起到了城镇劳动力人口就业的保护垫作用:当非农业经济繁荣时引起就业的大量需求,农村劳动力会转移到城市从事非农业劳动;当经济处于经济周期的低谷时,在城市从事非农职业的农村劳动力又会恢复其农民身份。上述事实的存在使得我国经济增长周期和城镇劳动力就业活动之间的关系不甚清晰,如图4-1所示,在1978—2019年间,以国内生产总值(GDP)为代表的国内经济周期的变动并没有显示出与城镇居民登记失业率相应的变动特征。这在一定程度上表明:在二元经济结构下,中国城镇劳动力市场的供需特征并不能反映经济周期的变动情况,中国农村劳动力在城乡之间的流动无疑影响了非农业劳动力市场的供求平衡。除此之外,相对于农村居民,城镇居民由于一般具有较高的劳动技能,也往往在劳动力市场上受到因为"城镇居民身份"等制度层面的保护(蔡昉等,2001)。所以在二元劳动力供给结构下,农村劳动力发挥了劳动力储备和缓冲垫的作用,其供给弹性相对较高,而城镇劳动力的供给弹性往往较小。由上述分析可知,二元劳动力供给结构下劳动力市场的供需特征必然不同于一元劳动力供给下的情形。因此当经济周期引致劳动力市场上的需求发生变动时,非农业劳动力市场上的均衡价格水平的变动必然不同于一元劳动力供给的情形。

劳动力成本是企业主要的生产成本组成部分,劳动力的市场结构及其价

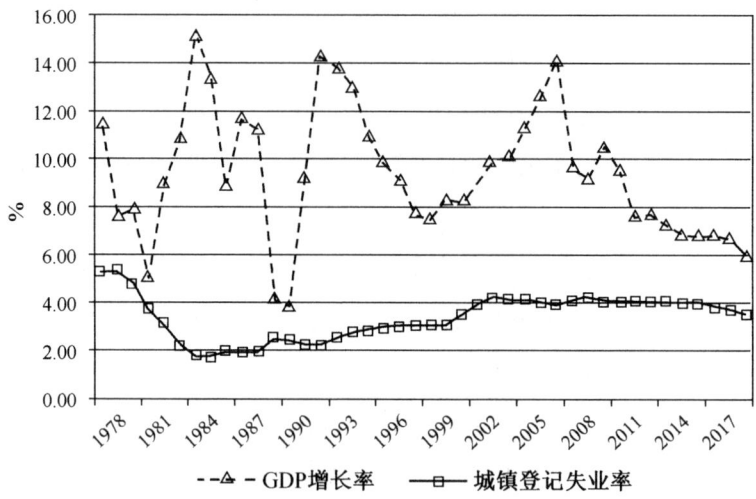

图 4-1 城镇失业率与经济增长率变动

格变化直接影响企业的生产成本,并传导至产品市场,引起通货膨胀水平的变化。由于农村居民劳动力和城镇居民劳动力的供给弹性和价格水平存在明显差异,所以中国二元劳动力的供给结构特征下通货膨胀的形成机制也必然不同于一元劳动力供给的情形。

新凯恩斯主义经济学结合了新古典宏观经济学理性预期思想和动态优化决策研究方法,为工资和价格黏性提供了微观基础,新凯恩斯主义的菲利普斯曲线理论已经成为研究通货膨胀动态机制的具有里程碑意义的理论突破(张成思,2010)。值得指出的是,发源于西方发达市场经济国家的新凯恩斯主义菲利普斯曲线是基于一元经济情形下的分析,理论基础是建立在统一的劳动力市场假设基础上的,与我国劳动力市场供求关系的实际情形并不相符。因此将一元劳动力市场情形的理论应用于二元劳动力市场情形的中国的相关研究,恐难以得到令人信服的结论,基于研究所提出的相关政策建议也必定有失偏颇。我们拟拓展新凯恩斯主义菲利普斯曲线框架理论,在我国二元劳动力结构情形下研究我国的通货膨胀形成机制,使研究设计更加符合我国的现实情形,这可以为深刻把握中国通货膨胀的形成机制提供新的视角。

1958 年 A. W. 菲利普斯利用英国 1861—1913 年的时间序列数据研究发现,英国每年的货币工资变化百分比与劳动力失业之间存在负相关关系。这一现象背后的理论逻辑和政策含义在于:传统凯恩斯主义的需求管理政策在增加产品需求的同时,能够传导引起要素市场上劳动力需求的增加。与此对应,产品市场需求增加所引发的产品价格上升,也会进一步传导至劳动力需求增加引发的劳动力价格上升。因此,对于需求管理政策的制定,不仅要关注产品市场需求的变动,而且要关注劳动力市场供求变化所引起的劳动力价格水平的变化,即需要重视劳动力市场的动态特征。然而 20 世纪 60 年代末期全球经济中普遍出现的"滞胀"现象给上述"菲利普斯曲线"增加了新的阐释:由于人们理性预期的存在,政府的需求管理政策在导致产品市场价格发生变化的同时也会引起工资水平的同步提高,因此,需求管理下的通货膨胀水平的变化和劳动力市场上失业水平的变化之间不存在直接关系,这对于传统的凯恩斯主义思想提出了严峻的挑战。

凯恩斯主义者在承认微观经济主体存在"理性预期"的同时,从微观机制视角研究了影响通货膨胀的成本因素。以 Dixit & Stiglitz 垄断竞争市场假设为基础,Calvo(1983)建立了厂商交错定价的理论模型,在每一期可以调整价格的厂商是随机抽取的,有一部分厂商可以调整价格。在定价决策时,厂商首先考虑的是企业成本的最小化问题,在最优化决策下推导出企业的实际边际成本变动是通货膨胀的直接推动因素,Gali & Gertler(1999)及 Sbordone(2002)的实证研究也都支持了同样的观点。

借鉴通货膨胀形成的相关理论,我国学者也对通货膨胀的劳动力成本推动进行了相关研究,有代表性的有:蒋海、储著贞(2011)使用 GMM 方法,对引入成本渠道的菲利普斯曲线进行了估计,检验了中国货币政策传导中成本渠道的存在性;龙少波等(2014)利用 MSIAN－VAR 模型检验了超额工资、外部成本、石油冲击等成本因素对通货膨胀的影响,发现超额工资(即工资增长率超过产出增长率)对通货膨胀有推动作用,当技术进步不足以消化成本上升时外部输入成本和石油冲击对通货膨胀也存在影响;伍戈、李三(2015)在总供给——总需求框架下对通货膨胀的影响因素进行了研究,发现中国的通货膨胀是由总供给和总需求因素共同决定的。其中在供给层面劳动力增速放缓、工资上升是主要因素之一;耿强等(2011)通过构建开放新凯恩斯菲利普斯曲线对影响通胀的各种可能因素进行系统规范的实证研究,发现货币扩张、通胀预期对我国通胀有着正向的显著影响,劳动力成本上升已经成为推动我国物价上涨的重要原因。相关研究还有陈彦斌(2008)、杨继生(2009)、杨小军(2011)、李毅(2015)等,国内相关研究的结论较为一致:劳动力成本因素是供给型通货膨胀形成的原因之一。

现有对通货膨胀的劳动力成本推动机制的研究大都是建立在一元劳动力市场体系下的,由于劳动力供给总量受到人口自然增长率的影响,劳动力供给弹性往往较低,劳动力需求上升一般会导致劳动力工资上升,通过企业的生产成本传导,劳动力工资上升成为影响通货膨胀的重要因素。刘易斯(1954)对于二元经济体系下劳动力工资水平的确定进行了分析,认为相对于资本和自然资源而言人口数量较多的国家,劳动的边际生产力很小,因此存在着劳动的无限供给。在二元经济条件下,农业部门的收入水平是由农业的平均产量决定的,而在非农业部门发展的状况下,非农业部门的劳动力需求使农业部门人口承担起非农业部门的工作。由于农民从事非农业工作时可能会具有较高的生产力水平,同时也面临着较高的生活费用支出,因此非农业部门的工资水平一般要高于农业部门的收入水平。刘易斯的上述分析表明,劳动力无限供给情形下的劳动力工资决定机制与一元经济情形下的劳动力工资决定机制是不同的。

刘易斯(1963)将二元经济条件下的工资决定理论进行了扩展,其将美国的经济部门分为工会势力相对强的和工会势力相对弱的两个部门。刘易斯认为,前者包括制造业、采矿业、建筑业、通信业和公共设施行业,后者则包括商业、金融业、农业、政府机关和服务性行业。刘易斯实证分析了美国经济中集体议价导致的相对工资效应,发现工会和劳动质量有一种显而易见的相关模式:工会力量带来更高的工资,而更高的工资将吸引更高质量的劳动。Pierson(1968)通过对"工会化"和"工会外化"部门使用不同的菲利普斯曲线拟合,发现在经济繁荣时"工会化"的集体议价会带来通货膨胀。有少数学者研究了劳动力跨国流动对于通货膨胀的影响,其基本的理论逻辑是:当本国经济繁荣引发产出增长和劳动力的需求增加时,劳动力会移向本国,这种劳动力的流动减少了本国工资上涨的压力,导致企业边际成本上升幅度减小,从而导致相对较低的通货膨胀。Samuel Benttolila et al.(2007)构造了一个不同身份劳动力供给模型,实证研究了1995—2006年西班牙移民和本土劳动力供给情形下劳动力成本对于通货膨胀的影响,发现移民有效降低了西班牙每年2.2%的通货膨胀率。Razin & Binyamini(2007)通过构筑理论模型分析了贸易自由化、金融开放度提高和劳动力跨国流动情形下通货膨胀的影响因素,发现劳动力跨国流动提高了劳动市场的供需弹性,导致菲利普斯曲线的平坦化。Engler(2007)研究了开放经济条件下新凯恩斯商业周期模型,发现劳动力的流动减少了工资、边际成本和通货膨胀的压力,菲利普斯曲线趋于相对平坦。

国内部分学者对于中国新凯恩斯菲利普斯曲线特征和二元劳动力结构结合进行了相关研究,具体如下。黎德福(2005)基于对于菲利普斯曲线和奥肯法则的研究,发现由于存在大量的劳动力转移,中国的通货膨胀和经济增长与城镇失业率之间不存在稳定的关系,但与劳动力转移速度显著相关。曾利飞等(2006)指出,由于农村大量剩余劳动力向城市转移,导致劳动力无限供给,劳动力边际成本对通货膨胀影响较小,但在其研究中并没有区分农业部门和工业部门。陈彦斌(2008)认为,由于我国存在二元经济结构,因此需要采用非农部门的劳动力成本作为考察变量。耿强等(2011)基于开放NKPC框架研究了二元经济结构下劳动力成本上升对于通货膨胀的影响,使用GMM方法实证检验了影响通货膨胀的各种因素,发现劳动力成本上升已经成为推动我国物价上涨的重要原因。但上述国内研究均未能深刻阐述二元劳动力供给结构下的通货膨胀形成机制,也没有进行不同性质劳动力成本因素对通货膨胀的影响程度的实证检验。与国内同类文献比较,我们的创新之处在于:第一,基于我国二元劳动力结构的现实情形,对新凯恩斯菲利普斯曲线理论模型进行了扩展;第二,从城镇居民和农村居民的收入来源角度分别测算了城镇居民和农村居民劳动力从事非农业劳动的工资水平,并实证检验了不同性质劳动力因素对于通货膨胀的影响程度。

二、模型的构建

基于前述的分析,假定社会中存在城镇和农村两种不同身份的劳动力供给,城镇居民和农村居民自身内部是同质无差异的,但他们之间具有不同的性质。厂商的决策是最小化其成本投入,由于我们研究的对象主要是关于劳动力的问题,为了问题分析的简单化,我们在生产函数中省去了资本的因素,假定生产函数为劳动投入产出函数。

$$Q_t = A_t N_t \qquad (4-1)$$

其中,Q_t 表示产出水平,A_t 表示生产的技术条件,N_t 表示劳动投入。由于城镇居民和农村居民在劳动投入产出中具有不同性质(获得的劳动报酬也不同),我们借鉴 Samuel Benttolila et al. (2007)的方法,假定整体劳动投入是城镇居民和农村居民的复合函数,即:

$$N_t^\rho = \delta_1 N_{1t}^\rho + \delta_2 N_{2t}^\rho \qquad (4-2)$$

其中,$\delta_1 + \delta_2 = 1$,劳动投入分为身份为城镇居民的劳动投入 N_1 和身份为农村居民的劳动投入 N_2,那么相应的总工资指数 W 满足如下等式:

$$W^{-\frac{\rho}{1-\rho}} = \delta_1^{\frac{1}{1-\rho}} W_1^{-\frac{\rho}{1-\rho}} + \delta_2^{\frac{1}{1-\rho}} W_2^{-\frac{\rho}{1-\rho}} \qquad (4-3)$$

其中,W_1 表示城镇居民的工资指数,W_2 表示农村居民的工资指数。对式(4-2)和式(4-3)围绕稳态取对数线性近似,得到平均就业数量和工资水平。

$$n = \lambda n_1 + (1-\lambda)n_2 \quad (4-4)$$

$$w = \lambda w_1 + (1-\lambda)w_2 \quad (4-5)$$

其中,$\lambda \approx \delta_1 \left(\overline{\dfrac{N_1}{N}}\right)^\rho = 1 - \delta_2 \left(\overline{\dfrac{N_2}{N}}\right)^\rho$,$\overline{\dfrac{N_2}{N}}$ 表示全部劳动投入中农村居民劳动投入的比重。

厂商的最优决策行为是在生产函数约束下劳动投入的成本最小化问题。企业的成本最小化即为在上述生产函数式(4-1)约束下的劳动投入成本的最小化。

$$\min_{N_t} \left(\dfrac{W_t}{P_t}\right) N_t + \varphi_t (Q_t - A_t N_t) \quad (4-6)$$

其中 φ_t 表示厂商的实际边际成本,对式(4-6)中 N_t 求导,一阶最优条件表明:

$$\varphi_t = \dfrac{W_t/P_t}{A_t} \dfrac{(W_t/P_t)}{(Q_t/N_t)} = \left(\dfrac{W_t N_t}{P_t Q_t}\right) \quad (4-7)$$

除了对成本优化外,假定厂商在产品市场上处于垄断竞争地位,厂商的定价决策是选择一定的价格水平并使收益最大化。

$$\Pi = E_t \sum_{i=0}^{\infty} \omega^i \beta^i (C_{t+i}/C_t)^{-\sigma} \left[\left(\dfrac{p_{j,t}}{P_{t+i}}\right) c_{j,t+i} - \varphi_{t+i} c_{j,t+i} \right] \quad (4-8)$$

消费者的购买成本最小化决定了对于商品 j 的需求为:

$$c_{j,t} = \left(\dfrac{p_{jt}}{P_t}\right)^{-\theta} C_t \quad (4-9)$$

虽然垄断竞争的厂商生产具有差异的商品,但我们假定个人对商品的需求曲线具有相同而且固定不变的需求弹性。那么厂商在销售商品时需要进行

价格的最优决策。对式(4-9)中单个厂商的价格求导,得到最优价格选择为:

$$p_t^* = \left(\frac{\theta}{\theta-1}\right)\frac{E_t\sum_{i=0}^{\infty}\omega^i\beta^i C_{t+i}^{1-\sigma}\varphi_{t+i}P_{t+i}^{\theta}}{E_t\sum_{i=0}^{\infty}\omega^i\beta^i C_{t+i}^{1-\sigma}P_{t+i}^{\theta-1}} \qquad (4-10)$$

按照 Calvo(1983) 的交错定价思想,假定在每一期所有厂商中比例为 $1-\omega$ 的厂商可以调整价格,比例为 ω 的厂商不能调整价格。那么时期 t 的平均价格水平为:

$$P_t^{1-\theta} = (1-\omega)(p_t^*)^{1-\theta} + \omega P_{t-1}^{1-\theta} \qquad (4-11)$$

Gali & Gertler(1999)对于卡尔沃的思想进行了扩展,认为可以调整价格的厂商中,有比例为 α 的厂商是根据上一期最优的价格水平 p_{t-1}^* 加上本期和上期之间的通货膨胀率进行定价,比例为 $1-\alpha$ 的厂商是根据本期的最优定价决策进行定价。则式(4-11)可拓展为:

$$P_t^{1-\theta} = (1-\omega)[(1-\alpha)p_t^* + \alpha(1+\pi_t)p_{t-1}^*]^{1-\theta} + \omega P_{t-1}^{1-\theta} \qquad (4-12)$$

对式(4-12)围绕平均通货膨胀为零的稳定状态做近似,得到:

$$\pi_t = \beta E_t \pi_{t+1} + \zeta \pi_{t-1} + \kappa \hat{\varphi}_t \qquad (4-13)$$

式(4-13)表明通货膨胀水平受到当期对下期通货膨胀的预期、滞后一期的通货膨胀和实际边际成本的影响,$\hat{\varphi}_t$ 表示实际边际成本对于稳态值的偏离。那么对实际边际成本和不同劳动者类型所决定的工资水平对于稳态值进行对数线性近似,并代入式(4-13)可得:

$$\pi_t = \beta E_t \pi_{t+1} + \zeta \pi_{t-1} + \kappa_1 \nu \bar{\lambda} \hat{w}_{1t} + \kappa_2 \nu (1-\bar{\lambda}) \hat{w}_{2t} \qquad (4-14)$$

其中,ν 表示劳动力成本占总成本的比重,$\bar{\lambda}$ 表示农村劳动力成本占总劳动力成本的比重,$(1-\bar{\lambda})$ 表示城镇劳动力成本占总劳动力成本的比重,$\hat{w}_{1t}$ 和 $\hat{w}_{2t}$ 分别表示农村劳动力成本变动和城镇劳动力成本变动相对于均衡的偏离值。

式(4-14)即为二元劳动力结构条件下新凯恩斯主义菲利普斯曲线的表

达式,从中可以看出,当期通货膨胀除了受到通货膨胀预期和通货膨胀滞后性的影响外,劳动力成本占企业全部成本的比重、劳动力中农村居民从事非农业劳动的比重、城镇劳动力的比重以及各类劳动力成本的变动等都构成影响通货膨胀的因素。

三、经验分析

1. 变量的选取及数据处理

囿于城镇居民不同来源收入的数据资料自1985年起方有完整的时间序列数据,我们选择1985—2018年的有关收入数据。数据来源主要为中国统计年鉴、wind资讯和中经网数据库,部分数据来源于中国农村统计年鉴。另外如公式(4-14)所示,在回归方程中存在通货膨胀的预期一期和滞后一期变量,因此关于通货膨胀时期的选择实际上扩展到1984—2019年。

(1) 通货膨胀率

选择国内生产总值平减指数作为通货膨胀的代理变量。国家统计局公布的国内生产总值相关指标主要有两种,一种是按当年价格计算的名义GDP,另一种是GDP的实际增长水平,通过名义GDP的增长率和实际GDP的增长率可推算出国内生产总值的平减指数。

在回归分析中,需要使用通货膨胀的预期值数据。理论上看,获得预期值的最好办法是通过实际调查;但从实际操作看,连续序列的调查微观数据难以获得,因此本我们采取使用较为广泛的理性预期方法来计算预期值,即使用$t+1$期实际值作为t期对$t+1$期的预期值。

(2) 非农业劳务居民平均收入的计算

对劳动力成本的计算是研究中的一个难点。我们按照国家统计局所公布的城镇居民收入和农村居民收入中的不同来源收入结构分类来计算劳动力成本水平。居民收入共分为工资性收入、经营性收入、转移性收入和财产性收入四类。对于农村居民,由于我国从1983年在全国范围内基本实现了家庭联产承包的农村经营制度,因此在农业经营中较少存在雇佣制度,主要是以家庭式的经营为主,农业的收入主要以农业的经营性收入为主,我们认为农村居民的工资性收入主要是来自非农产业的务工所得。我国农村居民收入的统计有三类,即分别是现金收入、总收入和纯收入。通过比较这三类收入数据之后发现,在三类数据的组成结构中工资性收入的年度数值几乎是相等的,除此之外在农村居民经营性收入中存在非农业性(指农林牧渔之外)经营收入,而在统计中只有纯收入的非农业经营收入数据的年度值。因此,我们使用工资性收入与非农业经营性收入之和表示农村居民从事非农业劳动的总收入;对于城镇居民,工资性收入和经营性收入共同构成了非农业产出部门的劳动力成本组成。

然而上述计算结果仅仅是农村居民和城镇居民平均的非农业劳务收入。对于农村居民,除了从事非农业生产经营外,他们主要还是要从事农业经营。另外,由于失业、丧失劳动能力及未成年人口等因素的影响,在农村和城镇中从业人员的数量也会远远小于居民的数量,因此需要通过从业人口和居民人口数量的折算,从而得出从业人口的单位收入水平。在中国统计年鉴中,有农村劳动力从业人员和第一产业从业人员的相关数据,我们假定第一产业从业人员全部来自农村人口,那么使用农村劳动力从业人员数量减去第一产业从业人员数量就能够得到从事非农业劳动的农村劳动力数量。最终,从事非农业劳务的农村居民单位劳动力成本计算公式如式(4-15)所示,城镇居民单位劳动力成本计算公式如式(4-16)所示。①

---

① 注:从国家统计局的公开数据看,我国自2013年起改变了城镇居民收入来源数据的统计方式。在之前的统计中公布全年实际收入的不同来源收入数据,包含:工资性收入、经营净收入、转移性收入、财产性收入。2013年及之后开始公布人均可支配收入的不同来源收入数据,包含:工资性收入、经营净收入、财产净收入、转移净收入。因此本书中2013年前后使用的收入数据类型稍有差别。农村居民收入来源统计变化类似城镇居民。另外,由于2013年及之后不再公布农业经营性收入项下的细分行业收入数据,本书根据1984—2012年农业经营性收入与第一产业增加值的比例关系变化进行了2013年及之后农业经营性收入数据的拟合。

$$\text{农村居民单位劳动力成本} = \frac{\text{农村居民人数} \times (\text{工资性收入} + \text{非农业经营性收入})}{\text{农村居民中非农业从业人数}}$$

(4-15)

$$\text{城镇居民单位劳动力成本} = \frac{\text{城镇居民人数} \times (\text{工资性收入} + \text{经营性收入})}{\text{城镇从业人员数}}$$

(4-16)

(3) 劳动力成本因素的计算

按照前一部分的分析,我们以农村居民工资性收入与非农业经营性收入之和,乘以农村居民人口数量,得出农村居民非农业劳务总收入;城镇居民人口数量乘以工资性收入与经营性收入之和得出城镇居民劳务总收入。与农民工资性收入主要来自非农业所得相对应,使用国内生产总值减去第一产业产值得出非农业国内生产总值。农村居民非农业劳务总收入除以非农业产值、城镇居民劳务总收入除以非农业产值分别表示其边际成本。

对于单位劳动力成本,使用对数值表示其变动情况,然后用 HP 滤波法计算单位劳动力成本变动的均衡值,使用实际值减去均衡值得到单位劳动力成本变动的偏离值。最后使用农村和城镇单位劳动力成本的偏离值乘以其对应的边际成本分别表示影响通货膨胀的农村居民劳务收入因素和城镇居民劳务收入因素。

2. 实证分析与结果

我们使用相关变量的年度数据验证变量之间的相关关系,由于模型中包含预期项和滞后项的通货膨胀变量,因此模型估计采用 GMM 方法,在此类计量分析中,寻找合适的工具变量是研究中的难点,工具变量要求一方面要与内生变量相关,另一方面又要与被解释变量的扰动项不相关。在工具变量的选择方法上,通常使用解释变量的滞后变量,然而我们在计算中发现滞后变量并不满足工具变量的相关要求,因此必须选择合适的其他工具变量。从理论和实践的角度可以认为,通货膨胀和名义利率水平一般呈现较为一致的关系,选择名义利率作为工具变量,满足与内生解释变量相关的要求。同时我们认为,在我们这样一个利率市场化程度较低的国家,由于名义利率是由央行决定的,所以满足工具变量外生性的要求。我们选择 6 个月至 1 年的短期贷款基准利率(取年末值)作为名义利率的代理变量,作为同期通货膨胀的工具变量。

在进行时间序列回归分析时,为了避免出现变量间的伪回归现象,需要首先对于相关变量进行平稳性检验(见表 4-1)。

表 4-1 变量的平稳性检验

变量	π_{t+1}	π_{t-1}	π	$\nu\bar{\lambda}\hat{w}_{1t}$	$\nu(1-\bar{\lambda})\hat{w}_{2t}$
DF 检验	−2.458 (0.020)	−2.643 (0.013)	−2.450 (0.020)	−3.22 (0.003)	−3.21 (0.003)

在选择常数项和施瓦茨准则的情况下,上述变量的平稳性检验结果显示,通货膨胀的各期变量均在 5% 的水平上为平稳序列,城镇收入和农村收入的相关变量均在 1% 的水平上为平稳序列。因此,我们认为各变量在时间序列上是平稳的,可以直接进行回归分析。我们分别进行了混合型(方程 1)和前瞻型(方程 2)的新凯恩斯主义菲利普斯曲线估计,结果如表 4-2 所示。

表 4-2 回归分析的相关数据

变量	π_{t+1}	π_{t-1}	$\nu\bar{\lambda}\hat{w}_{1t}$	$\nu(1-\bar{\lambda})\hat{w}_{2t}$	J 统计量	R^2
方程 1	0.72*** (0.000)	0.35** (0.038)	−0.17 (0.647)	0.53* (0.063)	3.50E−45	0.65
方程 2	0.99*** (0.000)		−0.23 (0.539)	1.08*** (0.000)	0.000	0.51

注:*、** 和 *** 分别表示在 10%、5% 和 1% 的水平上显著,括号内为 P 值。

表 4-2 中回归分析结果显示,方程 1 的可决系数高于方程 2 的可决系数,表明加入滞后性通货膨胀因素后对当期通货膨胀的解释能力增强。在两个方程中,预期一期的通货膨胀都与当期通货膨胀呈现出显著性较强的相关

关系,充分反映了厂商基于预期进行相应的优化决策行为,这说明理性预期假设是合理的。除此之外,在方程 1 中滞后一期的通货膨胀也显示与当期通货膨胀存在显著的相关关系,反映了厂商的决策行为具有一定的后顾性,这验证了 Calvo(1983)关于垄断竞争厂商交错定价假设的合理性。从对当期通货膨胀的影响效果看,预期一期的通货膨胀影响系数为 0.72,滞后一期的通货膨胀影响系数为 0.35,预期通货膨胀对当期通货膨胀的影响远远高于滞后通货膨胀对当期通货膨胀的影响,表明厂商在进行价格决策行为时主要依据对未来价格水平的预期。我们的这一实证结论与陈彦斌(2008)、杨小军(2011)、耿强、付文林与傅坦(2011)等对于国内通货膨胀形成机制的研究结论基本是一致的。

在影响通货膨胀的实际成本因素中,具有城镇居民身份的劳动力成本因素与通货膨胀之间呈现显著的相关关系。在其他条件不变下,混合型新凯恩斯菲利普斯情形下城镇居民劳动力成本因素变动会导致 0.53 单位的通货膨胀变动。前瞻型新凯恩斯菲利普斯情形下城镇居民劳动力成本因素变动会导致 1.08 单位的通货膨胀变动,说明城镇居民劳动力成本变动是影响我国通货膨胀的重要因素。由于城镇居民身份的稳定性,其主要是从事非农业性质的劳动,城镇居民劳动力市场的供求关系影响了城镇居民劳动力的价格水平,从而导致企业生产成本的变动,引发成本推动型的通货膨胀。而具有农民身份的非农业务工劳动力成本因素与通货膨胀之间不具有统计上的显著相关关系,且实际影响系数较小,表明我们的理论假设是合理的。基于具有农民身份的劳动力在农业劳动和非农业劳动之间的流动性,因此在非农业劳动力就业市场上具有农民身份的劳动力供给弹性较高,劳动力市场的需求变动对具有农民身份的劳动力工资水平的影响较小,从而对企业成本的变动影响较小,难以形成对通货膨胀的成本推动。

四、结论及政策建议

基于我国二元劳动力结构的现实情况,我们对新凯恩斯主义菲利普斯曲线理论模型进行了扩展,并使用我国 1984—2019 年相关数据进行了实证检验,得出如下主要结论。

第一,我国通货膨胀的形成显示出较为显著的动态机制特征,通货膨胀预期项与滞后项都与当期通货膨胀有显著的相关关系,且预期性因素的影响效应高于滞后性因素,这与当前我国在对于通货膨胀的治理中的"管理通胀预期"是一致的,我们的研究结论验证了我国相关政策使用的合理性。

第二,城镇居民劳务收入变动是影响通货膨胀的显著正相关因素,但农村居民劳务收入变动与通货膨胀之间没有呈现显著的相关关系。这一研究结论在一定程度上验证了刘易斯关于二元经济条件下的劳动力工资水平决定的设想:在二元劳动力结构下,具有城镇居民身份的劳动力工资水平变动主要由劳动力市场的供求关系变动所决定,而具有农民身份的劳动力工资水平取决于"生存工资"及其之上的加成,所以对于农村居民劳动力需求的变动并不引起其工资上升,不会导致企业成本的上升,因此不会引发通货膨胀。

通过上述研究可以推论,在一定意义上,农业剩余劳动力供给存在实际上是降低了非农业经济中的通货膨胀程度,但由于劳动力流动、人口出生率下降和城镇化率提高等的共同作用,当前我国农村剩余劳动力正处于逐渐减少的状态。我们可以预见农村劳动力市场的供给弹性会逐渐减小,农村居民劳动力的工资水平会不断上涨,也会和城镇居民劳动力的工资水平变动一样成为影响通货膨胀的重要因素,这可能会对未来一段时期中国的通货膨胀形成较为明显的压力。因此,在相应的政策制定中,要充分关注上述现象,对农村剩余劳动力数量和农村居民从事非农业劳动的工资水平变动进行准确的观察和有效的预判,并采取诸如提高农业生产经营的集约化程度,不断释放农业劳动力的政策措施等,降低成本推动型的通货膨胀程度。

第五章 中国通货膨胀的驱动因素

与以上基于时间序列数据的分析不同,本章进一步采用1985—2018年中国28个省际面板数据分析通货膨胀的驱动因素。研究表明:无论是在纯前向NKPC模型还是混合NKPC模型中,在名义价格黏性下通胀动态都具有惯性特征,从而在新凯恩斯主义菲利普斯曲线的框架下提供了由"名义价格黏性—通胀惯性—通胀"传导的逻辑一贯的解释。通胀惯性具有显著的自稳定功能,通胀预期表现出自我实现特征,成本因素(劳动力成本、资本成本)变异和实际产出变异对通胀的效应显著为正,潜在生产率增长越快,经济体越能吸收通胀压力。

一、理论回顾

通货膨胀的研究脉络自20世纪60年代以来与菲利普斯曲线的研究进展息息相关。最早的菲利普斯曲线是由Phillips(1958)提出的,反映的是劳动力市场上货币工资变动率与失业率之间的负相关的经验相关性,即"失业—工资"菲利普斯曲线。其后,Samuelson & Solow(1960)通过假设价格是平均劳动成本加上一个固定比例加成,将其改进为"失业—价格"菲利普斯曲线。而Okun(1962)关于产出变化与失业率变动之间存在稳定负相关关系的经验研究促使菲利普斯曲线关系进一步推广为"产出—价格"菲利普斯曲线。

但是,20世纪70年代的滞胀现象促使许多经济学家重新思考传统的菲利普斯模型。Friedman(1968) & Phelps(1968)认为微观经济主体的通货膨胀预期是通货膨胀形成的重要因素,首次将预期概念引入菲利普斯曲线的分析中,建立了"自然失业率假说"基础上的附加预期菲利普斯曲线。Lucas(1972)在理性预期的假设下,运用岛屿模型,提出新古典菲利普斯曲线(New Classical Phillips Curve,NCPC)。这说明政策制定者不能够系统性利用菲利普斯曲线关系来调控实际经济。同时,未被预期到的通货膨胀和产出缺口之间存在着正相关关系。从此,菲利普斯曲线在宏观经济学研究和通货膨胀预测领域中扮演者重要的角色。

继传统菲利普斯曲线、附加预期菲利普斯曲线之后,新凯恩斯主义菲利普斯曲线模型成为研究通货膨胀动态机制的基本理论框架(张成思,2010),可追溯到 Taylor(1979,1980)、Calvo(1983)的黏性合同模型以及 Rotemberg(1982)的二次价格调整成本模型。这些模型从不同的微观定价机制出发分别探讨了存在价格黏性时的通货膨胀动态机制。黏性合同模型假定市场是垄断竞争和存在名义价格黏性的,经济主体交错修订合同更新价格信息,一个合同必须对其有效期内的每个时点都设定了一样的价格水平;二次价格调整成本模型则聚焦于经济主体调整其价格时需要支付额外的成本的基础事实。针对上述引入价格黏性的不同方式,Roberts(1995)则巧妙地将上述通货膨胀动态机制统一为预期增广型的菲利普斯曲线形式,这标志着 NKPC 的正式"诞生"。

随后,Gali & Gertler(1999)则具代表性地发展了价格黏性的 NKPC,分别建立了纯前向模型和混合模型(Hybrid NKPC)。前者表明通货膨胀仅取决于预期和边际成本的大小,后者则考虑了纯前向模型的不足,引入后顾型预期将滞后一阶通货膨胀纳入菲利普斯曲线的分析中。由此,确定了影响通货膨胀的主要因素,其包括超额总需求、通货膨胀预期以及通货膨胀惯性。

将微观经济主体的定价机制引入社会整体价格水平的变化动态之中,是 NKPC 的重大理论发展。也正是由于这一理论发展,NKPC 逐渐成为目前描述通货膨胀动态特征的主流方法,特别是在 Gali & Gertler(1999)成功地将边际成本与通货膨胀联系起来之后,NKPC 相关的研究出现了爆炸式的增长

(King & Plosser, 2005)。这些研究主要集中于四个方面。第一,引入进口中间投入品,考虑开放经济。一些学者(Peacock & Bauman, 2008; Zhang & Zhou, 2015)认为,对于很多的经济体而言,进口中间投入品的价格会影响企业的边际生产成本,进而影响企业的定价决策。由此,开放经济体中的菲利普斯曲线更符合实际,例如 Marzinotto(2009)对欧元区国家的研究。第二,引入信息黏性、生产调整成本(Batini et al., 2005)、状态依赖(Dotsey et al., 1999)等特征,考虑微观定价行为。例如,Mankiw & Reis(2002,2006)的信息黏性主义菲利普斯曲线,就从信息时滞出发,探讨了当经济体中有一部分企业难以及时更新最新信息,只能利用历史信息进行最优定价决策的情况,并表明信息滞后可以很好地解释通货膨胀惯性特征。Carroll(2003)认为信息会随着时间的推移,从专业的预测员转移到消费者,从而合理化黏性信息方法。Maćkowiak & Wiederholt(2009)则认为,代理商在特定的信息约束下会合理选择关注的信息,即理性疏忽,故能在保持预期的前提下形成信息的刚性。第三,引入通货膨胀内在持久性,考虑通货膨胀前瞻因素的显著性。NKPC 模型中通常假定通货膨胀的稳态值为零,但实际上第二次世界大战之后正的通货膨胀率长期存在。Cogley & Sbordone(2008)通过考虑时变的通货膨胀趋势,说明 Gali & Gertler(1999)的纯前向模型较好地拟合了通货膨胀动态。第四,引入真实预期形成机制。Oliver et al. (2018)表明引入实时调查数据以形成预期修正,从而改善全信息理性预期假设下的 NKPC 的缺点。

虽然 Gali & Gertler(1999)的纯前向模型在为 NKPC 在现代经济学中确立重要地位方面有很大贡献(张成思,2007),但也有不足之处。与 Gali & Gertler(1999)、Sborndone(2002、2005)、Gali et al. (2005)的实证结果不同,Roberts(2005)、Rudd & Whelan(2005a、2006)、Lindé(2005)、Rabanal & Rubio-Ramírez(2005)等认为,通货膨胀滞后项较通货膨胀预期项能更好地解释通货膨胀的动态变化。关于 Gali & Gertler(1999)纳入了通货膨胀滞后项

因素的混合模型,Rudd & Whelan(2007)认为其一方面丰富了纯前向模型中微观经济主体行为,另一方面则是出于弥补纯前向模型在经验拟合上的不足而做出的折中选择。Zhang et al.(2008)则更进一步地指出短期通货膨胀的动态变化主要是由通货膨胀惯性而不是通货膨胀预期决定,其中通货膨胀预期包括后顾型预期。换句话说,Gali & Gertler(1999)引入后顾型预期的混合NPKC模型存在着无法反映实际通货膨胀惯性特征(Fuhrer & Moore,1995)的不足。

Gali & Gertler(1999)的 NKPC 模型暗含着如果理性经济主体在价格调整过程中全都采用向前看的理性预期,通货膨胀滞后因素对现期通货膨胀的影响就会消失,即便存在部分企业不能实时调整价格的名义黏性,这一点是有悖于直觉的。通常地,通货膨胀惯性可以使用动态自回归模型中滞后因子的系数和来计算,反映的是变量受到外部扰动偏离均值后的长期收敛趋势。第二次世界大战之后的通货膨胀动态特征事实表明,通货膨胀会在未来相当一段长的时间内持续,其自相关函数在滞后四年才逐渐趋于零值。当货币政策紧缩时,通货膨胀具有滞后的、渐进的影响。一般来说,通货膨胀会在两年的时滞后产生较强的反应。胡军(2013)的实证研究也表明在影响中国当期通货膨胀水平上,通货膨胀惯性因素明显占优于通货膨胀预期因素。基于此,本节将重新审视 Gali & Gertler(1999)的纯前向模型和混合模型,尝试挖掘名义价格黏性假设下通货膨胀的惯性特征。

中国学者对于通货膨胀动态问题的研究主要从通货膨胀波动的周期性、通货膨胀惯性或价格黏性、通货膨胀形成机制三个方面展开。他们研究通胀动态的具体内容也不完全一致。其中结合新凯恩斯菲利普斯曲线模型对通货膨胀的相关研究(陈彦斌,2008;杨继生,2009;吕越和盛斌,2011;杨小军,2011)也主要从开放经济、微观调整行为和惯性因素三个层面识别通货膨胀动态路径和引起通货膨胀的冲击来源,例如,张成思(2012)基于价格调整的微观基础,构建了一个包含全球化因素的 NKPC 模型,并通过工具变量信息集投影等先进的计量技术,对当期通货膨胀进行了较为精准的拟合。然而国内目前的文献多基于以产出缺口(边际成本缺口)为解释变量的混合 NKPC 展开,而较少注意到缺口和预期的变异也是通胀运动的动力。本节的理论模型推导结果表明,通货膨胀动态方程中产出缺口的变异或者实际产出和潜在产出的变异是重要的变量,即产出缺口的变化或者实际产出和潜在产出的变化会对价格变化(通货膨胀)产生重要影响。

二、通货膨胀动态方程模型

本部分借鉴 Gali & Gertler(1999)NKPC 模型的基本假定,将只采用理性预期价格调整方式的纯前向模型推导为包含通货膨胀惯性、通货膨胀预期和产出缺口(边际成本缺口)变异的通货膨胀动态方程,同时在理论上提供了由"名义价格黏性——通胀惯性——通货膨胀"的解释。同时,在本节基准模型上,再次借鉴 Gali & Gertler(1999)加入后顾型的价格调整方式,将混合 NKPC 修正为包含滞后二阶通货膨胀因素、预期因素和产出缺口(边际成本缺口)变异的通货膨胀动态方程模型,深化了基准模型的结论。

1. 基准模型:简单的新凯恩斯菲利普斯曲线模型

在垄断竞争的经济体中,全部企业采用 Calvo(1983)的定价机制:企业无法连续调整产品价格,每个时期只有 α 比例的企业保持滞后一期价格 p_{t-1} 不变,$1-\alpha$ 比例的企业进行价格调整确定为 p_t^*(相对于总体价格水平),这样当期的总体价格水平 p_t(自然对数形式)就可以表示为过去一期的价格与调整后价格的加权平均,即:

$$p_t = \alpha p_{t-1} + (1-\alpha) p_t^* \qquad (5-1)$$

其中,下标字母 t 表示期数[①]。在这个假设中,α 比例企业保持价格不变,

---

① 模型建立部分的变量皆为偏离稳态的百分比形式。

表明平均意义上一个价格的黏住时长为 $(1-\alpha)\sum_{k=0}^{\infty}k\alpha^{k-1}=1/(1-\alpha)$。随着 α 值越接近 1,价格黏性的程度也就越大。存在价格黏性暗含当价格确定后,企业会遭受一定时期内价格无法调整的损失,因此在选择最优重置价格时候,前瞻型企业会尽可能使重置后的价格路径与没有价格黏性时的最优价格路径相一致,即企业会最小化如下损失函数:

$$\min_{p_t^*} E_{k=0}^{\infty}(\alpha\beta)^k[p_t^*-(1+\mu)mc_{t+k}]^2 \quad (5-2)$$

其中,β 为贴现率,$(1+\mu)mc_t$ 为第 t 期企业基于边际成本 mc_t 的固定加成(μ_t)定价模式确立的合意价格。注意此处加成 μ_t 表示加成相对于成本是固定的,同时也会随着时间改变。那么企业将根据一阶条件确定其最优重置价格:

$$p_t^* = (1-\alpha\beta)\sum_{k=0}^{\infty}(\alpha\beta)^k E_t[(1+\mu_t)mc_{t+k}] \quad (5-3)$$

企业保持每一期固定加成比重不变,即 $\mu_t=\mu=0$ 的时候,那么重置价格将完全依赖于企业所面临边际成本及其预期,如下:

$$p_t^* = (1-\alpha\beta)\sum_{k=0}^{\infty}(\alpha\beta)^k E_t(mc_{t+k}) \quad (5-4)$$

其中,β 为贴现率,满足 $0<\beta<1$,mc_t 为 t 时期的边际成本。结合(5-1)和(5-4)式,并经过一系列数学运算可得:

$$\pi_t=\psi(E_t\pi_{t+1}-E_{t-1}\pi_t)+\varphi(mc_t-mc_{t-1})+\zeta\pi_{t-1} \quad (5-5)$$

由上式可知,通货膨胀取决于价格黏性、贴现率、通货膨胀惯性、通货膨胀预期变化以及边际成本变化程度。其中,

$$\pi_t=p_{t+1}-p_t;$$
$$\psi=\alpha\beta/[(1-\alpha\beta)(1-\alpha)+\alpha];$$
$$\varphi=(1-\alpha\beta)(1-\alpha)/[(1-\alpha\beta)(1-\alpha)+\alpha];$$

$$\zeta = \alpha/[(1-\alpha\beta)(1-\alpha)+\alpha]$$

基于新凯恩斯框架的理性预期假设,企业在调整价格的时候会充分有效地利用所有可能获得的信息,形成一个无系统偏误的预期(Muth, 1961; Lucas, 1972; Rudd & Whelan, 2005a;张成思,2012),即:

$$E_{t-1}\pi_t = \pi_t + \varepsilon_t \tag{5-6}$$

其中,ε_t 为 t 时期的预期误差,[1]且满足 $E(\varepsilon_t)=0$,$E(\varepsilon_t\varepsilon_{t-1})=0$ 和 cov $(\varepsilon_t\pi_{t-1})=0$。则式(5-5)可变形为:

$$\pi_t = \bar{\psi}(E_t\pi_{t+1}) + \bar{\varphi}(mc_t - mc_{t-1}) + \bar{\zeta}\pi_{t-1} - \bar{\psi}\varepsilon_t \tag{5-7}$$

其中,$\bar{\psi} = \alpha\beta/[1+\alpha^2\beta]$;

$$\bar{\varphi} = (1-\alpha\beta)(1-\alpha)/1+\alpha^2\beta;$$

$$\bar{\zeta} = \alpha/1+\alpha^2\beta$$

Rotemberg & Woodford(1997、1999)认为,在标准的黏性价格模型中边际成本与产出缺口之间存在如下关系:

$$mc_t = \lambda * \bar{y}_t \tag{5-8}$$

其中,λ 是边际成本产出缺口弹性,满足 $\lambda > 0$。结合式(5-7)和式(5-8),可得基于产出缺口变化的通货膨胀动态方程:[2]

$$\pi_t = \bar{\psi}(E_t\pi_{t+1}) + \lambda\bar{\varphi}(\bar{y}_t - \bar{y}_{t-1}) + \bar{\zeta}\pi_{t-1} - \bar{\psi}\varepsilon_t \tag{5-9}$$

从通货膨胀动态方程式(5-7)可以看出,通货膨胀由预期、产出缺口变异及通货膨胀惯性等因素共同决定,并且有以下含义:

---

[1] 它们依次表明通货膨胀理性预期值是其真实值的无偏估计,过去的预测误差对现时预测不提供任何有效的信息和现时的预测已经充分利用了已有的信息集(李拉亚,1994;Rudd & Whelan, 2005a)。

[2] 这与广泛使用的纯前向型菲利普斯曲线模型(Roberts, 1995;Gali & Gertler, 1999;Rudd & Whelan, 2005b、2006)$\pi_t = A_1 mc_t + A_2 E_t(\pi_{t+1})$,有着显著的不同。其中,$A_1$ 和 A_2 是系数。

第一,通货膨胀与产出缺口变化之间存在权衡相关性。在以往的纯前向模型中,若其他条件不变,产出缺口 $\bar{y}_t$ 处于较高水平时就会引致较高的通货膨胀。而本节的结论表明,较高的产出缺口 $\bar{y}_t$ 不一定会导致较高的通货膨胀,与通货膨胀更为相关的是产出缺口的变化,即 $\bar{y}_t - \bar{y}_{t-1}$ 较大时,高通货膨胀才可能出现。这一权衡关系有助于解释实证中货币政策调控的非中性(Velde, 2009)。

第二,存在名义价格黏性时,通货膨胀具有惯性特征,而以往的纯前向模型的结论却没有反映这一点。上面的推导过程表明,即使能够重置价格的企业全部采用理性预期的方式进行价格调整,由于市场中部分企业的调整行为存在黏性,前期价格变化(π_{t-1})仍会对本期价格变化产生重要影响,而在以往的纯前向模型中。如果企业在价格调整时都使用理性预期,通货膨胀的惯性特征就会消失。事实上,Gali & Gertler(1999)的结论曾因无法刻画广泛存在的通货膨胀惯性特征而饱受争议(Mankiw & Reis, 2002; Rudd & Whelan, 2006、2007)。同时我们的结论表明,不能由通货膨胀惯性的存在判断经济主体采取了后顾型预期。

第三,方程的系数有着具体而丰富的含义。由(5-7)式,$\partial \bar{\psi}/\partial \beta > 0$,$\partial \bar{\zeta}/\partial \beta < 0$,即随着贴现率 β 值变大,经济主体现在对未来的经济活动评价变高,预期对通货膨胀的效应 $\bar{\psi}$ 会增强,同时通货膨胀惯性对通货膨胀的影响却会减弱。另外一个有意思的结论,是本模型预测预期效应 $\bar{\psi}$ 会小于通货膨胀惯性效应 $\bar{\zeta}$。$\partial \bar{\zeta}/\partial \alpha > 0$,通货膨胀惯性的通货膨胀效应与价格黏性程度 α 正相关。

2. 模型的扩展:混合的新凯恩斯菲利普斯曲线模型

利用 Gali & Gertler(1999)在混合模型中的基本假设进行较为复杂的推导,可依次得到基于边际成本变化和基于产出缺口变化的混合通货膨胀动态方程:①

---

① 具体推导过程省略,有兴趣的读者可以向作者索取。

$$\pi_t = \bar{\psi}^* E_t \pi_{t+1} + \bar{\varphi}^* (mc_t - mc_{t-1}) + \bar{\zeta}^* \pi_{t-1} + \bar{\kappa}^* \pi_{t-1} - \bar{\psi}^* \varepsilon_t \quad (5-10)$$

$$\pi_t = \bar{\psi}^* E_t \pi_{t+1} + \lambda \bar{\varphi}^* (\bar{y}_t - \bar{y}_{t-1}) + \bar{\zeta}^* \pi_{t-1} + \bar{\kappa}^* \pi_{t-2} - \bar{\psi}^* \varepsilon_t \quad (5-11)$$

其中,ω 为采用后顾型预期企业的比例。

$$\bar{\psi}^* = \alpha\beta / [(1 + 2\alpha\beta\omega) + \alpha^2 \beta(1-\omega)]$$

$$\bar{\varphi}^* = (1-\alpha)(1-\omega)(1-\alpha\beta) / [(1 + 2\alpha\beta\omega) + \alpha^2 \beta(1-\omega)]$$

$$\bar{\zeta}^* = [\omega(2+\alpha\beta) + \alpha(1-\omega)] / [(1 + 2\alpha\beta\omega) + \alpha^2 \beta(1-\omega)]$$

$$\bar{\kappa}^* = -\omega / [(1 + 2\alpha\beta\omega) + \alpha^2 \beta(1-\omega)]$$

可以发现,混合模型和基准模型有着相似的结构,边际成本或者产出缺口仍然以变动程度对当期通货膨胀发生效应。而与以往混合 NKPC 不同的是,混合模型中通货膨胀惯性因素的存在不单是由于部分企业在价格调整时采用了后顾型预期,还因为企业不能及时调整价格。[①] 基准模型中名义价格黏性——通货膨胀惯性的机制会使通货膨胀惯性在混合模型中表现为更为复杂的自稳定功能,体现在滞后一阶通货膨胀系数满足 $0 < \bar{\zeta}^* > 1$ 和滞后二阶通货膨胀系数满足 $-1 < \bar{\kappa}^* < 0$。

三、计量模型设定和数据选取

1. 计量模型设定

由基准模型所得到的通货膨胀动态方程式(5-7)和(5-9)是混合通货膨胀动态方程式(5-10)和(5-11)的一个特例,为此我们只对后者进行经验检验。鉴于边际成本在度量上存在很多假设条件,[②] 本节将基于产出缺口变化的混合通货膨胀动态方程式(5-11)作为主回归方程,而将基于边际成本变化

[①] 以往的混合菲利普斯曲线模型(Gali & Gertler,1999;Sbordone,2005;Zhang et al.,2008)为 $\pi_t = B_1 mc_t + B_2 E_t(\pi_{t+1}) + B_3 \pi_{t-1}$,其中,$B_1$、$B_2$ 和 B_3 是系数。

[②] 见下文面板数据选取部分关于边际成本的说明。

的混合通货膨胀动态方程式(5-10)作为一个稳健性检验。主回归方程为：

$$\pi_{i,t} = \beta_1 \pi_{i,t-1} + \beta_2 \pi_{i,t-2} + \beta_3 (E_{i,t} \pi_{i,t+1}) + \beta_4 (\bar{y}_{i,t} - \bar{y}_{i,t-1}) + \rho_i + \xi_{i,t}$$

其中，ρ_i 为不可观察的固定效应，$\xi_{i,t} = -\beta_3 \varepsilon_{i,t} + \mu_{i,t}$，$\varepsilon_{i,t}$ 为预期误差，$\mu_{i,t}$ 为随机误差项。

2. 面板数据选取

不同于以往菲利普斯曲线的经验研究普遍采用时间序列数据的做法，本节的计量回归分析将结合中国1985年到2018年全国省级面板数据展开，通过拓展样本规模，以有效增加样本信息量，改善估计的有效性。为保证数据一致性，本节将重庆市和四川省数据合并，其中1997年前的数据来自四川省相应的统计年鉴。考虑到海南和西藏部分数据缺失，将两个省排除，最后共有28个省（市、自治区）的数据。

(1) 实际产出和潜在产出

各省市自治区的实际产出数据通过wind资讯数据库中的名义产出数据进行生产总值指数的相关处理得到。实际产出缺口的测算通常有三种方法：消除趋势法、增长率推算法和生产函数法（郭庆旺、贾俊雪，2004）。本节使用HP滤波、CF滤波、BW滤波三种单变量去趋法得到产出缺口和潜在实际产出数据。其中，HP滤波是高通滤波，其去势效果对滤波参数十分敏感，这里年度序列平滑系数将参照Ravn-Uhlig规则确定为100，全样本非对称CF滤波具有权重的时变性有点，在不损失样本数据条件下将带通滤波参数选为(2,8)，BW滤波使用前向和后向递归的过滤方法，将采用经济周期为8对应的频率参数。

(2) 通货膨胀和通货膨胀预期

本节选取居民消费价格指数作为通货膨胀的测度指标。依据上文模型关于通货膨胀的假定，居民消费价格指数采用年度环比形式，并进行对数化处理。由于重庆和四川合并后的物价指数计算复杂，本节将两个地方的通货膨胀平均值作为替代。

通货膨胀预期是对未来实现的通货膨胀的一种估计。通常,处理预期通货膨胀主要有三种方法:基于预期的调查数据(Roberts,1995;陈彦斌,2008;张健华、常黎,2011)、通过回归拟合获得预期的实现值(赵留彦,2005)和变量替代法(Goddon,1995;杨继生,2009)。由于目前中国尚未从省级层面展开关于通货膨胀预期的调研,同时考虑到通过序列回归拟合得到通货膨胀预期实现值的处理方式容易引致内生性,我们将借鉴杨继生(2009)的处理办法,采用前向一期的通货膨胀数据作为通货膨胀预期变量的实际观测值。回归中,我们还将各省贷款增长率作为辅助的工具变量,其数据来源于各省统计年鉴。

(3) 边际成本

Galí & Gertler(1999)用劳动报酬占国内生产总值的比重来度量边际成本,但是其将劳动力作为实体经济唯一可变要素的假定忽略了资本在企业行为中的重要角色。① 因而,本节借鉴曾利飞等(2006),采用 C-D 形式的社会生产函数,即 $y_t = A k^{\alpha_k} l^{\alpha_l}$,其中 k, l 分别代表资本规模和劳动力,α_k 和 α_l 代表资本和劳动要素贡献率,那么实际边际成本 $mc_t = \frac{w_{kt} k_t}{\alpha_k p_t y_t} + \frac{w_{lt} l_t}{\alpha_l p_t y_t} = \frac{1}{\alpha_k} \overline{mc}_{kt} + \frac{1}{\alpha_l} \overline{mc}_{lt}$。其中,$w_k$ 和 w_l 分别是资本和劳动要素的名义价格。本节使用中国统计网公布的各省历年职工工资总额来衡量 $w_{lt} l_t$,而 $w_{kt} k_t$ 使用中经网的全社会固定资产投资省际年度数据来度量。

四、实证结果分析

1. 主回归方程估计结果

为了避免出现 Zhang & Clovis(2010)、张成思(2012)所考虑的被解释变量滞后阶数设定过于僵化的问题,在建立下面的标准计量模型之前,需要对通

---

① 本节模型其实是一个封闭经济模型,因此边际成本暂不考虑开放经济因素。

货膨胀的最优滞后阶数进行实证判断,但目前学术界在面板数据的定阶问题上仍未形成一致的解决方案,本节主要从以下几方面考虑:(1)建立通货膨胀及其滞后项的面板向量自回归模型(PVAR),根据 AIC、BIC、HQIC 等准则做出初步判断;(2)在计量模型中逐步增加滞后阶数,根据 t 统计量进行判断,同时结合回归后残差平稳性、二阶及更高阶的自相关检验和工具变量整体有效性的 Hansen 检验进行辅助判断。分析结果表明最优滞后阶数为二阶,这与我们的理论模型刚好吻合。

表 5-1 中(1.1)到(1.3)依次汇报了固定效应、随机效应、广义最小二乘法(考虑了截面序列相关)的估计结果。当通货膨胀由其滞后项解释时,滞后项的一阶差分会与随机扰动项存在相关性,从而使模型在选用固定效应和随机效应估计时无法避免内生性问题,而动态面板 GMM 估计方法把滞后项作为工具变量,能够很好地解决这一问题。本节采用二阶差分广义矩估计方法(Arellano & Bond, 1991; Arellano & Bover, 1995)和系统 GMM 估计方法(Blundell & Bond, 1998)进行回归分析,相关结果见(1.4)与(1.5)。参数估计的有效性检验中,Sargan 过度识别检验可用于分析工具变量的有效性,如果不能拒绝零假设则意味着工具变量的设定是恰当的;残差项非自相关检验集中考察残差项是否存在二阶序列自相关或者高阶自相关,如果 AR(2)不能拒绝零假设,则意味着不存在残差项的二阶序列自相关。差分 GMM 和系统 GMM 估计过程中,Hansen 值表明工具变量的使用是合理的,AR(2)相应的 P 值表明残差项并没有存在二阶序列相关。

表 5-1 基于 HP 滤波方法的主回归方程估计结果

	(1.1) OLS-FE	(1.2) OLS-RE	(1.3) GLS	(1.4) DIF-GMM	(1.5) SYS-GMM
π_{t-1}	0.728*** (31.06)	0.729*** (30.57)	0.736*** (132.03)	0.772*** (58.62)	0.768*** (61.51)

(续表)

	(1.1) OLS-FE	(1.2) OLS-RE	(1.3) GLS	(1.4) DIF-GMM	(1.5) SYS-GMM
π_{t-2}	−0.252*** (−11.05)	−0.253*** (−10.869)	−0.258*** (−60.56)	−0.269*** (−25.15)	−0.269*** (−26.22)
$E_t\pi_{t+1}$	0.534*** (30.67)	0.534*** (30.17)	0.529*** (128.43)	0.549*** (50.46)	0.547*** (50.52)
$\bar{y}_t-\bar{y}_{t-1}$	0.102*** (3.57)	0.102*** (3.52)	0.100*** (83.55)	0.166*** (6.90)	0.150*** (5.97)
N	868	868	868	840	868
r2_a	0.77				
F值	704	2 384	107 231	3 321	11 006
Hansen值				1.000	1.000
Chi2				27.95	27.92
AR(1)				0.000	0.000
AR(2)				0.571	0.649

注释:(1) 表中未列出常数项。(2) 括号内数值为 t 值。(3) ***、**、* 分别表示显著性水平为 1%、5%、10%。(4) Hansen 检验给出相应的显著性概率 p 值和 chi2 值,Arellano-Bond 检验给出 AR(1)和 AR(2)对应的概率 p 值。(5) GLS 栏中 F 值为 Wald 值。(6) GMM 回归采用的是稳健标准差,其工具变量为:通货膨胀的水平滞后 4~6 期、产出缺口变动水平滞后 2~4 期作为差分方程的工具变量,通货膨胀和产出缺口的差分滞后 2 期作为水平方程的工具变量,贷款增长率滞后 1~2 期作为额外的工具变量。

从表 5-1 的结果可以看出,面板固定效应、随机效应、广义最小二乘法、差分 GMM 和系统 GMM 方法估计的参数值方向一致,并且数值较为稳定。结合表 5-1 所有回归结果可以发现,滞后一期通货膨胀、滞后二期通货膨胀的回归系数在 1% 的显著水平上是显著的,并且与理论模型预测结果一致,两者作用方向相反。由于系统 GMM 估计方法的优越性,我们将重点说明系统 GMM 的分析结果。

系统 GMM 的计量结果表明,滞后一期通货膨胀每增加一个百分点,现期通货膨胀大约增加 0.768 个百分点;而滞后二期通货膨胀的弹性系数约为 −0.269,反映滞后二期通货膨胀有助于解释中国通货膨胀的动态发展趋势。滞后一期通货膨胀系数小于 1 且滞后二期通货膨胀系数为负说明了中国通货膨胀惯性表现出自稳定特征。

通货膨胀预期对当期通货膨胀的影响系数约为 0.547,经验分析的结果也表明 $\phi^* < \xi^*$,说明通货膨胀具有"预期自实现"性质,这与已有研究(杨继生,2009)的估计结论一致。产出缺口变异对通货膨胀的作用系数显著为正,也就是说,产出缺口波动的正向变化会加剧通货膨胀。如果将差分形式还原为原序列,我们可以发现通货膨胀表现出非中性特质,即短期菲利普斯曲线是倾斜向上的。

2. 稳健性检验

表 5-2 中(2.1)到(2.4)是对基于边际成本的混合通货膨胀动态方程式(8)的估计结果。考虑到工资—价格调整存在时滞,本节在估计中使用滞后一期工资变动成分。结果表明,滞后一期通货膨胀和滞后二期通货膨胀系数的显著性并未发生变化,仍通过了 1% 的显著性检验。同时,滞后一期通货膨胀系数小于 1,略大于 0.7;滞后二期通货膨胀系数为负,大约为 −0.2;进一步证实了通货膨胀惯性对通货膨胀动态变化具有自稳定功能。预期通货膨胀对当期通货膨胀的效应在 1% 的统计水平上显著为正,且小于滞后一期通货膨胀对当期通货膨胀的影响系数。这再度说明通货惯性的驱动力相对较大。另外,资本成本和滞后一期工资上涨对通货膨胀有显著拉动作用。

表 5-2 中(2.5)和(2.6)依次是产出缺口使用 BW 滤波和 CF 滤波方式时主回归方程系数 GMM 估计结果。结果表明,在不同的滤波方式下,通货膨胀的惯性特征依旧明显。滞后一期和滞后二期通货膨胀对当期通货膨胀的效应方向都与 HP 滤波的结论保持一致,前者效应保持在 0.760 左右,后者维持在 −0.300 左右。通货膨胀预期对当期通货膨胀的影响仍显著,并且影响

系数分别未 0.492 和 0.551。

表 5-2 稳健性估计结果

	(2.1) OLS-FE	(2.2) GLS	(2.3) DIF-GMM	(2.4) SYS-GMM	(2.5) SYS-GMM	(2.6) SYS-GMM
π_{t-1}	0.748*** (32.87)	0.743*** (93.97)	0.798*** (37.99)	0.790*** (39.60)	0.730*** (84.90)	0.761*** (75.76)
π_{t-2}	−0.224*** (−10.11)	−0.218*** (−28.99)	−0.230*** (−17.48)	−0.242*** (−19.16)	−0.329*** (−35.42)	−0.267*** (−27.40)
$E_t\pi_{t+1}$	0.464*** (26.12)	0.474*** (70.36)	0.443*** (19.57)	0.458*** (18.15)	0.489*** (70.52)	0.551*** (60.41)
$\overline{mc_k}$	0.083*** (9.35)	0.079*** (85.96)	0.116*** (7.42)	0.096*** (5.99)		
$\overline{mc_l}$	0.016 (1.26)	0.015*** (13.65)	0.023 (1.38)	0.022 (1.45)		
$\bar{y}_t - \bar{y}_{t-1}$					0.143*** (6.12)	0.101*** (5.60)
N	868	868	868	868	868	868
r2_a	0.792					
F 值	635	23 230	918	581	5 218	15 577
Hansen 值			1.000	1.000	1.000	1.000
Chi2			27.91	27.91	27.96	27.93
AR(1)			0.000	0.000	0.000	0.000
AR(2)			0.242	0.311	0.923	0.904

注释：(1) 表中未列出常数项。(2) 括号内数值为 t 值。(3) ***、**、*分别表示显著性水平为 1%、5%、10%。(4) Hansen 检验给出相应的显著性概率 p 值和 chi2 值，Arellano-Bond 检验给出 AR(1) 和 AR(2) 对应的概率 p 值。(5) GLS 栏中 F 值为 Wald 值。(6) GMM 回归采用的是稳健标准差，其工具变量为：在基于产出缺口变化的分析中，工具变量同表 1；在基于边际成本的回归中，通货膨胀的水平滞后 4~6 期作为差分方程的工具变量，其差分滞后 2 期作为水平方程的工具变量，贷款增长率滞后 1~2 期作为额外的工具变量。

3. 潜在产出变化对通货膨胀的影响

对具有"新兴加转型"双重制度特征(解维敏,2011)的经济体来说,技术进步和制度变迁(改革)能够延伸和外推生产边界,改善经济体的潜在产出能力。范爱军和韩青(2009)认为实际上潜在产出的增长率比产出缺口有更强的解释力,即使实际产出已超过潜在产出,潜在产出的快速增长也会压制通货膨胀的上升空间。为进一步考察变动的潜在产出水平对中国通货膨胀的动态影响,依据产出缺口 $\bar{y} = y_t - y_t^*$ (y_t 为 t 期的实际产量;y_t^* 为 t 期潜在产出水平),本节将式(5-9)扩展为:

$$\pi_t = \bar{\psi}^* E_t \pi_{t+1} + \lambda \bar{\varphi}^* (y_t - y_{t-1}) - \lambda \bar{\varphi}^* (y_t^* - y_{t-1}^*) + \bar{\zeta}^* \pi_{t-1} + \bar{\kappa}^* \pi_{t-2} - \bar{\psi}^* \varepsilon_t$$

上式表明,产出缺口中实际产出的负向变动会降低通货膨胀压力,而潜在产出的减少降低了经济体吸收通货膨胀压力的能力,反而会助推通货膨胀形成。

表5-3(3.1)和(3.3)分别给出了广义最小二乘法、差分GMM和系统GMM的估计结果。滞后一阶通货膨胀和滞后二阶通货膨胀的系数符号与上文估计相一致,前者略大于0.7,后者大约为-0.3。预期通货膨胀的系数符号也与上文一致,大约为0.5。

表5-3 潜在产出变化对通货膨胀的影响

	(3.1) GLS	(3.2) DIF-GMM	(3.3) SYS-GMM
π_{t-1}	0.736*** (65.89)	0.728*** (48.14)	0.729*** (75.86)
π_{t-2}	-0.273*** (-31.23)	-0.337*** (-40.11)	-0.325*** (-32.69)
$E_t \pi_{t+1}$	0.521*** (53.26)	0.471*** (26.62)	0.489*** (51.33)

(续表)

	(3.1) GLS	(3.2) DIF-GMM	(3.3) SYS-GMM
$y_t - y_{t-1}$	$6.18E-07$*** (4.60)	$8.83E-06$*** (3.39)	$1.70E-06$ (1.39)
$y_t^* - y_{t-1}^*$	-0.178*** (-5.31)	-0.393*** (-3.39)	-0.209*** (-4.61)
N	868	840	868
r2_a			
F 值	27 853	713	4 586
Hansen 检验		1.000	1.000
Chi2		27.89	25.18
AR(1)		0.000	0.000
AR(2)		0.927	0.908

注释:(1) 表中未列出常数项。(2) 括号内数值为 t 值。(3) ***、**、* 分别表示显著性水平为 1%、5%、10%。(4) Hansen 检验给出相应的显著性概率 p 值和 chi2 值, Arellano-Bond 检验给出 AR(1) 和 AR(2) 对应的概率 p 值。(5) GMM 回归采用的是稳健标准差, 其工具变量为:在基于产出缺口变化的分析中, 通货膨胀的水平滞后 4~6 期、实际产出变动滞后 2~4 期作为差分方程的工具变量, 通货膨胀与实际产出变动的差分滞后 2 期为水平方程的工具变量, 贷款增长率滞后 1~2 期作为额外的工具变量。

表 5-3 潜在产出($y_t^* - y_{t-1}^*$)前面系数都通过 1% 的显著性水平检验, 系统 GMM 估计结果是 -0.209, 说明潜在产出($y_t^* - y_{t-1}^*$)有助于降低通货膨胀水平。实际产出变动($y_t - y_{t-1}$)为正值, 在系统 GMM 估计中未通过显著性检验, 在 GLS 估计和差分估计中都通过 1% 显著水平的检验, 但数值较小。综合考察潜在产出变动和实际产出变动系数, 易知, 潜在产出稀释通货膨胀压力的能力超过了实际产出变动($y_t - y_{t-1}$)增加通货膨胀的压力。这种不对称的效应暗示了在后危机时代我们更需要把重点放在扩大潜在生产能力上。换

一个话说,出于短期的政治考量,并不推进各项体制改革和技术创新,所导致的实际产出增长但潜在生产能力停滞会带来通货膨胀隐患。

五、结论与政策建议

本章借鉴 Gali & Gertler(1999)NKPC 模型的基本假定,推导出包含通货膨胀惯性、预期因素和产出缺口(边际成本缺口)变异的通货膨胀动态方程模型,对产出缺口的进一步分解发现潜在产出的正向变化对通货膨胀能起到显著的抑制作用。同时,Gali & Gertler(1999)的纯前向模型没有给出通货膨胀惯性影响当期通货膨胀的机制,而其混合模型从后顾型预期入手对通货膨胀滞后因素做出了解释。本节则将其纯前向模型推导为内含滞后项的通货膨胀动态方程,发现部分企业不能实时进行价格调整的名义黏性存在时,通货膨胀会具有惯性特征。然后将以往的混合模型(Gali & Gertler, 1999)修正为包含滞后一期和滞后二期通货膨胀的混合通货膨胀动态方程,从而厘清了后顾型预期和名义价格黏性对通货膨胀惯性的作用。本节的混合通货膨胀动态方程不仅突出通货膨胀滞后一期显著的惯性效应,还捕捉到滞后二期通货膨胀的负向惯性特征,这与许多学者的实证研究结果相符合(Stock & Watson, 2008),从而在理论上提供了由"名义价格黏性—通胀惯性—通货膨胀"传导的逻辑一贯的解释。

中国 1985—2018 年的省级面板数据支持理论模型预测的结论,实证结果如下。

第一,从滞后一期和滞后二期通货膨胀系数看,通货膨胀具有显著的惯性特征并具有自稳定功能,表现为滞后一期通货膨胀系数小于 1,为 0.7 左右;滞后二期通货膨胀系数显著为负,大约为 -0.3,并通过了稳健性检验,与理论模型预测结果相当吻合。通货膨胀率显著的惯性,说明通货膨胀会在较长的时间上带来社会福利损失,意在稳定物价的货币政策需要面临较长的传导时滞和较大的社会成本,在实施货币政策切忌过于激进,防止货币政策调整效应出现在相反的经济周期中,使得效果适得其反。

第二,从预期的通货膨胀效应来看,通货膨胀预期有自我实现特征。企业对未来通货膨胀的预期大约有50%会在当期通货膨胀中反映出来。换句话说,为实现物价稳定的政策货币,通货膨胀预期管理必不可少。近40年来宏观政策管理研究表明,预期的管理核心是建立可信的"前后一致"的承诺机制。由此,为稳定物价,提高货币政策的可信度,明确货币当局对通货膨胀的低容忍度立场,我们应加强市场信息交流,减少市场信号失真,从而提高货币政策操作的前瞻性和敏感度。

第三,基于边际成本的估计表明,滞后一期的劳动力成本也对通货膨胀有着显著的推动效应。随着人口结构逐渐老龄化和人口红利逐步消失,未来劳动力的实际工资上升将对通货膨胀产生持续的压力,工资—成本螺旋有可能成为下一轮通货膨胀形成的重要机制。以物价稳定为目标的货币政策在实施过程中,需要关注宏观劳动力市场的动态发展以及传统劳动性密集型产业转型升级。

最后,实际产出变化和潜在产出变化对通货膨胀作用的方向是相反的。产出缺口的正向变化会引发通货膨胀,而负向变化则会产生紧缩作用。将产出缺口分解后的结果进一步表明,潜在产出的正增长有助于降低通货膨胀,并且系数绝对值显著大于实际产出增长带来的通货膨胀压力强度。这意味着,如果能够在产业结构调整和经济体制改革上有所突破,进而持续提高潜在生产率水平,将有利于吸收有可能高企的通货膨胀压力。

第六章 学习速率与中国扩展的新菲利普斯曲线

菲利普斯曲线是研究通胀驱动因素的经典模型,在过去的几十年里,菲利普斯曲线一直是政策分析的重要工具。Akerlof(2002)在他的诺贝尔奖演讲中表示,"可能单个最重要的宏观经济关系是菲利普斯曲线"。在过去的半个世纪里,这种关系在许多商业周期理论中发挥了核心作用。然而,与此同时,菲利普斯曲线也一直存在着一些争议并且是难以理解的(Mankiw & Reis,2010)。菲利普斯曲线经常被用于刻画通胀的产生机制和预测通胀率(陈彦斌,2008)。菲利普斯曲线于1958年就已被提出,最早的菲利普斯曲线反映的是失业率和名义工资变化之间的关系。随后该曲线又被进一步扩展为"产出—通胀型"菲利普斯曲线,反映的是通胀率与"产出缺口"之间的关系(郑挺国等,2012)。为了使它对决策者更有用,菲利普斯曲线已经从工资变化方程转化到了价格变化方程,即用通胀率代替工资增长率,这样菲利普斯曲线反映的是失业率与通胀率之间的交替关系。根据奥肯(1962)定律,又可以利用产出缺口来代替失业变化,这样菲利普斯曲线反映的是产出缺口与通胀率之间的交替关系(Claus,2000)。

产出缺口型菲利普斯曲线又分三种类型:滞后、前向、混合。最早的是滞后型菲利普斯曲线,但是对数据的拟合效果不理想。Lucas(1972)认为这类模型失效的主要原因是忽略了理性预期,Taylor(1980)、Calvo(1983)分别提出了前向型菲利普斯曲线,Furhrer & Moore(1995)又提出了同时包含滞后项和预期项的混合型菲利普斯曲线(吕越、盛斌,2011)。而关于是否存在菲利普斯曲线,各国的实证研究也不是那么明确。Claus(2000)通过实证研究表明产出缺口能给货币当局提供一个有用的信号。Atkeson & Ohanian(2001)的实证研究表明菲利普斯曲线对通胀率没有预测作用。

仅含两个变量的菲利普斯曲线一般被称为基本菲利普斯曲线。随后预期因素也被引入到菲利普斯曲线中去。20世纪70年代出现了理性预期革命，Lucas(1972)在一个模型中形式化不完全信息对菲利普斯曲线的影响，由于这个不完全信息，当家庭观察价格时，他们面临一个信号提取问题，这个临时的混乱导致了一个短期的菲利普斯曲线(Mankiw & Reis,2010)。Lucas(1972)提供了一个经济中的简单例子，反映了名义价格变动率和实际产出水平之间的系统关系，这种关系本质上是著名菲利普斯曲线的变种，是在所有价格是市场出清、所有代理按照他们的目标和期望表现最佳而且期望是最优形成的框架内推导出来的。针对基本菲利普斯曲线的不足，国外学者在理性预期和价格黏性基础上又建立了"新凯恩斯主义菲利普斯曲线"。研究者经常将目前的通胀取决于未来的通胀预期和目前的产出缺口或边际成本的这种关系称之为新凯恩斯主义菲利普斯曲线(Milani,2005a)。Gali & Gertler(1999)通过实证研究发现，新凯恩斯主义菲利普斯曲线为通胀动态提供了一个良好的一阶近似，并指出通胀预期和滞后值都影响当前通胀动态。

Ireland(2003)评估了宏观经济学中的有限理性和学习的重要性，认为"非理性预期经济学"的实证研究可能会使这些纯粹的理论成果变得更具相关性和说服力。作为"非理性预期经济学"一部分的学习型预期是对理性预期的补充和修正，具有重要的理论与实践意义。很多学者基于美国数据研究了通胀的学习型预期，在通胀学习型预期模型中，代理人使用形式正确的经济模式来形成预期，但是他们不知道模型的参数值。他们使用历史资料来了解这些参数随着时间推移的变化情况，通过恒定增益学习来更新他们的信仰。其中标准理性预期形式是嵌套在该模型中的一个极限情况(Milani,2005b)。Milani(2005a,b)通过实证研究发现，当学习性预期取代理性预期之后，通胀惯性系数变得不显著。这表明学习行为是通胀持久性的主要来源，前瞻性因素在通胀动态中起更重要的作用。Primiceri(2006)基于学习型预期研究美国通货膨胀的上升和下降。基于前瞻性预期的新凯恩斯主义菲利普斯曲线模型,在货币政策分析中具有重要的理论意义。但是,实证研究往往会发现,后顾性的通胀惯性主导了短期总供给曲线的动态(Zhang, etc., 2008)。Zhang, etc.(2008)采用通胀预期调查数据和近似理性预期,通过实证检验发现前瞻性行为在通胀动态中起着较小的作用,为过去20年的黏性价格模型提供了实证支持。Mankiw & Reis(2010)回顾了在过去10年中的有关总供给和菲利普斯曲线的不完全信息模型的研究。

国内也有很多学者研究了菲利普斯曲线。在早期的菲利普斯曲线研究中,有部分学者认为中国不存在菲利普斯曲线,如左大培(1996)和黎德福(2005)等。但大多数学者都认为中国存在或者间接存在某种形式的菲利普斯曲线。陈彦斌(2008)通过新凯恩斯主义菲利普斯曲线模型,实证发现当期的产出缺口与通胀率关系不显著,但滞后一期的产出缺口是显著的。张鸿武(2009)基于双变量GARCH模型研究了中国通胀与产出缺口变异性之间的关系,研究发现通胀和产出缺口变异性之间存在明显的替代关系,而且这种替代关系具有非对称性。刘金全等(2006)通过实证研究发现,中国虽然不存在短期菲利普斯曲线意义上的直接联系,但是存在着长期菲利普斯曲线下经济增长波动性与通胀波动性之间的紧密联系。杨继生(2009)基于新凯恩斯混合菲利普斯曲线对中国进行了实证研究,结果表明:中国通胀动态性质具有短期新凯恩斯混合菲利普斯曲线的典型特征。吕越和盛斌(2011)对产出型菲利普斯曲线进行了非常好的归纳总结,通过实证检验发现,开放条件下混合型菲利普斯曲线更适合中国,并提出一些有益的结论。张成思(2012)则在中国新菲利普斯曲线中引入国外产出缺口,通过实证研究发现,国外产出缺口对通胀有更重要的影响。郑挺国等(2012)认为菲利普斯曲线能否有助于通胀预测取决于实时预测还是最终预测。

丁慧等(2016)详细综述了菲利普斯曲线在通货膨胀动态特征和预测中的

应用。娄峰(2016)基于菲利普斯曲线研究了中国企业的价格刚性以及固定价格的平均持续时间。顾纯磊和杨德才(2016)通过引入实际产出增长率缺口,修正了传统的菲利普斯曲线,并认为要高度重视实际产出增长率缺口对物价水平的影响。何启志和姚梦雨(2017)研究了中国时变系数的菲利普斯曲线,通过实证检验表明预期对通货膨胀所起的作用最大,而且有逐步增大趋势,说明央行要高度重视预期等前瞻性因素在稳定物价方面的作用。吕建兴等(2017)基于菲利普斯曲线研究了食品价格对通货膨胀水平的影响,认为要高度重视食品价格冲击。赵红梅和易卓睿(2019)基于劳动生产率差异视角研究了中国菲利普斯曲线的门限特征。

国内关于通胀预期的研究主要限于理性预期、适应性预期以及调查问卷得到的预期,有很多重要的文献,如陈彦斌(2008)、杨继生(2009)、卞志村和张义(2012)、张成思(2012)、张成思和芦哲(2014)等。理性预期难于检验,有的学者进行了简化处理,用下一期真实值来代替理性预期,但是在即时实证研究中,下一期的值并不知道,同时理性预期并不就是完全正确的预期,适应性预期不满足卢卡斯批判的要求。调查问卷法虽然有现实基础,但是由于预期的不确定性以及个体的差异性较大,忽略了可能影响预期的一些额外宏观经济因素,同时数据频率比较低,也有偶然性,该类方法一般仅能在一定程度上提供参考(徐亚平,2010)。虽然学习型预期事实上提供了模拟主观预期形成的一种方式(Milani,2005a),但是国内很少有学者涉及学习型预期。徐亚平(2009,2010)对公众学习与通胀预期进行了系统的重要研究,但是徐亚平(2009)采用消费者预期指数作为公众通胀预期的近似衡量指标,徐亚平(2010)是基于VAR模型,进行的是1步预测,即是对本期的预测,而通胀模型中的预期更多的是指对下期的预测。何启志和范从来(2011)虽然研究了学习型预期,但仅研究了学习型预期的特例,递归型学习预期,没有研究一般意义的学习型预期,也没有研究速率的变化。何启志(2015)研究了学习型预期在中国农产品价格和能源价格的惯性特征中的作用,并且对比了两者学习型预期中的最优学习速率的差异。李毅(2016)基于省际面板数据研究了中国通货膨胀的驱动机制,通过实证检验表明预期对通货膨胀具有重要影响,认为预期管理是控制通货膨胀的有效手段。范从来和高洁超(2016)基于混合新凯恩斯主义菲利普斯曲线研究了中国通货膨胀的特征,认为提高公众理性程度可以降低通货膨胀对均衡的偏离程度。

一、通货膨胀学习型预期

1. 基于自回归常数增益模型的学习型预期

通胀的学习型预期是假设社会公众像经济学家一样来估计通胀水平,他们知道估计通胀的模型,但是不知道确切的参数值,他们利用掌握的信息来估计用来预测通胀水平的模型,并且随着时间的推移,新信息的不断获得来动态调整通胀预期模型。即社会公众估计简单的经济模型并根据它们形成预期,随着时间的推移获得更多的数据,通过不断的增益学习更新模型的参数估计。为了简单,说明假定社会公众估计一个简单的线性单变量 AR(1)模型来形成他们的通胀预测:①(Milani,2005a,2005b)

$$cpi_t = \alpha_{0,t} + \alpha_{1,t} cpi_{t-1} + \varepsilon_t \quad (6-1)$$

其中 cpi_t 是 t 时刻的通胀水平,$\alpha_{0,t}$、$\alpha_{1,t}$ 是待估计的系数。在估计过程中,他们利用直到时期 t 的现有数据的整个历史信息。随着时间的推移和信息的更新,当可以获得新的数据时,社会公众根据下面的常数增益学习公式不断改进他们的估计。

$$\hat{a}_t = \hat{a}_{t-1} + gR_t^{-1} X_t (cpi_t - X_t' \hat{a}_{t-1}) \quad (6-2)$$

$$R_t = R_{t-1} + g(X_{t-1} X_{t-1}' - R_{t-1}) \quad (6-3)$$

---

① 这个模型也可以包含其他一些宏观经济变量,但是很多实证研究表明,纳入其他经济变量并不一定能够提高预测效果,另外究竟选择哪些经济变量,以及被选择经济变量的数据获得也是一个问题。

公式(6-2)描述了预测规则系数$\hat{a}_t=(a_{0,t},a_{1,t})$随着时间的更新,公式(6-3)描述了$R_t$的演化,$g$是学习速率,若$g=1/t$则变成递归型学习,$X_t=(1,cpi_{t-1})'$,$R_t$代表增益矩阵,是$X_t$的2阶矩矩阵。

公式(6-1)、(6-2)和(6-3)整体上反映了社会公众的学习型预期形成过程。其中公式(6-1)是市场参与者通过通胀水平滞后值来预测通胀水平的模型,公式(6-2)和(6-3)反映了系数随着时间的推移而不断更新的过程(Preston,2005;Milani,2005a,2005b);Primiceri,2006;何启志和范从来,2011)。卢卡斯批判主要强调经济结构模型是不稳定的,模型形式应该随着情况的变化而变化(邹平,2010),学习型预期强调系数随着时间的变化而变化,可以部分克服卢卡斯批判指出的不足。

(1)学习速率g的确定

关于学习速率g,很多文献采取假设的方式。国外实证研究表明g一般取值在0.015到0.03之间,国外很多学者如Orphanides & Williams(2003),Milani(2005a)等研究了g的取值问题。我们通过预测平均绝对误差来确定合适的学习速率g。表6-1反映的是不同学习速率下的平均绝对偏差,可见当学习速率g是0.16、0.17、0.18和0.19时,预期效果最好。

表6-1 不同学习速率下的平均绝对偏差

g	0.0000	0.0100	0.0200	0.0300	0.0400	0.0500	0.0600	0.0700	0.0800
MAE	0.0116	0.0102	0.0094	0.0088	0.0083	0.0079	0.0076	0.0073	0.0070
g	0.0900	0.1000	0.1100	0.1200	0.1300	0.1400	0.1500	0.1600	0.1700
MAE	0.0067	0.0065	0.0063	0.0061	0.0059	0.0058	0.0057	0.0056	0.0056
g	0.1800	0.1900	0.2000	0.2100	0.2200	0.2300	0.2400	0.2500	0.2600
MAE	0.0056	0.0056	0.0057	0.0059	0.0061	0.0064	0.0069	0.0073	0.0078
g	0.2700	0.2800	0.2900						
MAE	0.0083	0.0088	0.0093						

表6-1取得的点比较少,为了更清晰地观察预期效果与学习速率 g 之间的动态关系。下面对于学习速率 g 从0开始,每次增加0.001,直到 g 取0.3。对于不同的 g,计算出通胀水平预期与实际通胀水平的平均绝对偏差。

从图6-1可以看出,平均绝对偏差与 g 之间的关系呈 u 型,对于中国,学习速率是0.16到0.19时,公众预期能力最强。学习速率 g 越大意味着对结构性断点的学习更快,但它也将导致对稳态的一个更高的波动(Milani,2005a)。因为学习速率是0.16到0.19时,预期能力是一样,为了避免对稳态的过大偏离,采用学习速率 $g=0.16$。

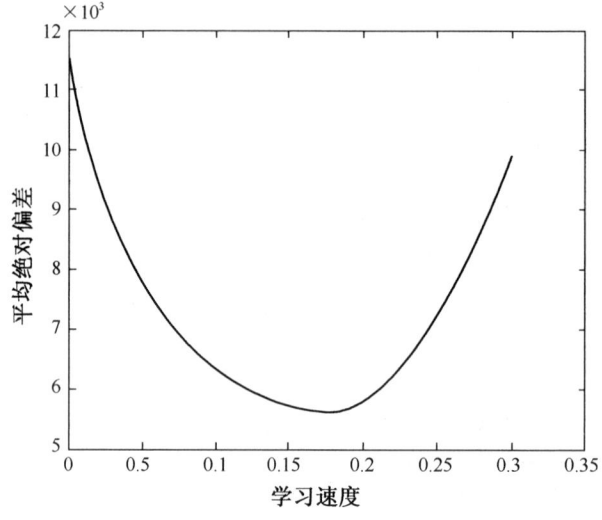

图6-1 不同学习速率下的平均绝对偏差

(2)学习型预期的确定

根据公式(6-2)和(6-3)可以分别计算出社会公众关于常数项的信念、社会公众关于自回归系数的信念随着时间的变化情况。

图6-2和图6-3反映了公众关于常数项和自回归系数的信念随着时间的变化情况。从图6-2和图6-3可以看出,中国公众关于常数项和自回归系数的信念不稳定,随着时间的推移,有较大的变动。

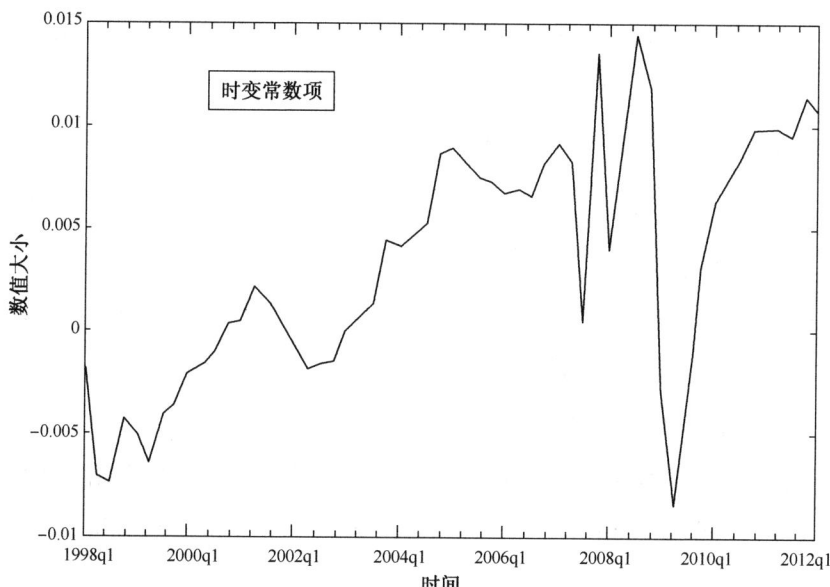

图6-2 公众关于常数项的信念随着时间的变化情况

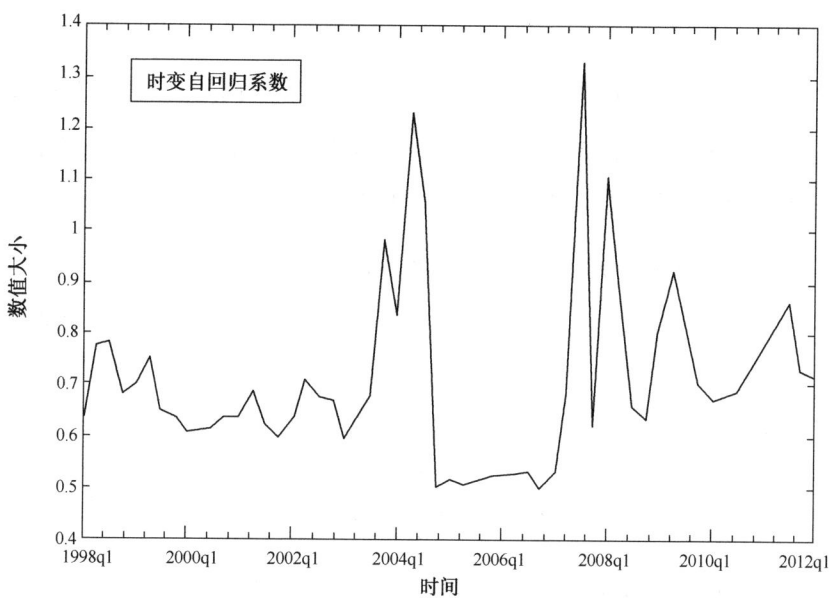

图6-3 公众关于自回归系数的信念随着时间的变化情况

与 Milani(2005a,2005b)一样,假定市场参与者在时期 t 形成预期时只能接触到 $t-1$ 期的信息,因此应该用 $\hat{E}$ 代替 $\hat{E}_t$。利用公式(6-1)进行迭代可以得到如下公式(Milani,2005a,2005b):

$$\hat{E}_{t-1}(cpi_{t+1})=\hat{E}_{t-1}[\alpha_{0,t+1}+\alpha_{1,t+1}cpi_t+\varepsilon_{t+1}]=\alpha_{0,t-1}(1+\alpha_{1,t-1})+\alpha_{1,t-1}^2 cp_{t-1}^i \quad (6-4)$$

根据社会公众关于常数项的信念、社会公众关于自回归系数的信念随着时间的变化情况,可以计算出通胀水平预期。

2. 产出缺口作为驱动因素的通胀水平动态模型

下面我们研究学习型预期在中国通胀水平动态模型中的作用。类似于 Christiano,Eichenbaum & Evans(2005),Smets & Wouters(2003),Milani(2005a)假设当公司不能设置其最优价格时,公司根据过去的通胀水平将其价格指数化。

$$\log p_t(i)=\log p_{t-1}(i)+\gamma cp_{t-1}^i \quad (6-5)$$

其中 $p_t(i)$、$p_{t-1}(i)$ 分别是公司 i 在 t 和 $t-1$ 时的价格,cpi_{t-1} 是 $t-1$ 时的通胀水平,γ 代表着对过去通胀水平的指数化程度。通过进一步推导,Milani(2005a)得到如下的通胀水平驱动模型:

$$cpi_t-\gamma cpi_{t-1}=\delta x_t+\beta E_t[cpi_{t+1}-\gamma cpi_t]+u_t \quad (6-6)$$

其中 x_t 是产出缺口,E_t 是理性预期或者主观预期,u_t 是外生的成本推动冲击。

式(2-6-6)可以进一步改写成:

$$cpi_t=\frac{\gamma}{1+\beta\gamma}cpi_{t-1}+\frac{\beta}{1+\beta\gamma}E_t cpi_{t+1}+\frac{\delta}{1+\beta\gamma}x_t+u_t \quad (6-7)$$

再将通胀预期形成机制,即将公式(6-4)代入到(6-7)可以得到如下的通胀水平驱动模型(Milani,2005a):

$$cpi_t = \frac{\beta\alpha_{0,t-1}(1+\alpha_{1,t-1})}{1+\beta\gamma} + \frac{\gamma+\beta\alpha_{1,t-1}^2}{1+\beta\gamma}cpi_{t-1} + \frac{k}{1+\beta\gamma}x_t + u_t \quad (6-8)$$

因为中经网上消费者预期指数的数据只有1999年以后的,为了一致,这部分数据的时间范围我们采用的也是1999年第1季度到2011年第4季度。首先我们直接按照公式(6-8)对中国的数据进行实证研究,得到的通胀水平动态模型没有通过自相关和异方差检验,为了充分反映产出缺口对通胀水平的影响,我们对模型(6-8)进行扩展,构建如下的通胀水平驱动因素模型:

$$cpi_t = \frac{\beta\alpha_{0,t-1}(1+\alpha_{1,t-1})}{1+\beta\gamma} + \frac{\gamma+\beta\alpha_{1,t-1}^2}{1+\beta\gamma}cpi_{t-1} + \frac{k}{1+\beta\gamma}x_t + \frac{\phi}{1+\beta\gamma}x_{t-1} + u_t$$
$$(6-9)$$

代入相关数据,得到如下的通胀水平动态模型:

表6-2 学习型预期下以 gap 作为驱动因素的参数估计结果

参数名	估计值	标准差	t 统计量和 p 值
γ	0.9522	0.0377	25.2908(0.0000)
β	−0.0307	0.0992	−0.3096(0.7582)
k	0.7905	0.1284	6.1556(0.0000)
ϕ	−0.8807	0.1376	−6.4017(0.0000)
计量检验			
调整 R^2	0.9144	AIC	−6.8689
SC	−6.7188	ma 根的模	无
自相关检验的 F 统计量	0.0523 (0.9491)[a]	异方差检验的 F 统计量	0.7471(0.3916)[b]

注:[a] 小括号内的值大于0.05,表示在5%显著性水平下接受"残差序列不存在自相关"的原假设;
[b] 小括号内的值大于0.05,表示在5%显著性水平下接受"残差序列不存在GARCH效应"的原假设。

这时模型残差是平稳的,通过了自相关检验和异方差检验,与根据公式(6-8)得到的结果相比,调整 R^2 有了较大的提高,AIC、SC 和 HQ 的值有较大的降低,这些都表明模型(6-9)明显优于模型(6-8)。所以我们以模型(6-9)来解释通胀水平惯性、学习型预期以及产出缺口等对中国通胀水平的影响。

根据模型(6-9),反映学习型预期的参数 β 是不显著的,而反映通胀水平惯性的指数化参数 γ 是显著的。表明中国通胀水平惯性很强,在考虑学习型预期和产出缺口后,惯性系数仍然显著。而且中国通胀水平与产出缺口之间的关系比较复杂,与同期的产出缺口有同向关系,而与滞后一期的产出缺口具有反向关系。这可能因为从需求角度,产出缺口为正,表明需求过热,会引起物价上涨,而从供给角度,产出缺口为正,表明产出供给过多,会抑制物价。这样表现出来就是中国通胀水平与当期和滞后一期的产出缺口都有显著的关系。与国外研究不一样,Milani(2005a)以美国数据进行的实证研究表明:参数 β 是显著的,而参数 γ 是不显著的。这说明中国和美国的通胀水平惯性来源机制不同:美国的通胀水平惯性来源于学习预期,在考虑学习型预期情况下,美国通胀水平惯性就不显著了;而中国的情况则不一样,反映学习型预期的参数并不显著,而且引入学习型预期并不能够减少中国的通胀水平惯性。

方程(6-9)虽然没有自相关和异方差问题,但是方程右侧同时含有 gap 和 gap(-1)项,这样可能会有严重共线性的存在,同时考虑到 gap 和 gap(-1)项符号相反,所以为了消除严重共线性,我们使用 d(gap)=gap-gap(-1)来代替 gap 和 gap(-1)项。最终得到的模型(为节省篇幅,我们省略了)与表 6-2 反映的结论是基本一致的。反映学习型预期的参数 β 是不显著的,而反映通胀水平惯性的指数化参数 γ 是显著的,表明中国通胀水平惯性很强,在考虑学习型预期和产出缺口后,惯性系数仍然显著。而且中国通胀水平与产出缺口的差分项有显著的正向关系。这与前面结论:"中国通胀水平与产出缺口之间的关系比较复杂,与同期的产出缺口有同向关系,而与滞后一期的产出缺口具有反向关系。"是基本一致的。

Milani(2005a)提出的模型也可以写成简化形式,并且可以将驱动因素由产出缺口变成其他因素。将公式(6-7)中的参数合并,可以得到如下的简化形式:

$$cpi_t = \rho cpi_{t-1} + \omega E_t cpi_{t+1} + \xi x_t + u_t \tag{6-10}$$

其中:$\rho = \gamma/(1+\beta\gamma)$ 表示惯性系数,$\omega = \beta/(1+\beta\gamma)$ 表示预期系数,$\xi = \delta/(1+\beta\gamma)$ 表示相关经济变量的影响系数,E_t 是理性预期或者主观预期,x_t 是产出缺口或者其他相关经济变量,u_t 是外生的成本推动冲击。

我们以产出缺口(gap)来作为驱动因素 x_t,在简化公式(6-10)的基础上,类似于前面的过程,即根据残差自相关和异方差性来确定有无必要增加 x_{t-1},最终得到如下的以产出缺口(gap)为驱动因素的通胀水平动态模型,如表6-3所示。

表6-3得到的结果和表6-2是基本一致的,仅仅有系数的微小差别,对应的经济含义是一致的,所以我们也可以直接用简化形式来测度通胀水平的动态变化特征。

表6-3 学习型预期下以 gap 作为驱动因素的参数估计结果(简化形式)①

参数名	估计值	标准差	t 统计量和 p 值
cpi_{t-1} 系数	0.9817	0.1197	8.2004(0.0000)
$E_t cpi_{t+1}$ 系数	−0.0323	0.1054	−0.3066(0.7605)
$x_t(gap_t)$ 系数	0.8144	0.1072	7.5938(0.0000)
$x_{t-1}(gap_{t-1})$ 系数	−0.9073	0.1100	−8.2480(0.0000)
计量检验			
调整 R^2	0.9145	AIC	−6.8690
SC	−6.7189	ma 根的模	无
自相关检验的 F 统计量	0.0516 (0.9498)	异方差检验的 F 统计量	0.7432(0.3928)

① 为了避免可能存在的共线性,我们也使用 d(gap)=gap−gap(−1)来代替 gap 和 gap(−1)项,最终得到的模型与表3反映的结论是基本一致的,所以我们省略了。

前面我们是在学习型预期下研究产出缺口(gap)对通胀水平的驱动作用，下面我们在消费者预期指数下以产出缺口(gap)为驱动因素，构建如下的通胀率驱动因素模型：

$$cpi_t = c(1) + c(2)cpi_{t-1} + c(3)E_t cpi_{t+1} + c(4)x_t + u_t \quad (6-11)$$

其中：$c(1)$、$c(2)$、$c(3)$、$c(4)$是待估计的参数，x_t仍然表示产出缺口gap_t，cpi_t，cpi_{t-1}，u_t的含义同以前，$E_t cpi_{t+1}$表示通胀率预期，用 t 时刻的消费者预期指数来代替。

利用1999年第1季度到2011年第4季度的数据，通过模型检验，最终得到如下相关参数：①

表6-4 基于消费者预期指数下以 gap 作为驱动因素的参数估计结果

参数名	估计值	标准差	t统计量和p值
$cpi(-1)$系数	0.900 1	0.042 8	21.023 3(0.000 0)
$E_t cpi_{t+1}$系数	0.023 6	0.013 1	1.800 6(0.078 1)
$x_t(gap_t)$系数	0.805 8	0.104 0	7.752 1(0.000 0)
$x_{t-1}(gap_{t-1})$系数	-0.864 4	0.109 2	-7.914 6(0.000 0)
计量检验			
调整R^2	0.919 7	AIC	-6.932 4
SC	-6.782 3	ma 根的模	无
自相关检验的F统计量	0.110 7 (0.895 4)	异方差检验的F统计量	0.996 1(0.323 2)

---

① 我们首先估计公式(6-11)，然后进行残差自相关和异方差检验，若能够通过检验，则得到的参数是最终值，若不能通过则通过增加 ma 项、考虑 GARCH 效应、增加 gap 滞后项等方式来消除残差自相关性和异方差性，对于公式(6-11)，实证研究发现增加 gap 滞后项的效果更好一点，所以本报告采用的是增加了 gap(-1)项。

残差通过了自相关和异方差检验,预期项系数弱显著,而且系数值很小,接近0,表明消费者预期指数对通胀率有一定影响,但是作用有限。而反映通胀率惯性的$cpi(-1)$系数不仅是显著的,而且接近1,表明中国通胀率惯性很强,在考虑消费者预期指数和产出缺口后,惯性系数仍然显著。中国通胀率与产出缺口之间的关系比较复杂,与同期的产出缺口有同向关系,而与滞后一期的产出缺口具有反向关系。这样表现出来就是中国通胀率与当期和滞后一期的产出缺口都有显著的关系,也间接说明在中国存在菲利普斯曲线。

二、中国扩展的新菲利普斯曲线

研究者经常将目前的通胀取决于未来的通胀预期和目前的产出缺口或边际成本的这种关系称之为新凯恩斯主义菲利普斯曲线(Milani,2005a)。所以前面的以通胀惯性、预期和产出缺口作为驱动因素的通胀水平动态模型也属于新凯恩斯主义菲利普斯曲线。但是从宏观经济变量角度,其仅仅含有产出缺口,而通胀经常受到多种宏观经济因素的冲击。国内也有很多学者对其进行了扩展,如陈彦斌(2008)研究了中国的新凯恩斯菲利普斯曲线模型,其模型包含需求拉动、成本推动、通胀预期和通胀惯性四种因素。中国经济增长与宏观稳定课题组(2008)研究了包含国际因素等的扩展菲利普斯曲线。下面在分析中国通胀水平影响因素和指标选取的基础上构建包含多种因素的中国扩展的新菲利普斯曲线。

1. 中国通胀水平影响因素和指标选取

(1) 通胀率指标的选取

用来测度通胀率的指标主要有:居民消费价格指数(CPI)、国内生产总值平减指数(GDPD)和工业品出厂价格指数(PPI)等。虽然这三个指标都可以用来测度通胀率,但是我们首先主要采用居民消费价格指数来测度通胀率。主要基于如下几点考虑。第一,居民消费价格指数是最常用的测度物价的指标,在中国,无论政府、媒体还是社会公众最关心的物价指数都是居民消费价格指数。即使在根据名义国内生产总值计算实际国内生产总值时,大多数文献也采用居民消费价格指数进行调整,如张鹤等(2009)等。第二,国内生产总值平减指数虽然包括的范围更广,但是存在负权数问题,有时 GDP 缩减指数会出现反常现象(徐强,2006)。第三,居民消费价格指数(CPI)反映的是消费方面,社会公众更容易受其影响,其也更为居民和社会公众所广泛关注。

(2) 通胀率影响因素的指标选取

一般地,影响通货膨胀的主要因素包括:货币、需求、成本、国际、资产价格、惯性、预期因素等。首先对每种因素选取尽可能多的指标,然后基于 VAR 和 BVAR 模型,利用滚动预测检验的方法遴选出有用的指标。本节数据来源是中经网统计数据库、wind 数据库和中国人民银行,采用的软件是 EVIEWS 和 MATLAB。为增强结果的稳健性和可信性,我们基于 VAR 和 BVAR 模型采用多次样本外递归预测检验,递归预测检验结果略。根据样本外递归预测效果,关于货币因素,我们选取货币和准货币增长率(m_2)作为代理指标,关于成本因素,选取农业生产资料价格增长率($appi$)作为代理指标,关于国际因素,选取名义国际石油价格增长率(opn)作为代理指标(何启志,2012),关于资产价格因素,选取上证综指开盘价增长率(sho)作为代理指标。惯性因素可以利用通胀水平滞后值来表示,预期因素可以利用公众对将来通胀水平的预测值来表示,拟分别采用学习型预期和消费者预期指数来测度。

关于需求因素,很多菲利普斯曲线都是建立在产出缺口基础上。所以对于需求因素,我们选取产出缺口 gap 指标作为代理指标。产出缺口具有重要的经济含义,一般地,持续的正产出缺口表明有需求压力,而且表明通胀压力正在增加,政策可能需要收紧的信号,而负的产出缺口有相反的含义(Claus,2000)。产出缺口是一个比较难以估计的量,关于产出缺口主要有三种方法:单变量法、多变量法和生产函数法。这三种方法各有优缺点,其中单变量法,由于简单方便而得到广泛使用。单变量法又主要包括 HP、BK、CF 和 BW 滤波四种(吕越和盛斌,2011)。他们分别利用这四种方法测算了产出缺口,检验结果通过了稳健性检验,这四种滤波方法的结果是基本一致的。

采用 HP 和 CF 滤波法来测算产出缺口的具体方法如下:首先对国内生产总值序列去除季节性因素和不规则因素,然后再利用 HP 滤波或 CF 滤波方法分离出国内生产总值序列的趋势成分和波动成分,则绝对产出缺口是国内生产总值序列的波动成分,相对产出缺口是绝对产出缺口再除以国内生产总值序列的趋势成分(高铁梅,2009),按照惯例,我们采用的是相对产出缺口,记为 gap。

由于潜在产出和产出缺口的真实值到底是多少也没有绝对的标准,所以不好用拟合度等方法来判断哪种滤波方法好,由于我们的目标是研究产出缺口与通胀水平之间的关系,所以我们利用多次样本外递归预测来检验哪种滤波方法好,哪种滤波方法测度的产出缺口能够给中国的通胀水平预测提供更多的额外信息。我们用 $\widehat{gap\_hp}$、gap_cf 来分别表示 HP 和 CF 滤波法得到的产出缺口,根据这两种方法得到的产出缺口对中国通胀水平的预测效果,这两种方法得到的产出缺口都能够给中国通胀水平的预测提供额外信息,包含了通胀水平自身所没有的信息。但是效果最好的模型是 gap_hp-VAR 模型,说明 HP 滤波更适合用来测度中国的产出缺口,所以在后面的研究中,我们采用 HP 滤波法测度的产出缺口。

2. 基于学习型预期的中国扩展的新菲利普斯曲线

首先构建如下的包括多种因素的扩展的新菲利普斯曲线:

$$cpi_t = c(1) + c(2)cpi_{t-1} + c(3)E_t cpi_{t+1} + c(4)gap_t + c(5)gap_{t-1} +$$
$$c(6)m_{2,t} + c(7)m_{2,t-1} + c(8)appi_t + c(9)appi_{t-1} + c(10)opn_t +$$
$$c(11)opn_{t-1} + c(12)sho_t + c(13)sho_{t-1} + u_t \qquad (6-12)$$

其中:$c(1)$、$c(2)$、$c(3)$、$c(4)$、$c(5)$、$c(6)$、$c(7)$、$c(8)$、$c(9)$、$c(10)$、$c(11)$、$c(12)$、$c(13)$ 是待估计的参数,cpt_t、cpi_{t-1}、gap_t、gap_{t-1}、$m_{2,t}$、$m_{2,t-1}$、$appi_t$、$appi_{t-1}$、opn_t、opn_{t-1}、sho_t、sho_{t-1}、u_t 的含义同以前,$E_{t-1}cpi_{t+1}$ 是基于 $t-1$ 时刻的信息

对 $t+1$ 时刻通胀率的预期,这里的预期形成机制是基于自回归常数增益模型的学习型预期,即根据公式(6-4)计算的。

利用1999年第1季度到2011年第4季度的数据,通过模型检验,最终得到如下相关参数:①

表6-5 学习型预期下新菲利普斯曲线估计结果

参数名	估计值	标准差	t 统计量和 p 值
常数项	-0.008 9	0.004 9	-1.810 7(0.077 2)
$cpi(-1)$系数	0.832 9	0.156 8	5.310 5(0.000 0)
$E_t cpi_{t+1}$系数	-0.109 2	0.087 2	-1.252 9(0.217 0)
gap 系数	0.381 0	0.143 9	2.648 0(0.011 3)
$gap(-1)$系数	-0.403 3	0.135 8	-2.969 7(0.004 9)
$m_2(-1)$系数	0.062 7	0.029 9	2.098 1(0.041 8)
$appi$ 系数	0.195 2	0.044 8	4.354 7(0.000 1)
$appi(-1)$系数	-0.134 0	0.041 0	-3.269 1(0.002 1)
sho 系数	0.005 3	0.002 0	2.605 0(0.012 6)
计量检验			
调整 R^2	0.947 6	AIC	-7.277 8
SC	-6.940 0	ma根的模	无
自相关检验的 F 统计量	0.657 1 (0.523 7)	异方差检验的 F 统计量	0.521 0 (0.473 9)

模型残差通过了平稳性、自相关和异方差检验,表明模型是有效的。根据该模型,可以得到如下结论。(1)惯性系数是显著的。而且无论从系数大小

---

① 我们对公式(6-12)采用"从一般到特殊的方法",即逐步去除系数不显著的项,但是为了反映通货膨胀预期的作用,对于预期项,无论是否显著,我们都保留了。同时为了避免可能存在的共线性,我们也将系数都显著的gap和gap(-1)项合并成d(gap),将都显著的appi和appi(-1)项合并成d(appi),合并前后的计量结果基本是一致的,为了节省篇幅,我们只给出合并前的结果。

还是显著性水平,在通胀率的所有影响因素中,通胀率惯性所起的作用都是最大的。(2)学习型预期系数不显著。(3)中国通胀率与产出缺口之间的关系比较复杂,与同期的产出缺口有同向关系,而与滞后一期的产出缺口具有反向关系。这样表现出来就是中国通胀率与当期和滞后一期的产出缺口都有显著的关系,也间接说明在中国存在菲利普斯曲线。(4)中国通胀率与滞后一期的货币和准货币增长率(m_2)具有显著的同向关系。这说明中国通胀率与货币和准货币增长率(m_2)之间有重要联系,也间接说明在中国存在货币数量论,而且货币和准货币增长率(m_2)对通胀率的正向影响有一个期限间隔,即货币和准货币增长率(m_2)对下一期的通胀率具有同向促进作用。(5)中国通胀率与农业生产资料价格增长率($appi$)之间的关系比较复杂,与同期的农业生产资料价格增长率($appi$)有同向关系,而与滞后一期的农业生产资料价格增长率($appi$)具有反向关系。这说明中国通胀率与农业生产资料价格增长率($appi$)之间有重要联系,而且农业生产资料价格增长率($appi$)对通胀率的影响直接快速,农业生产资料价格增长率($appi$)对当期的通胀率具有正向促进关系,而农业生产资料价格增长率($appi$)对下一期的通胀率具有反向调控机制。(6)上证综指开盘价增长率(sho)与中国通胀率之间有显著的正向关系,但是系数比较小。

3. 基于消费者预期指数的扩展的新菲利普斯曲线

为增强检验结果的稳健性,我们还以消费者预期指数变动作为通胀预期的测度,探究中国通胀水平的驱动因素。

我们基于消费者预期指数来构建如下的包括多种因素的扩展的新菲利普斯曲线:

$$cpi_t = c(1) + c(2)cpi_{t-1} + c(3)E_t cpi_{t+1} + c(4)gap_t + c(5)gap_{t-1} + \\ c(6)m_{2,t} + c(7)m_{2,t-1} + c(8)appi_t + c(9)appi_{t-1} + \\ c(10)opn_t + c(11)opn_{t-1} + c(12)sho_t + c(13)sho_{t-1} + u_t \quad (6-13)$$

其中：$cpi_t, cpi_{t-1}, gap_t, gap_{t-1}, m_{2,t}, m_{2,t-1}, appi_t, appi_{t-1}, opn_t, opn_{t01}, sho_t, sho_{t-1}, u_t$ 的含义同以前，$E_t cpi_{t+1}$ 是表示通胀率预期，用 t 时刻的消费者预期指数($yqzs$)来代替。

利用1999年第1季度到2011年第4季度的数据，通过模型检验，最终得到如下相关参数：①

表6-6　基于消费者预期指数的新菲利普斯曲线估计结果

参数名	估计值	标准差	t统计量和p值
$cpi(-1)$系数	0.694 1	0.120 7	5.752 6(0.000 0)
$E_t cpi_{t+1}$系数	−0.032 9	0.020 0	1.648 5(0.106 4)
gap系数	0.401 9	0.142 9	2.812 1(0.007 3)
$gap(-1)$系数	−0.422 1	0.137 5	3.069 9(0.003 7)
$m_2(-1)$系数	0.030 9	0.013 5	2.295 0(0.026 6)
$appi$系数	0.204 8	0.046 7	4.388 3(0.000 1)
$appi(-1)$系数	−0.141 9	0.040 0	3.550 8(0.000 9)
sho系数	0.006 1	0.002 2	2.740 8(0.008 8)
计量检验			
调整R^2	0.946 3	AIC	−7.268 5
SC	−6.968 3	ma根的模	无
自相关检验的F统计量	1.192 4 (0.313 6)	异方差检验的F统计量	1.518 5 (0.223 7)

模型残差通过了平稳性、自相关和异方差检验，表明模型是有效的。表6-6和表6-5得到的计量结果的经济意义是一致的，这里不再重述。可见学习型预期和消费者预期下得到的中国的新菲利普斯曲线是基本一致的。

---

① 关于可能存在的共线性等问题，对公式(6-13)的处理方法与对公式(6-12)的处理方法是一致的。

三、基于非结构模型的实证研究

前面是基于考虑模型结构以及系数显著性等问题的具体化模型。这种方法虽然有严格的经济理论基础,但是也存在一些问题,如:经济理论反映的变量之间的关系与经济现实并不完全一致,并且引来了卢卡斯批判和希姆斯批判(邹平,2010)。同时也为了验证前面得到的结论,本部分拟采用 Granger 因果关系检验、VAR 方法来研究中国通胀水平的主要影响因素与走势。

利用通胀率(cpi)、货币和准货币增长率(m_2)、产出缺口(gap)、农业生产资料价格增长率($appi$)、名义国际石油价格增长率(opn)、上证综指开盘价增长率(sho)来构建 VAR 模型,进行 Granger 因果关系检验、脉冲响应和方差分解。

1. Granger 因果关系检验

下面采用 Granger 因果关系检验研究中国通胀率与相关宏观经济变量之间的关系。首先检验相关变量的平稳性,表 6-7 是检验结果。

表 6-7 单位根检验结果

变量名	cpi	gap	m_2	$appi$	opn	sho
ADF 结果	-3.1827 (c,0,1)*	-3.6760 (c,0,3)	-3.7336 (c,0,1)	-4.7833 (c,0,1)	-4.9596 (c,0,1)	-4.3917 (c,0,1)
P 值	0.0261	0.0071	0.0059	0.0002	0.0001	0.0008

注:* 括号内的 c 表示 ADF 单位根检验时含有常数项,0 表示不含时间趋势项,括号内的 1 表示滞后项数是 1。

根据表 6-7,上述指标在 5% 显著性水平下都是平稳的,可以进行 Granger 因果关系检验。在进行检验之前,首先利用 LR、FPE、AIC、SC、HQ 等准则确定最优滞后项数,当这些准则不一致时,以多的为准。表 6-8 给出了这些变量之间的 Granger 因果关系检验结果。

表 6-8　cpi 与 m_2、gap、appi、opn、sho 之间的 Granger 因果关系检验结果

零假设	滞后项	F-统计量	概率
gap 不是引导 cpi 的 Granger 原因	4	8.346 8	4×10^{-5}
cpi 不是引导 gap 的 Granger 原因	4	1.753 0	0.154 3
m_2 不是引导 cpi 的 Granger 原因	3	4.849 1	0.004 9
cpi 不是引导 m_2 的 Granger 原因	3	4.841 1	0.004 9
$appi$ 不是引导 cpi 的 Granger 原因	4	4.831 6	0.002 4
cpi 不是引导 $appi$ 的 Granger 原因	4	7.437 2	0.000 1
opn 不是引导 cpi 的 Granger 原因	3	3.497 0	0.022 1
cpi 不是引导 opn 的 Granger 原因	3	1.312 3	0.280 8
sho 不是引导 cpi 的 Granger 原因	3	5.893 0	0.001 6
cpi 不是引导 sho 的 Granger 原因	3	1.648 4	0.190 1

根据表 6-7 在 5% 显著性水平下，gap、m_2、$appi$、opn 与 sho 都是 cpi 的 Granger 原因。这进一步验证了前面的研究结论，中国通胀率受货币因素、需求因素、成本因素、国际因素、资本因素等的影响，在指标选取方面，gap、m_2、$appi$、opn 与 sho 能够分别代表需求因素、货币因素、成本因素、国际因素、资本因素。

2. 脉冲响应和方差分解(见图 6-4、图 6-5)

下面我们利用 VAR 模型的脉冲响应和方差分解方法来研究上述变量之间的关系，进一步明确中国通胀率的主要影响因素。对于 VAR 模型，变量间的顺序非常重要，根据中国经济增长与宏观稳定课题组(2008)中介绍的原则，我们将变量顺序安排为：产出缺口(gap)，名义国际石油价格增长率(opn)，农业生产资料价格增长率($appi$)，上证综指开盘价增长率(sho)，通胀率(cpi)，货币和准货币增长率(m_2)。产出缺口(gap)不是同时对模型中其他变量的冲击产生反应；名义国际石油价格增长率(opn)，农业生产资料价格增长率($appi$)，上证综指开盘价增长率(sho)对通胀率(cpi)产生直接的影响；为应对

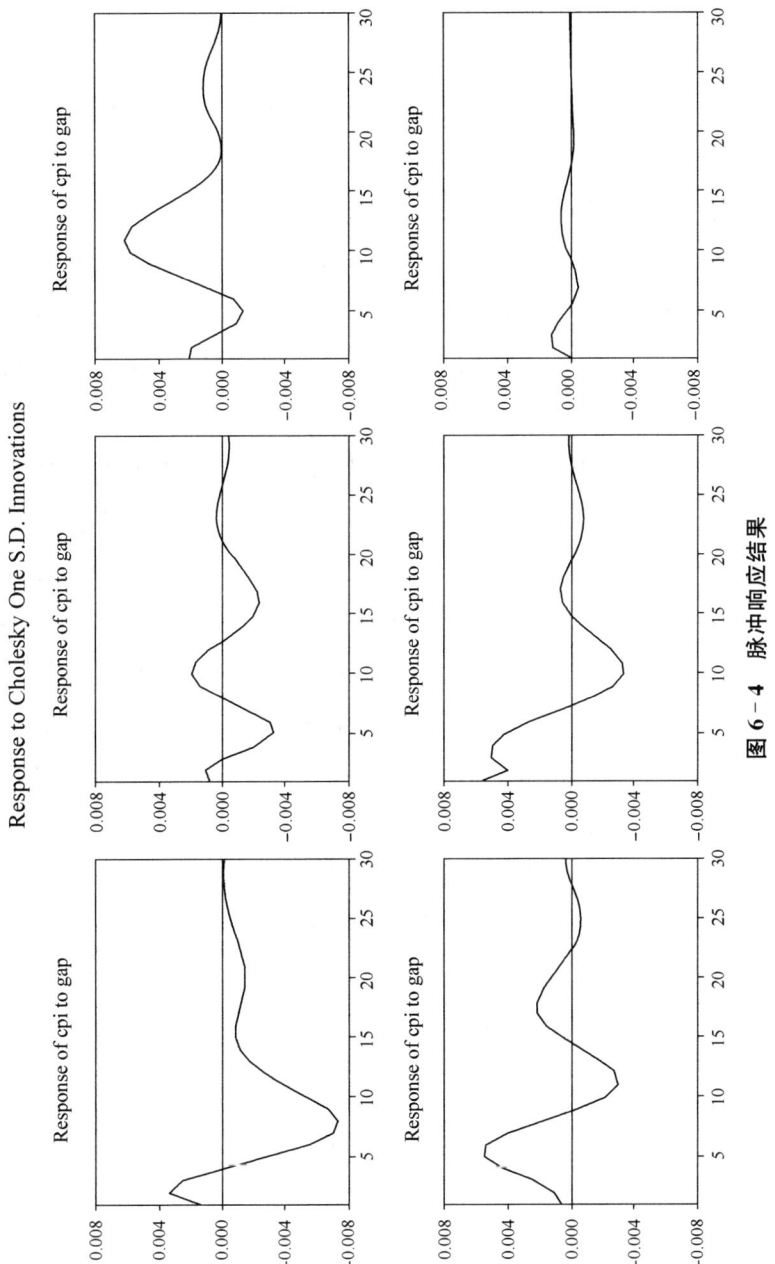

图 6-4 脉冲响应结果

通胀率和产出缺口变动,中央银行调整和控制货币供应量,最后反馈到产出缺口。(中国经济增长与宏观稳定课题组,2008)

图6-4反映的是上述变量冲击所引起的通胀率(cpi)的响应函数。由图6-4可以分析出如下结论。

第一,产出缺口(gap)对通胀率(cpi)有重要影响,在前面4个季度是同向影响,而后是反向影响,这与前面的结论是一致的。这意味着要合理安排生产:一方面要避免经济过热对物价上涨造成压力,另一方面又要避免经济萧条。在通胀率比较高时,可以减缓生产而使通胀率快速下降,在通胀率比较低时,要扩大生产,一方面有容忍物价水平上升的能力,另一方面又避免了将来物价的大幅上升。我国不仅要关注短期内产出缺口对物价上涨的促进作用,也要关注较长期内产出缺口对物价上涨的抑制作用。第二,名义国际石油价格增长率(opn)对通胀率(cpi)的冲击在第1和2季是正的,而后负正交替。第三,农业生产资料价格增长率($appi$)对通胀率(cpi)主要有正向冲击,在第11季达到最大值后快速下降。第四,上证综指开盘价增长率(sho)对通胀率(cpi)主要有正向冲击,在第6季达到最大值后快速下降。第五,通胀率(cpi)对自身的冲击随着时间的推移递减,在第8季后基本为负的冲击。第六,货币和准货币增长率(m_2)对通胀率(cpi)的冲击在第3季达到最大值后,开始下降,以后几乎没有影响。总的来说,短期内通胀率受自身的冲击最大,而在经过一段时间后,更受产出缺口和农业生产资料价格增长率冲击的影响,另外货币和准货币增长率虽然对通胀率有一定影响,但是持续时间比较短。

图6-5是上述变量之间的方差分解图。由图6-5可以分析出如下结论。

第一,从长期来看,通胀率(cpi)预测方差是由于产出缺口(gap)的扰动引起的比例基本是逐步上升的,产出缺口(gap)在第8季成为最大驱动因素,通胀率(cpi)预测方差是由于产出缺口(gap)的扰动引起的比例在第10季达到39%左右。第二,通胀率(cpi)预测方差的7%左右是由于名义国际石油价

第六章 学习速率与中国扩展的新菲利普斯曲线

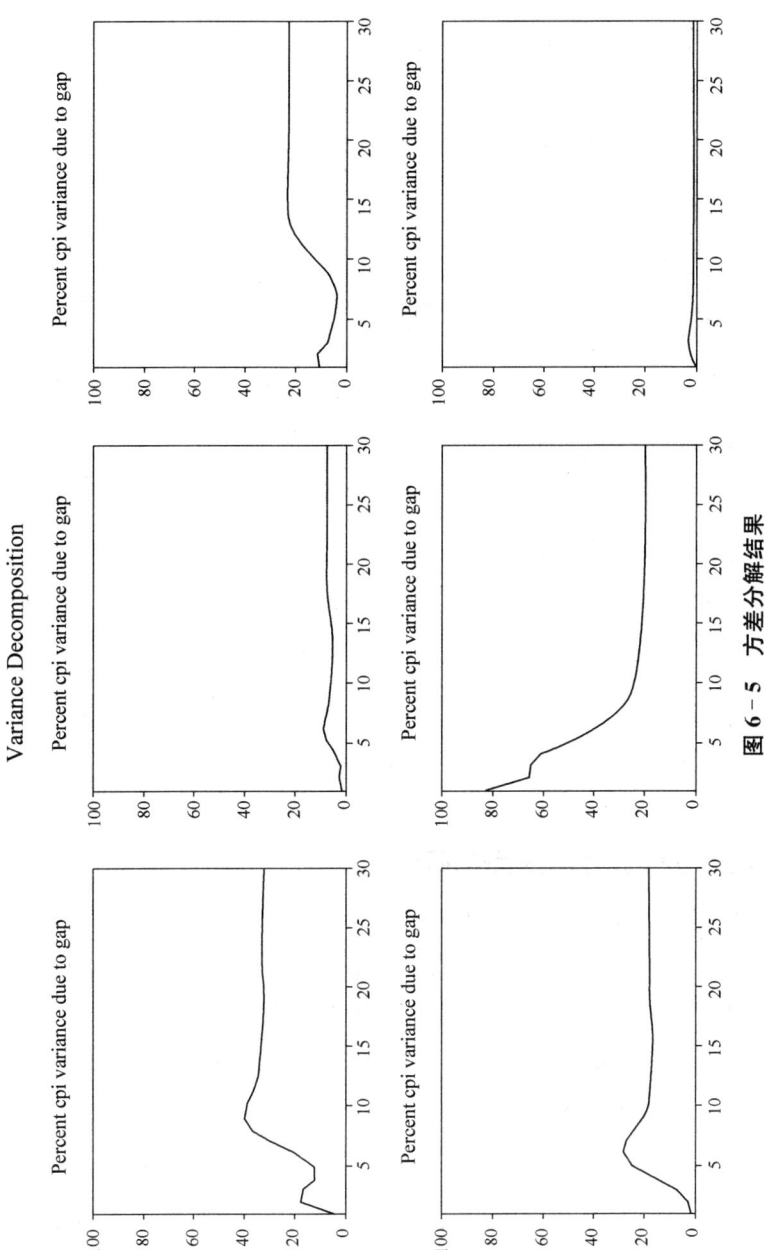

图 6-5 方差分解结果

格增长率(opn)的冲击引起的。第三,农业生产资料价格增长率($appi$)冲击对通胀率(cpi)预测方差的贡献度是递增的,在第 13 期成为第 2 大驱动因素,贡献度达到 22％左右。无论初期还是中长期,农业生产资料价格增长率($appi$)冲击都对通胀率(cpi)有重要影响。第四,通胀率(cpi)预测方差的 17％左右是由于上证综指开盘价增长率(sho)的扰动引起的。第五,通胀率(cpi)自身冲击对通胀率(cpi)预测方差的解释比例是递减的,在第 1 季达到 82％,而在第 8 季以后,已经小于产出缺口(gap)对通胀率(cpi)预测方差的解释比例,在第 13 季以后,小于农业生产资料价格增长率($appi$)对通胀率(cpi)预测方差的解释比例,在第 14 季后基本稳定在 20％左右。第六,通胀率(cpi)预测方差变化由货币和准货币增长率(m_2)引起的比例在第 3 季达到最大值后,开始下降,到第 8 季之后,基本在 1％以下。总之,在短期通胀率(cpi)自身冲击对通胀率(cpi)的影响最大,而在中长期产出缺口(gap)冲击对通胀率(cpi)的影响最大。这里得到的结论与脉冲响应得到的结论是基本一致的,总的来说,短期内通胀率受自身的影响最大,而在经过一段时间后,更受产出缺口和农业生产资料价格增长率冲击的影响,另外货币和准货币增长率虽然对通胀率有一定影响,但是持续时间比较短。

四、基于 Markov 机制转换模型的研究

为进一步研究中国通胀水平的驱动机制和因素、并验证我们的结论。我们以国内生产总值平减指数来测度通胀水平,将数据跨度延长,研究 1979 年到 2012 年的数据。我们研究了以国内生产总值平减指数测度的通胀学习型预期,由于年度数据变动幅度比较大,基于两步预测的学习型预期效果比较差,学习型预期不能很好地解释以 GDP 平减指数测度的年度中国通胀率,所以省略了结果。

我们以通胀率($gdpd$)为因变量,产出缺口(gap)、农业生产资料价格增长率($appi$)、货币增长率(m_1)为驱动因素构建中国通胀动态模型:

$$gdpd_t = \alpha + \beta_{S_t} gap_t + \gamma_{S_t} appi_t + \delta_{S_t} m_{1,t} + u_t$$

$$u_t \sim N(0, \sigma^2)$$

$$S_t = 1, 2, P = \begin{Bmatrix} P_{11} & P_{21} \\ P_{12} & P_{22} \end{Bmatrix} \quad (6-14)$$

其中：$gdpd_t$ 是以 GDP 平减指数测度的通胀水平，gap_t 是产出缺口，$appi_t$ 是农业生产资料价格增长率，$m_{1,t}$ 是货币增长率，u_t 是残差项。$\alpha, \beta_{S_t}, \chi_{S_t}, \delta_{S_t}$ 是待估计的参数，S_t 表示 t 时的状态，一般地，S_t 取 2 个状态，分别用 1 和 2 表示(Hamilton, 1989; Perlin, 2010)，其中 $\beta_{S_t}, \chi_{S_t}, \delta_{S_t}$ 分别表示变量 $gap_t, appi_t, m_{1,t}$ 在状态 S_t 的系数。这样变量 $gap_t, appi_t, m_{1,t}$ 的系数依赖于不同的状态。P 是概率矩阵，代表着不同状态之间的转换概率，$P_{11} = P\langle S_t = 1 | S_{t-1} = 1\rangle$，$P_{12} = P\langle S_t = 2 | S_{t-1} = 1\rangle$，$P_{21} = P\langle S_t = 1 | S_{t-1} = 2\rangle$，$P_{22} = P\langle S_t = 2 | S_{t-1} = 2\rangle$，并且满足 $P_{11} + P_{12} = 1, P_{21} + P_{22} + 1$。

Hamilton(1994)、Kim & Nelson(1999)、Perlin(2010)等给出了参数估计方法，通过最大化模型的极大似然得到参数集：

$$\ln L = \sum_{t=1}^{T} \ln \sum_{j=1}^{2} [f\langle gdpd_t | S_t = j, \Theta \rangle P_r(S_t = j)] \quad (6-15)$$

其中：$f\langle gdpd_t | S_t = j, \Theta \rangle$ 是以参数集 Θ 为条件的状态 j 下的似然函数。利用 1979 年到 2012 年的数据，最终得到如下相关参数(如表 6-9)：

表 6-9 **Markov 机制转换模型的参数估计结果**

参数名		估计值	标准差	t 统计量和 p 值
α		0.000 0	0.015 9	0.000 0(1.000 0)
β_{S_t}	$S_t = 1$	0.329 8	0.118 9	2.773 8(0.010 0)
	$S_t = 2$	0.120 2	0.151 7	0.792 4(0.440 0)
χ_{S_t}	$S_t = 1$	0.419 9	0.035 5	11.828 2(0.000 0)
	$S_t = 2$	0.714 6	0.086 2	8.290 0(0.000 0)

(续表)

参数名		估计值	标准差	t统计量和p值
δ_{S_t}	$S_t=1$	0.087 9	0.090 6	0.970 2(0.340 0)
	$S_t=2$	0.176 0	0.082 1	2.143 7(0.040 0)
σ^2		0.000 2	0.000 1	1.660 0(0.050 0)
P_{11}		0.800 0	0.170 0	4.705 9(0.000 0)
P_{12}		0.200 0	0.110 0	1.818 2(0.08)
P_{21}		0.420 0	0.250 0	1.680 0(0.110 0)
P_{22}		0.580 0	0.170 0	3.411 8(0.000 0)

根据表6-9,中国通胀驱动因素模型可以分成2个状态,这两个状态的区别主要是菲利普斯曲线和货币数量论是否成立。在状态1下,菲利普斯曲线成立,中国通胀水平与产出缺口有显著的关系,而货币数量论不成立,中国通胀水平与货币增长率没有显著的关系。在状态2下,菲利普斯曲线不成立,中国通胀水平与产出缺口没有显著的关系,而货币数量论成立,中国通胀水平与货币增长率有显著的关系。这能够解释为什么中国的实证研究中,有的学者认为中国存在菲利普斯曲线和货币数量论,而有的学者持反对意见。可能由于体制的原因,中国菲利普斯曲线和货币数量论的存在与否依赖于中国通胀水平驱动因素模型的不同状态。无论状态1还是状态2,中国通胀水平都与农业生产资料价格增长率($appi$)有显著的关系,这也进一步验证了前面的结论。所以要关注农产品价格波动,及其对中国物价总水平的影响,采取有效措施保持农产品价格稳定,从而稳定物价总水平。建立和完善农产品价格调节机制。例如,设立农产品价格风险基金,在农产品价格大幅下跌时,购入农产品进行深加工,这样一方面可以避免有效需求不足,拉高农产品价格,另一方面可以形成储备,而在农产品价格大幅上涨时,可以将这些农产品制成品投放市场,以部分缓解有效供给不足。同时加强对农产品价格的监控和预测,及时给农民提高有效信息,加强对农业生产的指导,并大力发展农产品期货市

场、开发新的农产品期货品种,为农民提供有用信息、避险渠道和工具。避免出现农产品价格上涨→农民生产热情高→产能过剩→价格大幅下跌→热情低→产能过低→价格大幅上升的恶性循环。

按照 Hamilton(1989),状态 1 的持续时间是 $1/(1-P_{11})=5$ 年,状态 2 的持续时间是 $1/(1-P_{22})=2.38$ 年,可见状态 1 持续的时间长于状态 2。进一步还可以计算出中国通胀水平驱动因素模型在不同时刻处于不同状态的概率。图 6-6 显示了从 1979 到 2012 年,中国通胀水平驱动因素模型处于状态 1 和状态 2 的概率。根据图 6-6,不仅中国通胀水平驱动因素模型处于状态 1 的持续时间比较长,而且从 1979 年到 2012 年,在大多数时候中国处于状态 1 的概率大于处于状态 2 的概率。这意味着中国菲利普斯曲线起作用的持续时间长于货币数量论起作用的持续时间,在大多数时候,产出缺口相对于货币增

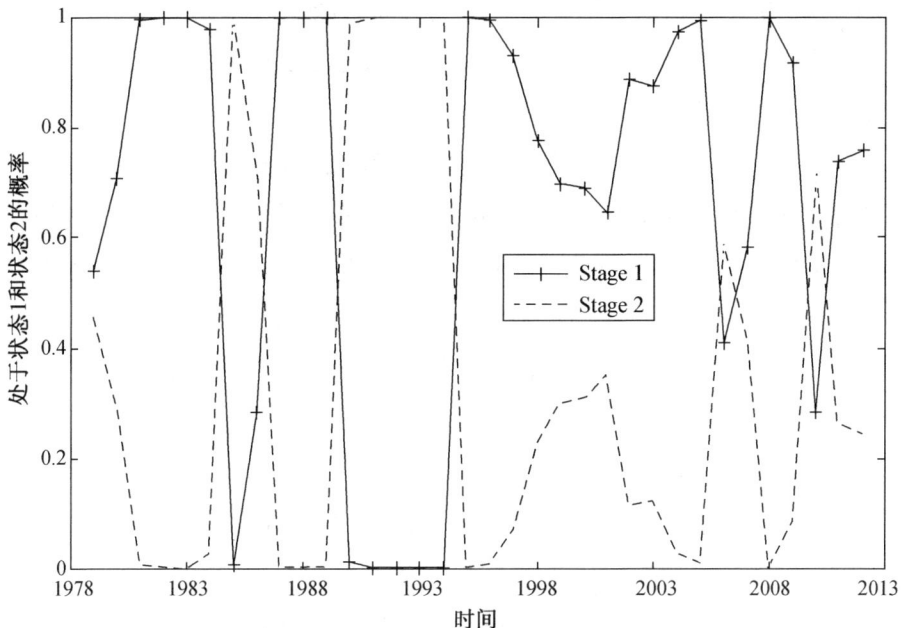

图 6-6 中国通胀水平驱动因素模型处于不同状态的概率

长更有可能是通胀水平的驱动因素。这也间接证明了前面的结论:"中长期产出缺口(gap)冲击对通胀率(cpi)的影响最大,在经过一段时间后,通胀水平更受产出缺口冲击的影响,货币和准货币增长率虽然对通胀率有一定影响,但是持续时间比较短。"根据图 6-6,2011 年以来,中国通胀水平驱动因素模型有较大的概率处于状态 1,而且 2013 年仍然将以较大的概率处于状态 1,这意味着近期在中国存在菲利普斯曲线,所以我们要注意菲利普斯曲线的经济含义。

五、结论与政策建议

分析表明:中国通胀惯性非常强,引入宏观经济变量几乎不能够降低通胀惯性;公众预期能力不强,消费者预期指数以及学习型预期对通胀的决定作用有限,后顾性因素比前瞻性因素在短期通胀动态中起更重要的作用;菲利普斯曲线起作用的持续时间长于货币数量论起作用的持续时间,在大多数时候,产出缺口相对于货币增长更有可能是通胀的驱动因素;各种方法都表明农业生产资料价格是通胀的重要驱动因素。

第一,中国公众通胀预期能力首先随着学习速率的增大而增强,而达到最大值后又随着学习速率的增大而降低。中国通胀学习型预期的最优学习速率是 0.16,此时通胀预期与实际通胀的平均绝对偏差最小。通胀学习型预期与实际通胀的平均绝对偏差与学习速率之间的关系基本呈 U 形。当学习速率很小时,平均绝对偏差比较大,随着学习速率的增大,平均绝对偏差变小,而当学习速率增大到一定范围时,平均绝对偏差达到最小,而当学习速率继续增大时,平均绝对偏差变大。

第二,中国通胀预期主要还限于静态预期。学习型预期和消费者预期指数对中国通胀的决定作用有限,往往并不能降低中国通胀惯性。在中国前瞻性因素对通胀所起的作用有限。这说明中国公众预期能力不强,下一步要加强预期管理,增强公众预期能力,增强前瞻性因素在通胀驱动机制中的作用,以降低通胀惯性和增强央行调控通胀的能力。

第三,中国通胀惯性比较强,引入宏观经济变量几乎不能够降低通胀惯性。在消费者预期指数以及学习型预期情形下,通胀惯性系数都是显著的。而且无论从系数大小还是显著性水平,在通胀的所有影响因素中,通胀惯性所起的作用都是最大的。通胀惯性强意味着可能会有通胀的自我实现和较高的反通胀成本,如 Fuhrer(1995)认为当反通胀时,通胀惯性越强,需要越强的货币政策,对实体经济的破坏也越大。

第四,中国通胀与产出缺口关系复杂。从近年来的季度数据看,通胀与同期的产出缺口有同向关系,而与滞后一期的产出缺口具有反向关系。这可能因为从需求角度,产出缺口为正,表明需求过热,会引起通胀上升;而从供给角度,产出缺口为正,表明产出供给过多,会抑制物价。这样表现出来就是中国通胀与当期和滞后一期的产出缺口都有显著的关系。从 1979 年以来的年度数据来看,通胀与产出缺口的关系有 2 个状态:一个状态有显著关系,另一个状态没有显著的关系。

第五,中国通胀率与货币和准货币增长率之间有重要联系,也间接说明在中国存在货币数量论,而且货币和准货币增长率对通胀率的正向影响有一个期限间隔,即货币和准货币增长率对下一期的通胀率具有同向促进作用。从近年来的季度数据看,中国通胀率与过去一期的货币和准货币增长率具有显著的同向关系。从 1979 年以来的年度数据来看,货币数量论是否成立取决于中国通胀水平驱动因素模型所处的状态。

第六,中国菲利普斯曲线起作用的持续时间长于货币数量论起作用的持续时间,在大多数时候,产出缺口相对于货币增长更有可能是通胀水平的驱动因素。2011 年以来,中国通胀水平驱动因素模型有较大的概率处于状态 1,而且 2013 年仍然将以较大的概率处于状态 1,这意味着近期在中国存在菲利普斯曲线,我们要注意菲利普斯曲线的经济含义,保持经济适度增长。

第七,中国通胀率与农业生产资料价格增长率有显著的关系。首先,从近年来的季度数据来看,中国通胀率与同期的农业生产资料价格增长率有同向关系,而与滞后一期的农业生产资料价格增长率具有反向关系。其次,从Markov机制转换模型来看,无论中国通胀水平驱动因素模型处于哪个状态,中国通胀率与农业生产资料价格增长率都有显著的关系。所以下一步要大力发展农业,解决好农民的小生产与大市场的矛盾。通过设立农产品价格风险基金、信息平台构建、大力发展农产品期货,订单式农产品生产等,建立和完善农产品价格调节机制,稳定农产品价格。

第八,中国通胀率与上证综指开盘价增长率之间有显著的正向关系,但是系数比较小。下一步我们要通过股票市场吸收资金,促进实体经济发展,通过分流现金而抑制通胀,促进物价总水平的平稳。

第七章　价格波动的国际间传导机制

本章开始转向开放经济条件下的货币政策目标的选择问题,试图以开放经济为基本出发点,全面分析开放经济下的价格和产出动态特征,探讨汇率等开放因素在货币政策目标体系中的地位。石油价格是价格体系中的重要一环,其波动性和传导路径会直接影响一国的上下游价格,是货币政策制定不可忽视的重要因素。本章以石油价格为例,分析大宗商品价格波动的国际间传导机制。

一、研究思路

石油是国民经济正常运行的血液,其对一国经济的健康发展起着非常大的作用。无论从短期还是从长期来看,油价的剧烈波动都会对产出造成影响。这样油价波动可以被看成是一种重要的供给冲击,同时油价的剧烈波动会通过增加生产者和消费者的不确定性影响投资行为。油价波动会影响石油生产商和工业用户在库存、生产和运输设施方面的投资,同时会影响石油存储需求,进一步对经济产生影响(巴罗,2001;Barro,1997;Pindyck,2004;林伯强和李江龙,2012)。油价是世界经济中一个特别重要的价格,油价波动会对产油国和非产油国造成重要影响(Barro,2007)。油价波动性变化会影响石油生产商和工业用户的风险敞口,还可以通过影响目前生产的机会成本等途径影响生产的总边际成本(Pindyck,2004)。尤其中国正在放开能源价格,逐步与国际市场接轨,其价格波动具有重要的政治和经济意义。一方面中国的石油价格定价已经逐步与国际市场接轨,另一方面中国石油的对外依存度也在不断提高。

一般地,可以通过期货市场规避现货市场风险,那么,中国石油现货价格与期货价格之间的关系,中国石油现货价格与国际上发达国家,如英国、美国石油现货、期货价格之间是否有动态依存关系,是否有波动溢出效应,波动溢出效应的方向如何？一方价格波动是否是引起另一方价格波动的 Granger 原因,是一个重要的问题。

现有相关研究主要集中于以下几个方面。第一,石油价格波动之间的关系。很多学者研究了国内外石油价格波动之间的关系,如潘慧峰和张金水(2005)基于 ARCH 类模型分析了国内原油价格的波动性特征。潘慧峰等(2005)基于 GARCH 模型检验了纽约、新加坡汽油的 FOB 的即期价格之间的波动溢出效应。董秀良和张屹山(2006)基于 VAR(1)-MGARCH 实证研究了我国与伦敦原油市场之间的波动溢出效应。魏巍贤和林伯强(2007)基于 GARCH 模型的实证结果表明国际油价波动对国内油价波动具有重要溢出效应。马超群等(2009)基于 GARCH(1,1)模型研究了中国上海燃料油期货市场的信息溢出效应。王雪标等(2012)利用多元 GARCH 模型研究了中国、沙特、美国和英国原油价格波动之间的动态相关系数。林伯强和李江龙(2012)分别基于传统 GARCH 模型和 SWARCH 模型研究了国际原油现货价格波动对国内原油现货价格波动的影响。

第二,石油价格之间的互动关系。有的学者利用 Granger 因果检验模型检验了中国石油价格与国际原油价格之间的关系,如焦建玲等(2004)基于 Granger 检验模型的实证研究,不过该文是直接研究油价而没有测度油价波动性。魏巍贤和林伯强(2007)的研究表明中国和国际石油价格收益率之间存在着从国际到中国的单向 Granger 因果效应。该文虽然基于 GARCH 模型测度了中国和国际石油波动性,但是在进行 Granger 因果检验时,没有考虑波动性。Granger 因果检验方法是 Granger(1969,1980)提出的,其在研究两个变量水平之间的关系方面有着非常重要的作用,但是其无法测度变量波动性之间的溢出效应,所以又有必要构造波动性的 Granger 因果检验模型,Yu & Meyer(2006)进行了开创性的工作,基于多元随机波动模型构建了多变量之间的波动性 Granger 因果检验。但是进行 Granger 因果检验时,变量间的相关系数是常数,而且是单向因果检验,有必要放松假设,允许相关系数随着时间而动态变化,并且进行双向因果效应检验。

第三,多元随机波动方面。无论在条件和无条件波动性方面,单因素随机波动(SV)模型都比 ARCH-类模型优越(Yu & Meyer,2006)。关于多元条件 GARCH 波动模型,已有很多理论和实证方面的文献,但是与此相对应,多元随机波动的文献仍处于起步阶段(Asai & etc.,2006)。Asai & etc.(2006)综述了大量关于多元随机波动(MSV)模型的说明、估计和评价的文献。Yu & Meyer(2006)构建了动态相关系数的多变量随机波动模型(DC-MSV),以及常系数带 Granger 检验的多变量随机波动模型(GC-MSV)。Chib & etc.(2009)较早系统地总结了多变量随机波动模型公式,他们认为这方面的发展和成就代表了金融计量经济学的伟大成绩之一。熊正德和韩丽君(2013)基于常系数 GC-MSV 模型实证研究了人民币汇率与股票价格之间的关系。正如 Yu & Meyer(2006)所认为的金融市场波动跨资产一起随着时间的移动而变化一样,石油市场波动往往也是在不同国家市场之间,期货和现货市场之间一起随着时间的移动而变化。

我们的工作主要体现在以下几点。第一,模型方法上,结合了动态相关系数多变量随机波动模型和 Granger 因果检验多元随机波动模型(Yu & Meyer,2006)的优点,构建了动态相关系数的带 Granger 因果检验的多元随机波动模型,Yu & Meyer(2006)实证时进行的是单向因果检验,我们实证时采用的是双向因果检验。第二,研究对象上,在参考相关文献基础上,系统分析了国内外石油价格波动传导机制并研究了中国、美国、英国三国的石油期货和现货价格数据之间的波动溢出效应。第三,我们不仅要关注中国石油价格受国际石油价格波动的影响,也要关注到,中国作为需求方对国际石油价格波动也起到非常重要的作用,尤其是对英美石油期货市场的信息溢出效应,在此基础上提出了系列政策建议。

二、国内外石油价格波动传导机制与典型化事实

1. 国内外石油价格波动传导机制

波动性溢出效应主要是指不同市场之间波动性的相互影响。随着信息技术以及交通的大发展,不同国家的金融市场之间的联系越来越密切。在此背景下,通过市场的联系,一个国家和地区的经济和金融危机可能会传导至其他国家和地区(林伯强和李江龙,2012),不同市场或者变量之间的波动性存在着相互溢出的效应。价格波动与信息流波动有密切联系,价格波动直接与流向市场的信息流速率有关,在无套利情形下,价格波动等于信息波动(Ross,1989)。

随着世界经济一体化和区域经济合作的深化,不仅各国的股票等金融市场相互影响,石油市场也紧密联系,一个市场的油价波动会传导至另一个市场。石油作为一种资产,其不同市场的价格波动会相互影响,波动溢出检验也可以从股票等金融市场拓展到石油市场。研究不同石油市场之间的波动溢出效应可以充分考虑不同市场之间的信息传递效应,避免信息损失。其中,溢出方向反映了不同市场间的信息传递方向,这有助于我们了解不同石油市场之间的关系(潘慧峰等,2005)。

虽然石油的供给和需求市场分别属于寡头垄断和垄断竞争市场,但其价格变动仍然受供给和需求等多种因素的影响,且这些因素之间又相互影响(魏巍贤和林伯强,2007)。国际经济形势、世界经济危机以及石油生产国的产量政策也对石油价格波动产生了重要的影响。美国次贷危机和欧债危机的影响异常深远。近年来,世界经济危机和突发事件对世界经济产生了重要的影响,跨国游资的套利行为也起到推波助澜的作用,引起石油等大宗商品价格的剧烈波动(陈宇峰和陈启清,2011)。

在国际市场上,石油价格波动的频率和幅度也比较大,经过多年发展,国际石油市场已经形成了五大现货市场和三大期货市场(魏巍贤和林伯强,2007)。随着国际经济合作深化和信息技术发展,世界上不同石油市场的价格逐渐趋同。第一,同一投资者可以参与不同的石油市场,当不同市场上的价格出现较大偏离时,会出现套利机会,这时套利者会通过跨市场交易来获取超额利润从而消除套利机会,使得不同市场的价格趋同。第二,由于网络和信息技术的快速发展,不同市场的信息可以相互传递,同时影响石油价格涨跌的公开信息也会在不同市场同时传递。第三,石油价格的波动也受一些共同因素的驱动,如世界主要石油产地的产量和相应政策。虽然世界石油市场有趋同性,但是由于成立时间、发展程度、市场所在国的国际地位和经济实力等原因,不同市场对信息的反应速度有快慢,有的市场能够对新信息快速反应,有的滞后一点(潘慧峰等,2005)。

我国是世界上第二大石油消费国,同时进口依存度较高,在与国际油价接轨后,必然会受到国际油价波动的影响。中国正在实施走出去战略,实施一带一路政策,在此背景下对石油等基础性资源的依赖越来越多,与国际经济的联系也越来越密切。近年来,中国出现两方面的情形:一方面,中国的石油消费量持续增长;另一方面,中国的石油供给却似乎停滞不前(陈宇峰和陈启清,2011)。中国石油对外依存度不断攀升,于2009年突破50%。根据《2013年国内外油气行业发展报告》课题组(2014),中国石油对外依存度于2012年和2013年已经达到58%左右,下一步还有继续升高的趋势。中国石油价格也经历了三个阶段:1981年以前是单一的国家计划控制、1981—1998年期间是双轨制、1998年6月之后是与国际接轨。在第三个阶段中,于2000年6月之后更是实现了国内油价开始逐月与国际市场价格联动(魏巍贤和林伯强,2007)。中国油价在1998年6月之前,是相对封闭的,在1998年6月之后,我国采取了与国际市场接轨的原油和成品油定价机制,这样逐步与国际市场接轨(王雪标等,2012),与国际市场的联系日益紧密。

国际油价与国内油价之间可能存在着"波动性传染"。从供给角度来看，国际油价影响中国油价。因为中国是石油净进口国；另外从定价机制来看，中国实行与国际市场接轨的定价机制，也表明国际油价格影响中国油价。但是从需求角度来看，中国油价又影响国际油价，中国是进口大国，作为需求方，中国对石油的需求影响国际油价，而且随着中国国际地位和影响力的提升，中国因素在国际市场上将发挥越来越重要的作用。另外，国际市场与中国市场上的油价波动还会通过预期、成本等角度相互影响（林伯强和李江龙，2012；王雪标等，2012；董秀良和张屹山，2006）。这样国际石油市场与国内石油市场可能会相互影响，不同石油市场的信息会通过每个市场的石油价格波动进行溢出和传导。

综上，我们利用图7-1来描述国内外石油价格波动传导机制，反映它们的波动性溢出。

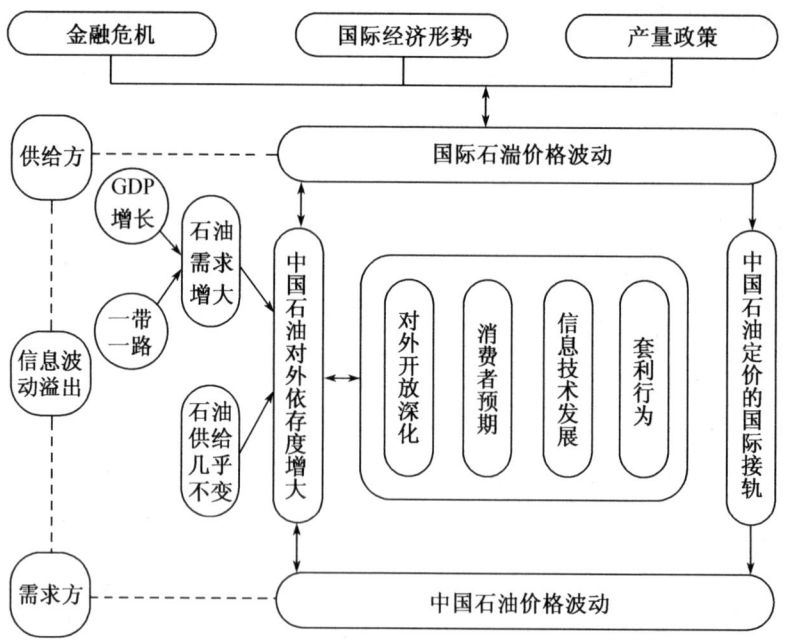

图7-1　国内外石油价格波动传导机制图

2. 典型化事实

近年来,中国经济取得了举世瞩目的发展成就,中国经济增长率常年达到两位数以上,最近几年有所放缓,从 2009 年到 2013 年的年均实际增长率也达到 8.86%,被称为"中国奇迹"。与此对应的是中国对石油的消费也日益增多,中国紧跟美国之后,已经是世界第二大石油消费国,International energy agency(2013)表示,中国到 2030 年将成为世界最大石油消费国。与此同时,中国对原油进口的依赖度也越来越高,尤其是中国实行石油价格改革后,逐步与国际石油市场接轨,中国石油价格与国际石油价格的关联度增强,其越来越受到国际市场的影响。

纽约商品交易所的西得克萨斯中质原油(WTI)、伦敦国际石油交易所的布伦特原油(BRENT)分别是全球石油市场最重要的定价基准之一(魏巍贤和林伯强,2007;中国银行国际金融研究所课题组,2012)。所以,对于美国石油期货,我们选取西得克萨斯轻质原油期货,记为 AF;对于美国石油现货,我们选取西得克萨斯轻质原油,记为 AS;对于英国石油期货,我们选取布伦特原油期货,记为 BF;对于英国石油现货,我们选取布伦特原油现货,记为 BS。1998 年 6 月之后,我国实行与国际市场接轨的石油定价机制,另外长时间的实践表明,美英的油价波动对国际油价具有重要示范作用,所以美英油价波动可能会通过这种机制影响我国的油价波动(董秀良和张屹山,2006)。

我国目前还没有严格意义上的石油期货,只有燃料油期货。我国于 2004 年 8 月推出了上海燃料油期货,这可以看作是我国石油期货发展中的一个重要标志(中国银行国际金融研究所课题组,2012)。所以我们采用上海燃料油期货代替石油期货,记为 AF。大庆油田是我国最大的油区,是中国原油的最主要产地,国际上一般采用大庆原油价格代表中国原油价格,其价格水平基本上代表了中国原油的整体价格水平(魏巍贤和林伯强,2007)。对于中国石油现货,我们选取大庆原油现货,记为 AS。

根据 wind 数据库和美国能源信息署(EIA)提供的数据,我们可以做出中国、美国、英国的石油期货、现货价格（取对数后）的走势图，为节省篇幅，我们省略了图形。根据走势图，可以发现期货价格走势比现货价格走势平稳，现货价格波动幅度大于期货价格波动幅度。走势图只是我们的直观感觉，根据图形，我们只能给出一些初步判断，下面我们拟采取现代计量方法来探究中国、美国、英国石油期货、现货价格的波动特征，以及它们之间的依存关系。

总之，石油价格近年来波动剧烈，尤其是近年接连发生的次贷危机和欧债危机对石油价格波动更是起到推波助澜的作用。随着中国对外开放的进一步深化，中国与世界经济的联系进一步密切，中国石油很多是依赖于进口，同时随着石油定价机制改革的推进，石油价格也更多地受国际油价的影响，高速发展的中国经济对石油的依赖，对石油进口的依赖逐步增强。在此背景下，国际石油价格的大幅波动日益成为影响中国经济稳定的一个重要因素(林伯强和牟敦国，2008)，另外中国作为石油需求大国也对国际油价产生了重要影响，有必要分清国际与中国石油波动的动态特征以及他们之间的相互影响。

三、模型构建、参数估计与数据选取

1. 模型构建

在 GARCH 类模型，收益率的条件方差被认为是过去收益率的确定性函数，而在 SV 模型，波动过程是随机的，使得 SV 模型比 GARCH 类模型更灵活，既有经济学又有计量经济学的理由来解释为什么多元波动率模型是非常重要的(Asai & etc., 2006)。总之，SV 模型含有不可观测的潜在因子，相比 GARCH 模型具有诸多优点。Yu & Meyer(2006)构建了动态相关系数的多元随机波动模型。Granger(1969;1980)提出了变量间的因果关系检验模型，介绍了检验结果，但是这些研究是检验变量之间的因果关系，而不是检验变量波动性之间的关系。Yu & Meyer(2006)将多元随机波动模型和 Granger(1969;1980)的因果关系模型结合，提出了多元随机波动间的 Granger 因果检验模型。我们将 Yu & Meyer(2006)的两个模型：动态相关系数的多元随机

波动模型和多元随机波动间的 Granger 因果检验模型结合起来,构建如下的动态相关系数的带 Granger 因果检验的多元随机波动模型(DGC-MSV):

$$r_t = diag[exp(h_t/2)]\varepsilon_t, \varepsilon_t \overset{iid}{\sim} N(0, \Sigma_{\varepsilon,t}),$$

$$h_{t+1} = \mu + \Phi(h_t - \mu) + \eta_t, \eta_t \overset{iid}{\sim} N[0, diag(\sigma_{\eta_{as}}^2, \sigma_{\eta_{cs}}^2)], \quad (7-1)$$

$$q_{t+1} = \psi_0 + \psi_{acs}(q_t - \psi_0) + \sigma_\rho \nu_t, \nu_t \overset{iid}{\sim} N(0,1), \rho_t = \frac{\exp(q_t)-1}{\exp(q_t)+1},$$

其中 r_t 代表对数收益率序列,我们以美国石油现货与中国石油现货为例,分别利用 r_{as},r_{cs} 表示美国和中国的石油现货价格对数收益率,$h_t = (h_{as,t}, h_{cs,t})'$,$exp(h_t/2)$ 表示潜在波动性。ρ_t 是时变的动态系数。$\Sigma_{\varepsilon,t} = \begin{pmatrix} 1 & \rho_t \\ \rho_t & 1 \end{pmatrix}$,

$\Phi = \begin{pmatrix} \phi_{asas} & \phi_{ascs} \\ \phi_{csas} & \phi_{cscs} \end{pmatrix}$,$\phi_{asas}$、$\phi_{cscs}$ 分别表示美国和中国石油现货价格波动持续性,ϕ_{ascs}、ϕ_{csas} 分别表示美国现货价格波动受中国现货价格波动、中国现货价格波动受美国现货价格波动的影响程度,ψ_{acs} 表示 r_{as} 和 r_{cs} 波动相关性的持续性(Yu & Meyer,2006)。

2. 参数估计

模型(7-1)是由参数 $\chi = (\mu_{as}, \mu_{cs}, \phi_{asas}, \phi_{ascs}, \phi_{cscs}, \phi_{csas}, \sigma_{as}^2, \sigma_{cs}^2, \psi_0)$ 的先验分布确定的,假设先验参数各自服从独立分布,设为 $p(\cdot)$,用来表示随机变量的通用概率密度函数。基于贝叶斯推断引入未知参数和潜在波动,得到一个联合的先验分布 $\Theta = (\chi, h_1, \cdots, h_t)$,联合密度函数如下(Yu & Meyer,2006):

$$p(\chi)p(h_0)\prod_{t=1}^{T}p(h_t \mid \chi) =$$

$$p(\mu_{as})p(\mu_{cs})p(\phi_{asas})p(\phi_{ascs})p(\phi_{cscs})p(\phi_{csas})p(\sigma_{as}^2)p(\sigma_{cs}^2)p(\psi_0)\prod_{t=1}^{T}p(h_t \mid \chi)$$

$$(7-2)$$

通过观测值，联合先验密度函数经过迭代得到全部未知量的联合后验密度 $p(\Theta|r)$，$r=(r_1,\cdots,r_t)'$，需要在 $p(\Theta|r)$ 的基础上，构造多维潜在波动率 $p(\chi|r) = \int_{h_1}\cdots\int_{h_T} p(\chi,h_1,\cdots,h_T)dh_T\cdots dh_1$。这是一个非常高维的积分，从数理统计角度来看，这种高维分布的直接独立抽样很难实现（Liesenfeld & Richard, 2003; Durham, 2005; Yu & Meyer, 2006 & etc.）。MCMC 技术克服这一问题，通过构造马尔科夫链，采用 MCMC 方法得到目标密度函数 $p(\Theta|r)$ 的等价模拟马尔科夫链，马尔科夫链的每一次抽样都可以看作是相互独立的抽样，马尔科夫链方法可以通过 Winbugs 软件实现（Yu & Meyer, 2006），我们基于 Winbugs 软件，采用贝叶斯方法估计相关参数。

3. 数据选取

若采用日数据则数据频率过大，变化幅度过低，无法反映波动传导的时间间隔，若采用月度或者年度数据则数据的样本容量过少，这样我们采用周数据，时间跨度是 2005 年第 1 周到 2019 年最后 1 周。数据处理采取的是环比形式，即对数差形式或者首先做商再取对数，这样测度的是石油价格的周收益率，我们对所有数据进行了去均值化处理，一共 680 个数据，数据来源：wind 数据库和美国能源信息署（EIA）。为了确保计量结果的有效性，我们首先进行变量的平稳性检验，单位根检验结果表明，每个变量都是平稳的。

四、实证检验

由于研究的对象比较多，所以我们以中美石油现货为例详细介绍实证过程，对其他石油期货和现货价格波动之间的关系则直接给出主要实证结果。

1. 现货价格之间的波动溢出效应

（1）美国和中国石油现货价格之间的波动溢出效应研究

我们基于 Winbugs 软件按以下步骤进行实证研究。第一步，对数据去均值化，并基于 Yu & Meyer(2006) 的方法选取适当初始值。第二步，进行退火处理。进行 10 000 次迭代,为了保证参数结果的收敛性,将前 10 000 次的迭代结果舍弃。第三步,进行 80 000 次迭代,得到参数的后验密度曲线,为节省空间,我们只给出 ϕ_{asas},ϕ_{ascs} 的密度曲线图(如图 7-2、图 7-3)。

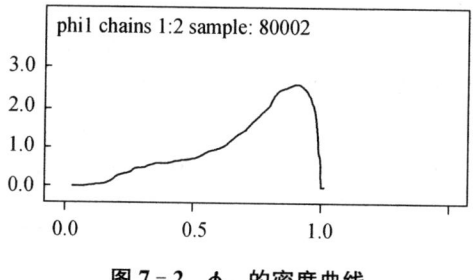

图 7-2 ϕ_{asas} 的密度曲线

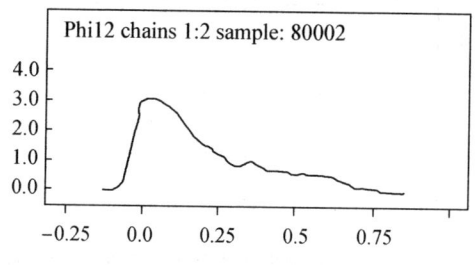

图 7-3 ϕ_{ascs} 的密度曲线

根据图形,可以知道,这些参数的后验密度曲线比较平滑,只有一个尖峰,说明这些参数是收敛的。

一般地,可以通过计算 Brooks & Gelman(1998)修正的 Gelman-Rubin 统计量来判断估计的参数的收敛性。其基本思想是以分散的初始值产生多个链,并通过比较链内和链间在这些链的下半部分的变异性来评估收敛(Spiegelhalter & etc., 2003)。为进一步检验这些参数的收敛性,我们进行了 Gelman-Rubin 检验,由图 7-4 和 7-5 可知,这些参数的 Gelman-Rubin 检验值接近 1,而且是平稳的,说明这些参数是收敛的。美国和中国石油现货之间的波动溢出效果检验结果见表 7-1。

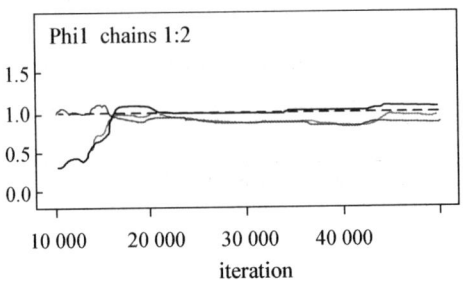

图7-4 ϕ_{asas} 的 Gelman-Rubin 检验曲线

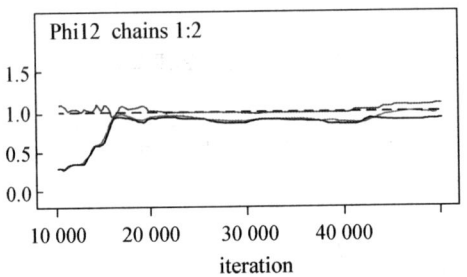

图7-5 ϕ_{ascs} 的 Gelman-Rubin 检验曲线

表7-1 美国和中国石油现货之间的波动溢出效果检验结果

变量名	均值	MC 误差	2.5%分位数	5%分位数	10%分位数	中位数	97.5%分位数
μ_{as}	2.741	0.008 2	2.416	2.463	2.517	2.732	3.107
μ_{cs}	2.737	0.009 4	2.35	2.421	2.486	2.724	3.174
ϕ_{asas}	0.727 1	0.009 7	0.255 1	0.311 8	0.401 4	0.781 8	0.981 7
ϕ_{ascs}	0.196 6	0.009 2	−0.032 76	−0.020 1	−0.001 994	0.138 1	0.642 6
ϕ_{cscs}	0.614 3	0.009 5	0.251 1	0.298 3	0.357 2	0.597 1	0.968 5
ϕ_{csas}	0.442 8	0.012	−0.010 4	0.017 25	0.077 35	0.482	0.889 2
ψ_{acs}	0.234 4	0.002 4	0.147 1	0.156	0.168 2	0.228 6	0.352 6

根据表7-1,我们可以知道:第一,美国现货价格波动性大于中国现货波动性;第二,美国现货价格波动的持续性大于中国现货波动的持续性;第三,在5%、10%、中位数和97.5%分位数下,ϕ_{csas}都是正值,表明美国现货价格波动对中国现货价格波动有引导关系和溢出效应,而ϕ_{ascs}在2.5%、5%分位数和10%分位数下是负数,在中位数和97.5%分位数下是正数,表明中国现货价格波动对美国现货价格波动没有显著的引导关系和溢出效应。即美国和中国现货之间只存在从美国到中国的单向波动溢出效应。第四,ψ_{acs}的后验均值是0.2344,反映美国现货价格与中国现货价格波动相关性过程的持续性比较高。

由于我们采用的是双链,所以动态相关系数有两组值,我们取其平均值。我们以图7-6来反映美国和中国石油现货价格波动性之间的动态相关系数。

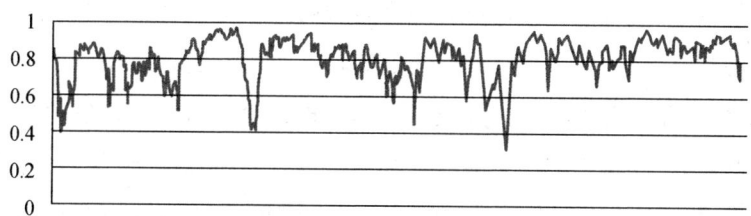

图7-6 美国和中国石油现货波动性之间的动态相关系数

从图7-6中可以看出,美国和中国石油现货价格波动相关系数是动态变化的,其范围是从0.3318到0.9743之间,在0.7附近上下波动,几乎在所有时间都是正相关的,相关性系数虽然是时变的,但是有均值回复特征,同时波动相关性也具有较强的持续性,动态相关系数的均值是0.8116。图7-6说明二者之间有很强的相关性,而且是时变的,传统的固定系数模型不能准确地反映这两个市场之间的波动溢出效应。

(2)美国和英国以及英国和中国石油现货价格之间的波动溢出效应研究

同理,我们可以根据上面的方法,得到美国和英国现货价格之间以及英国和中国现货价格之间的动态溢出效应,计量结果见表7-2。

表 7-2　美国和英国以及英国和中国石油现货价格之间的动态溢出效应

变量名	均值	MC 误差	2.5% 分位数	5% 分位数	10% 分位数	中位数	97.5% 分位数
ϕ_{asbs}	0.425 1	0.011 8	−0.009 59	0.013 9	0.054 4	0.468 5	0.884 2
ϕ_{bsas}	0.177	0.010 8	−0.045 95	−0.035 45	−0.022 1	0.077 1	0.688 3
ϕ_{bscs}	0.416 7	0.006 6	0.134 8	0.192	0.255	0.413 1	0.698
ϕ_{csbs}	0.204 9	0.009 5	−0.014 08	−0.002 9	0.014 09	0.145 4	0.720 3

根据表 7-2,英国现货价格对美国现货价格波动性溢出系数在 2.5% 分位数下是负数,在 5%、10%、中位数和 97.5% 分位数下是正数,表明该系数弱显著为正。英国现货价格对中国现货价格波动性溢出系数在 5% 分位数下是负数,在 10%、中位数和 97.5% 分位数下是正数,表明该系数弱显著为正。美国现货价格对英国现货价格波动性溢出系数在 5% 和 10% 分位数下是负数,在中位数和 97.5% 分位数下是正数,表明该系数不显著异于 0。在 2.5%、5%、10%、中位数和 97.5% 分位数下,中国现货价格对英国现货价格波动性溢出系数都是正值,表明该系数显著为正。进一步可以得到:第一,英国现货价格对美国现货价格存在弱显著的 Granger 因果效应,美国现货价格对英国现货价格不存在显著的 Granger 因果效应;第二,中国现货价格对英国现货价格存在显著的 Granger 因果效应,英国现货价格对中国现货价格存在弱显著的 Granger 因果效应。

综合表 7-1 和表 7-2 可知,在现货市场,中国不仅作为石油价格波动的接受者,随着中国大国地位的提高,中国也逐渐对国际市场的油价波动产生了影响。在中国石油价格的波动源方面要更加关注美国现货价格的波动,而在对国际油价的影响方面要更加关注中国油价波动对英国油价波动的影响。下一步既要密切关注美国市场上石油现货价格的波动性,避免国际石油现货价格的大幅波动对国内石油现货价格造成的影响,也要关注中国作为石油需求大国,中国因素对国际市场的油价波动的影响,合理安排采购。

2. 期货价格之间的波动溢出效应

同理我们按照上面介绍的方法可以得到美国、英国和中国石油期货价格之间的动态溢出检验结果，见表7-3。

表7-3　美国、英国和中国石油期货价格之间的动态溢出检验结果

变量名	均值	MC误差	2.5%分位数	5%分位数	10%分位数	中位数	97.5%分位数
ϕ_{afcf}	0.011 7	0.000 2	−0.008 1	−0.004 8	−0.001 2	0.011 03	0.035 5
ϕ_{cfaf}	0.063 1	0.001 6	−0.013	−0.002 8	0.008 9	0.056 9	0.177 3
ϕ_{afbf}	0.542 2	0.006 8	0.263 6	0.307 4	0.361 5	0.543 2	0.834
ϕ_{bfaf}	0.072 5	0.003 3	−0.026 2	−0.018 3	−0.007 7	0.053 1	0.288 6
ϕ_{bfcf}	0.017 0	0.000 3	0.000 5	0.003	0.005 8	0.016 1	0.038 6
ϕ_{cfbf}	0.088 6	0.002 5	−0.017	−0.004	0.011 3	0.078 8	0.251 1

根据表7-3，石油期货方面，中国对美国没有显著的溢出效应，美国对中国也没有显著的溢出效应。美国石油期货价格对英国石油期货价格不存在显著溢出效应，而英国石油期货价格对美国石油期货价格存在显著的Granger因果效应。中国对英国有显著的溢出效应，而英国对中国没有显著的溢出效应。总之，在期货市场，美国和英国对中国都没有显著的波动性溢出效应，这说明中国石油期货市场独立性较强，不受国际期货市场波动性的影响。

3. 期货与现货价格之间的波动溢出效应

前面我们研究了石油现货价格之间、石油期货价格之间的波动溢出效应，下面我们研究美国、英国和中国石油期货价格与中国石油现货价格之间的波动溢出效应。表7-4给出的是主要参数估计结果。

表 7-4　美国、英国、中国石油期货和现货价格之间的动态溢出效应检验结果

变量名	均值	MC 误差	2.5%分位数	5%分位数	10%分位数	中位数	97.5%分位数
ϕ_{afas}	0.576 2	0.008 2	0.049 3	0.213 1	0.405 4	0.597 5	0.838 2
ϕ_{asaf}	0.092 1	0.008 2	−0.009 8	−0.005 1	0.001 5	0.044 9	0.794 9
ϕ_{afbs}	0.499 4	0.009 3	0.158 9	0.202 6	0.257 5	0.486 3	0.919 2
ϕ_{bsaf}	0.118 8	0.005 5	−0.034 91	−0.023 3	−0.007 6	0.091 2	0.425
φ_{afcs}	0.304 5	0.015 48	−0.038 07	−0.022 73	−0.001 1	0.175 1	1.012
ϕ_{csaf}	0.403 7	0.013 86	−0.021 73	−0.002 8	0.028	0.423 9	0.875 1
ϕ_{bfas}	0.078 8	0.005 1	−0.026 83	−0.019	−0.010 7	0.044 9	0.412 5
ϕ_{asbf}	0.506 9	0.008 4	0.079 17	0.194 9	0.291 1	0.515 1	0.845 7
ϕ_{bfbs}	0.144 2	0.006 1	−0.010 26	−0.001 8	0.011 38	0.108 3	0.498 4
ϕ_{bsbf}	0.703 4	0.008 0	0.421 8	0.457 5	0.499 7	0.690 1	1.072
ϕ_{bfcs}	0.165 2	0.006 3	−0.010 91	0.001 08	0.018 5	0.134 0	0.505 2
ϕ_{csbf}	0.739 6	0.011 6	0.191	0.288 5	0.436 1	0.746 1	1.147
ϕ_{cfas}	0.072 6	0.001 9	−0.021 43	−0.008 7	0.006 2	0.066 8	0.201 7
ϕ_{ascf}	0.022 4	0.000 41	0.000 08	0.003 4	0.007 2	0.021 0	0.052 95
ϕ_{cfbs}	0.080 8	0.002 513	−0.015 12	−0.003 685	0.010 2	0.07	0.245
ϕ_{bscf}	0.015 3	0.000 25	0.000 35	0.002 789	0.005 418	0.014 6	0.034 75
ϕ_{cfcs}	0.138 2	0.003 4	0.018 2	0.031 22	0.047 5	0.122 7	0.343 4
ϕ_{cscf}	0.017 8	0.000 31	−0.001 02	0.001 84	0.005 17	0.017 2	0.040 5

根据表 7-4，我们可以知道：美国现货价格对美国期货价格具有显著的波动溢出效应，而美国期货价格对美国现货价格具有弱显著的波动溢出效应；英国现货价格对美国期货价格具有显著的单向波动溢出效应；美国期货价格对中国现货价格没有显著的波动溢出效应，中国现货价格对美国期货价格也没有显著的波动溢出效应；英国期货价格对美国现货价格具有显著的波动溢出效应，而美国现货价格对英国期货价格没有显著的波动溢出效应；英国期货

价格与英国现货价格之间存在从期货到现货的单向波动溢出效应；英国期货价格对中国现货价格有显著的波动溢出效应，而中国现货价格对英国期货价格具有弱显著的波动溢出效应；中国期货价格与美国现货价格之间存在从中国期货价格到美国现货价格的单向波动溢出效应；中国期货价格与英国现货价格之间存在从中国期货价格到英国现货价格的单向波动溢出效应；中国现货价格对中国期货价格具有显著的波动溢出效应，而中国期货价格对中国现货价格有弱显著的波动溢出效应。

不仅中国现货价格对英国期货价格具有弱显著的波动溢出效应，而且中国期货价格对美国现货价格和英国现货价格都具有显著的单向波动溢出效应。与传统发现的大多数结论不同的是，我们发现中国石油市场对美英石油市场具有重要的波动溢出效应，这说明中国的石油定价权已有所提高，中国作为石油需求大国已对国际石油价格产生了重要影响。随着中国石油进口比例的不断增大，中国石油的对外依存度不断提升，中国的油价从需求角度对国际油价波动产生影响。一方面，中国需求增大时，在国际石油市场上采购量会加大，会拉升国际油价；而另一方面，中国作为世界上第二大经济体和石油需求大国，国际投资者也会重点关注中国的石油需求，因此其表现为不仅英国的期货价格受中国现货价格的波动性溢出效应影响，而且美国和英国的现货价格也受中国期货价格波动的溢出效应影响。

能源产品的金融属性主要是指现货与衍生品市场之间的相互作用，石油也逐步具有金融属性且日益增强。其表现为期货市场交易量远远超过现货市场交易量，对价格波动决定起重要作用，近年来美英等国家的石油产品甚至出现了过度金融化的趋势。而中国作为第二大经济体和石油消费国，由于石油期货市场发展滞后，石油产品的金融属性不明显（中国银行国际金融研究所课题组，2012），具体表现为：英国的石油期货价格对英国的现货价格具有显著的波动溢出效应，而中国的期货价格对中国的现货价格只有弱显著的溢出效应，这也间接验证了中国石油产品金融属性不强的观点，这可能由于上海燃料油定价权和交易量小,且其期货产品单一,不能对石油现货价格起到重要的套期保值作用,缺乏为相关企业提供套期保值进而规避风险的手段(中国银行国际金融研究所课题组,2012),下一步要大力发展石油期货产品,完善期货市场,推动中国石油产品的金融属性。

4. 不同石油价格变量波动性的动态相关系数

类似于图7-6,我们可以做出不同石油价格之间的动态相关系数,我们以 ρ_{ascs} 表示美国与中国石油现货价格之间的相关系数,ρ_{asbs} 等含义相同。为了节约篇幅,我们只给每个动态相关系数的变化情况,见表7-5。

表7-5　不同石油价格变量波动性的动态相关系数变化情况

	ρ_{asbs}	ρ_{bscs}	ρ_{afcf}	ρ_{afbf}	ρ_{bfcf}	ρ_{afas}	ρ_{afbs}
最小值	0.4985	0.4627	−0.2883	0.3017	−0.3738	−0.2244	0.3549
最大值	0.9771	0.9865	0.9097	0.9965	0.8855	0.9998	0.9792
最值差	0.4786	0.5238	1.1980	0.6949	1.2593	1.2242	0.6242
平均值	0.8757	0.8921	0.4007	0.8646	0.4524	0.8976	0.8424
	ρ_{afcs}	ρ_{bfas}	ρ_{bfbs}	ρ_{bfcs}	ρ_{cfas}	ρ_{cfbs}	ρ_{cfcs}
最小值	0.4497	0.3552	0.8599	0.6009	−0.3724	−0.0275	−0.3143
最大值	0.9449	0.9961	0.9890	0.9704	0.8178	0.8134	0.8470
最值差	0.4952	0.6409	0.1291	0.3695	1.1902	0.8409	1.1612
平均值	0.8089	0.9004	0.9607	0.8891	0.4018	0.4857	0.4923

根据表7-5,我们可以得到:第一,每个动态系数都是动态变化的,以前的常系数 Granger 随机波动因果检验模型不能很好地测度变量之间的动态溢出效应,应该采用动态系数模型;第二,动态系数变化幅度最大的是英国期货价格与中国石油期货价格之间相关系数,变化幅度最小的是英国石油期货价格与英国现货价格之间相关系数;第三,从平均值来看,英国现货价格与英国石油期货价格之间相关系数最大,即相关性最强,其次是美国现货价格与英国石油期货价格之间的相关性,接着是美国石油现货价格与美国石油期货价格

之间的相关性。

表 7-5 进一步验证了前面的结论,美国和英国市场的石油产品的金融属性强,石油期货价格波动与现货价格波动之间的有很强的相关性,而中国石油产品的金融属性不强,石油期货价格波动与现货价格波动之间的相关性关系不强。

五、结论

第一,中国、美国、英国石油期货价格、现货价格波动性之间的相关系数都是动态变化的,以前的常系数 Granger 随机波动因果检验模型不能很好地测度变量之间的动态溢出效应,应该采用动态系数模型。

第二,中国石油现货价格波动与美国、英国石油现货价格波动密切相关。自从国家放开石油价格,中国石油价格与国际市场日益接轨,从波动方面看,中国不仅作为石油价格波动的接受者,受美国、英国等国际石油价格波动的影响,随着中国大国地位的提高,中国也逐渐对国际市场的油价波动产生了影响。在中国石油价格的波动源方面要更加关注美国现货价格的波动,而在对国际油价的影响方面要更加关注中国油价波动对英国油价波动的影响。下一步需要采取有力措施,继续推进石油价格与国际接轨,进一步增强中国石油价格波动在国际市场上的话语权,增强国际石油价格波动中的"中国声音"。我们既要密切关注美国市场上石油现货价格的波动性,避免国际现货价格的大幅波动对国内现货价格造成的影响,也要关注中国作为石油需求大国,中国因素对国际市场的油价波动的影响,合理安排采购。

第三,石油期货价格之间关系方面。在期货市场,美国石油期货价格和英国石油期货价格对中国石油期货价格都没有显著的波动性溢出效应,这说明中国石油期货市场独立性较强,不受国际期货市场波动性的影响。这可能是由于 2018 年 3 月 26 日之前中国一直没有推出原油期货,只有上海的燃料油期货。上海燃料油期货产品自从 2004 年推出以来,发挥了重要作用,但是其对我国石油现货价格的影响有限,不能很好地发挥套期保值功能。这可能与我国燃料油期货成交量小,市场不活跃有关。上海期货交易所对燃料油期货合约进行了修订完善,新合约于2018年7月16日正式上市交易,新合约可以更好地发挥价格发现功能,需要进一步采取有效措施,完善燃料油市场,增强其套期保值、价值发现等功能。

第四,石油现货价格与期货价格之间关系方面。中国期货价格对美国现货价格和英国现货价格都有显著的单向波动溢出效应,而中国期货价格对中国现货价格仅有弱显著的波动溢出效应。目前美国、英国等发达国家都有原油期货产品,其对平抑该国原油产品价格波动发挥了重要作用,可是2018年3月26日之前中国只有燃料油期货产品,没有相应的原油期货产品。原油期货于2018年3月26日在上海期货交易所子公司正式上市交易,与原有的燃料油期货相得益彰,为我国石油现货产品的价格发现、风险防控和套期保值提供了重要的渠道。下一步需要与国际接轨,进一步大力开发原油期货产品,增强中国石油产品的金融属性,让国内投资者可以通过原油期货预测原油价格走势、平抑原油价格波动,规避原油价格波动风险。

与此同时,中国的石油定价权已有所提高,中国是石油进口大国,作为需求方,中国对石油的需求影响国际石油价格,而且随着中国国际地位和影响力的提升,中国因素在国际市场上将发挥越来越重要的作用,尤其是国际市场上的投资者在进行衍生品定价时必然会考虑中国的石油需求等情况。下一步我们不仅要意识到中国油价受国际石油价格波动的影响,而且要意识到中国油价波动通过需求渠道、预期渠道也对国际石油价格波动产生了影响,中国在进口石油时应做好前瞻性的规划和安排,避免集中采购对国际油价上涨造成的冲击,进而传导至国内,造成国内油价的上升以及企业生产和居民生活成本的上升。

第五,美国和英国市场的石油产品的金融属性强于中国,相对于中国,美国和英国的石油期货价格波动与现货价格波动之间有更强的相关性。综合石油现货市场和期货市场,中国下一步要大力发展期货市场,对于燃料油期货市场要进一步完善,发挥其对现货的套期保值作用,并积极完善和深化2018年3月26日才上市的原油期货业务,发挥其对原油现货的价格指示器和套期保值作用。中国石油市场的金融属性不强,中国石油期货的发展滞后,与中国的大国地位是不适应的,中国应该加大新型石油期货市场品种的开发,完善配套设施,增强石油衍生品市场的价格发现和风险规避能力。

总之,下一步要继续深化与国际市场接轨的石油定价机制,扩大中国石油价格波动范围,发挥价格的调节功能。同时也要减少中国石油的国际进口依赖。这主要从消费和生产两个方面进行:石油消费方面,应提倡绿色交通等节约石油资源的活动;在增加供给方面,除了传统的石油开发外,还应该大力发展生物质能源等新能源,同时完善石油战略储备,建立健全石油价格平抑机制。同时也要大力发展石油期货市场,增强石油市场的金融属性,让企业增强利用期货等衍生品进行套期保值,进而规避风险的能力。

第八章　全球化对中国物价水平的影响

现有的通货膨胀模型主要针对封闭经济,很难适用于当前相互交融的全球经济,我们必须站在全球化的视角去认识和研究通货膨胀问题,并据此做出合理的政策选择(唐小飞等,2013)。

一、文献回顾

传统的菲利普斯曲线强调通货膨胀与国内产出缺口的高度相关性,认为经济繁荣时工资上涨的压力增加,从而导致成本推动型通货膨胀。但是在经济全球化背景下,产品工序的分解和价值链的全球配置成为常态,国内的"超额需求"或者"超额供给"可以在国际范围内调配,降低了物价水平对于国内产出缺口变化的敏感度,即菲律普斯曲线变平滑了,由此在物价水平的决定中我们必须给予全球化以高度的重视。正如李力和杨柳(2013,第151页)所指出的,"国外冲击在一国通货膨胀驱动中发挥的作用日益直接,这使得描述通货膨胀和产出等重要宏观经济变量间关系的新凯恩斯主义菲利普斯曲线在开放条件下呈现出更为复杂的动态结构……通货膨胀已经无法通过仅改变国内某个变量或某类变量的测度形式加以解释"。因此,研究通货膨胀需要超越国别层面,从广阔的国际视野中寻找其原因。

早期对于全球化与国内通货膨胀的研究主要是基于"全球产出缺口假说",认为全球化改变了通货膨胀对于国内产出周期性变动的反应(Borio & Filardo,2007;陈彦斌,2008),但是针对这一假说的实证检验却出现了相反的结果。张成思和李颖(2010)的研究发现,虽然在以往的全球化过程中,外部冲击对于通货膨胀的影响微弱,但是近十年来随着全球化进程的加速,国内物价与外部因素的联动性增强了,从而支持了"全球产出缺口假说"。杨继军和范从来(2015)以中国为例,发现"中国制造"显著抑制了各国产出增长率波动,显著降低了发达国家物价水平的波动,有助于全球经济增长维系在"高水平、低波动"区制。但是 Ihring et al. (2010)、Eickmeier & Pijnenburg(2013)针对OECD国家的研究发现,国内物价水平受劳动力成本和生产率变动影响较大,而受石油供给以及汇率变化影响较小,从而否定了经济开放对于通货膨胀的抑制作用。Villavicencio & Saglio(2014)发现全球化以后各国的菲律普斯曲线确实变得平滑了,但这并不是由于贸易开放或者金融开放,而是缘于货币当局在产出目标与通胀目标之间的"换挡"。根据对现有文献的归纳,全球化过程中影响通货膨胀的因素大致可以归类为以下几方面。

第一,全球化降低了各国政府通过通货膨胀政策来刺激经济的偏好。Villavicencio & Saglio(2014)发现,由于货币政策在国际间的"溢出效应",经济开放后,价格弹性变大,较大的价格弹性削弱了中央银行使用通货膨胀刺激产出的能力,政策制定者得自扩张性货币政策的福利降低了,这可能使得各国货币政策的方向发生位移,货币当局政策的可信度(Policy Credibility)提高,从而有助于解决货币政策中动态不一致性的问题,降低了公众对于未来通货膨胀的预期。李成等(2020)基于经济周期的不同阶段,从 IS-LM 曲线和供求理论的双重视角解析利用财政政策与货币政策对宏观经济进行调控的内在机理,揭示两类政策搭配组合的理论逻辑,分析制约财政政策与货币政策调控效应的现实因素。此外,在全球化背景下,各国贸易、投资、金融相互渗透融合,风险隔离不断弱化,国际货币政策的协动性日益突出,各国不得不接受更严格的货币纪律,抑制实施扩张性货币政策的冲动(Tytell & Wei,2004)。

第二,全球化有助于各国关税与非关税壁垒的削减和拆除,强化了国内外竞争,降低了企业的成本加成和商品价格。Melitz & Ottaviano(2008)、Auel et al. (2013)的研究发现贸易具有显著的促进竞争效应,削弱了国内厂商的

"定价能力",降低了边际生产成本和物价水平,并且在初始竞争水平低的国家更为明显。Binici et al.(2012)在控制了市场竞争和生产率效应以后,发现贸易规模对物价水平的影响并不显著。由此他们认为全球化对物价水平的影响主要反映在全球化催生的市场竞争和生成效率的改进上,而不是贸易规模本身。IMF(2014)指出全球化直接降低了进口产品和服务的价格,下拉了总体物价水平,并且由于鲍穆尔—富克斯假说,制造业部门实际价格下降得更快。谭小芬和邵涵(2019)使用国际大宗商品价格总指数及其四种分类指数分别与国内物价指数构建 VAR 模型,结果表明:国际大宗商品指数与国际工业品价格指数对 PPI 的影响最大,国际食品价格指数对 CPI 的影响最大;在 2008 年国际金融危机后,国际大宗商品冲击对 PPI、CPI 的传导更加通畅,国际大宗商品对 PPI 的影响大小、持续时间仍远大于 CPI,对 CPI 的累计影响不到 PPI 的四分之一。

第三,全球化加速了生产率增长的跨国传递,降低了通货膨胀的压力。全球化过程中不仅有商品的流动,更有技术、要素的传递,企业在进入出口市场后能够学习和改进企业的生产工艺流程,形成"出口学习效应"。Melitz(2003)基于"异质性企业"理论,认为企业在国际贸易中具有某种程度的自我选择机制,只有高生产率的企业往往才会进入出口市场。Rogoff(2003)指出,全球化过程中生产率的增长和技术革命,改善了政府的财政状况,一定程度上释放了赤字货币化的压力。此外,由于生产率差异导致的贸易品和非贸易品的相对价格变动,会产生"巴拉萨—萨缪尔森效应",也会影响物价水平。罗富政等(2019)基于虚拟经济虹吸效应视角,解释了货币供给对物价水平的影响,发现虚拟经济虹吸效应使货币供给过度流向虚拟经济部门,导致实体经济和虚拟经济两部门货币供给出现结构性失衡,从而降低了通货膨胀对货币供给的响应系数。

第四,全球化过程中"汇率传递效应"对物价水平的影响。汇率的调整改变了进出口商品的相对价格,并进一步传递到生产和分配中,最终对总物价水平产生影响,但是传递效应的强度与频率与许多因素有关。杨小军(2020)综合运用VAR模型、GARCH-BEEK模型和DCC-GARCH模型,对中国人民币汇率与通货膨胀以及不同类型通货膨胀之间的均值溢出效应、波动溢出效应以及动态相关性进行了实证检验与分析。发现在均值溢出方面,仅存在人民币汇率对PPI通胀的单向溢出效应;在波动溢出方面,汇率与PPI通胀之间存在双向的ARCH型溢出效应,同时汇率对CPI通胀和PPI通胀、CPI通胀对PPI通胀存在单向的GARCH型溢出效应。Taylor(2000)、Bussiere(2013)证明了汇率传递效应依赖于货币环境,且具有非线性和非对称性特点,在一个低通胀环境里,这种传递效应将趋减。Campa & Goldberg(2002)认为汇率传递主要取决于进口商品结构,与进口品究竟是采取"本地定价法"还是"生产者定价法"并无必然关系。Takhtamanova(2010)、Daniels & VanHoose(2013)将影响二者关系强弱的因素分解为价格弹性、企业对汇率变动的灵敏度、进口商品在消费束中的权重、货币当局的信誉以及产出—通胀"牺牲率"。

此外,林东杰等(2019)建立一个包含消费品和投资品生产的两部门新凯恩斯DSGE模型,并且引入金融加速器以分析货币政策对消费品和投资品通货膨胀的影响机制。估计结果表明,外部融资溢价对两个部门企业投资的影响存在异质性,投资品部门的金融加速器效应更加明显。脉冲响应分析表明货币政策扩张时,投资品部门的产出和通胀膨胀上升幅度比消费品部门更大。戴洛特等(2019)基于NARDL模型,发现无论从短期还是长期来看,经济增速与通货膨胀之间均存在非对称协整关系,即物价水平与经济增速之间具有天然的联系;若想使物价波动趋于平稳,就要确保经济增速幅度保持稳定。

在全球性生产体系、全球性消费体系和全球性金融体系的推动下,各国经济的交融成为一种常态,经济全球化对国内通货膨胀运行机制是否存在影响以及各类因素影响程度如何成为学术界关注的焦点。本部分内容旨在就全球化对物价水平的影响进行理论分析和实证检验,以揭示开放经济条件下本国物价水平的特殊形成机制。通过建立国内价格形成模型,将货币供给内生化,一是识别全球化中的哪些因素对于物价水平的影响是重要的。二是对进口商品种类和来源地进行分解,以考察分类别的进口贸易与进口贸易总量对国内物价水平的影响是否一致。三是检验关税减让与本币升值对物价水平的价格传导机制是否存在且显著。其余部分安排如下:第二部分构建开放经济条件下决定物价水平的基本模型;第三部分采集49个国家1994—2018年的数据,利用 System GMM 方法进行实证检验,以揭示全球化中的哪些部分对于物价水平的影响是重要的,通过引入变量的交互性,识别通货膨胀环境是否影响汇率传递机制。第四部分是我们的结论和建议。

二、基本模型

新凯恩斯主义菲利普斯曲线被认为是理解现代通货膨胀动态机制的标准模型,但是货币供给行为在新凯恩斯菲利普斯曲线中却没有得到应有的重视,而按照现代货币学派的观点,货币供给有可能成为理解通货膨胀的关键因素。我们在考虑中央银行货币供给行为基础上,将全球化因素纳入其中,以分析国际贸易、国际投资对于国内物价水平的影响。按照货币学派的观点,即使在全球化条件下,通货膨胀最终也只是一种货币现象,如果中央银行的长期通胀目标维持不变,那么低价进口品对通胀的影响最终归为零。问题是,货币政策是内生于经济体系之中的,全球化将撼动整体的金融环境,给利率、汇率、资本流动施加较大的影响,从而对货币政策形成"倒逼"。根据 Obstfeld et al. (1996)的做法,假定封闭条件下的国内产出缺口是相对物价水平的函数,即:

$$y_t = \bar{y} + (p_t - w_t) - z_t \qquad (8-1)$$

y_t 为本国 t 期的实际产出、$\bar{y}$ 为弹性价格条件下本国的均衡产出(或称"潜在产出"),$p_t - w_t$ 为产品价格相对于工资的变化,z_t 为随机扰动项,名义工资由如下公式确定:

$$w_t = E_{t-1} p_t \qquad (8-2)$$

通货膨胀率近似由下述公式给出：

$$\pi_t = p_t - p_{t-1} \tag{8-3}$$

预期通货膨胀率为：

$$\pi_t^e = E_{t-1}\pi_t = E_{t-1}p_t - p_{t-1} \tag{8-4}$$

中央银行需要在产出目标和通胀目标之间进行权衡，以最小化其损失函数，若通胀目标为零，则损失函数为：

$$L_t = \underbrace{(y_t - \tilde{y})^2}_{\text{产出偏离}} + \underbrace{\chi_1 \pi_t^2}_{\text{通胀偏离}} + \underbrace{\chi_2 \pi_t^2}_{\text{国际货币纪律}} \tag{8-5}$$

$\tilde{y}$ 为产出目标，π_t^e 为预期通货膨胀率，$\chi_1\pi_t^2$ 是对偏离国内通胀目标的惩罚，$\chi_2\pi_t^2$ 是对违背国际货币纪律的惩罚。令 $\partial(L_t)/\partial(\pi_t)=0$，得：

$$\pi_t = \frac{\tilde{y} - \bar{y} + \pi_t^e + z_t}{1 + \chi_1 + \chi_2} \tag{8-6}$$

下面在公式(8-1至8-6)基础上引入全球化因素。

(1) 若将影响宏观经济的因素分解为国内部分(dom)和国外部分(glo)，则潜在产出可表达为 $\bar{y} = \bar{y}(dom, glo)$。众多研究表明，全球化过程中廉价进口品有助于打破进口国原有的市场垄断，刺激竞争；FDI的流入将通过技术诊断、技术反馈、产业关联等形式对东道国本土企业生成"溢出效应"；全球化促使要素流动，加速知识在世界范围内传递，有助于后发国家实现"蛙跳式"增长，物价水平与经济开放度之际存在负相关关系(Romer, 1993)。总之，全球化已构成经济增长的"引擎"，即 $\partial\bar{y}/\partial(glo)>0$。若不考虑其他变量，根据公式(8-4)可知 $\partial\pi_t/\partial(glo)<0$，表明全球化扩大了国内供给，减少了正的"产出缺口"，从而释放了通货膨胀压力。

(2) 封闭条件下，由于不存在贸易和投资，也不存在国际货币政策的协调，因而无所谓"国际货币纪律"，即 $\chi_2 = 0$；但是，全球化以后，具有系统重要性国家货币政策的"溢出效应"显著扩大，为了避免"货币战"，必须通过货币合作降低整体福利损失,并对违背国际货币纪律的国家进行惩罚,现实中"货币区"制度就是这种协调的产物。Taghipour & Mousavi(2011)认为全球化增加了资产的可替代性,提高了国内通货膨胀对于货币政策的敏感度,导致更好的货币政策的出现,Kose et al. (2006)称之为金融全球化中的"附加收益"。因此,开放条件下 $\chi_2>0$,且$\partial\chi_2/\partial(glo)>0,\partial\pi_t/\partial(\chi_2)<0$,表明全球化程度越高,国际货币体系就越规范,国际货币纪律就越严格,实施通货膨胀的成本也愈高。

(3) 全球化对于通货膨胀预期的影响是复杂的。首先,全球化带来的关税递减、贸易自由化降低了进口品价格,诱发人们对于未来通货膨胀更低的预期。其次,全球化背景下信息的传递更加充分,央行货币政策的透明度提高(熊海芳和王志强,2012)。再次,如果固定汇率与全球化相结合,就可以为本币提供一个可靠的名义锚,增加低通胀的可信度。但是,全球化中的其他因素也可能会诱发人们对于未来更高通货膨胀的预期,例如全球化中能源价格、农产品价格等大宗商品价格的变化频繁,可能会增加国内物价水平的波动,提高物价水平上涨的预期(Belke & Dreger,2014);而大量资本集中流入新兴市场经济体,可能会造成资产泡沫和通货膨胀压力,这些都将引发人们对于未来通货膨胀预期的提高。

由上述分析,可知当局选择的通货膨胀水平是全球化的函数,即:

$$\pi_t = \frac{\tilde{y} - \bar{y}(glo) + \pi_t^e(glo) + z_t}{1 + \chi_1 + \chi_2(glo)} \tag{8-7}$$

由公式(8-7)得通货膨胀对全球化的反应函数为:

$$\frac{\partial \pi_t}{\partial(glo)} = \frac{[\bar{y}'(glo) + \pi_t^{e\prime}(glo)][1 + \chi_1 + \chi_2(glo)] - \chi_2'(glo)\psi}{[1 + \chi_1 + \chi_2(glo)]^2} \tag{8-8}$$

其中,$\psi = \tilde{y} - \bar{y}(glo) + \pi_t^e(glo) + z_t$。

第八章 全球化对中国物价水平的影响

由公式(8-8)可知,如果 $\partial \pi_t^e / \partial (glo) < 0$,则 $\partial \pi_t / \partial (glo) < 0$。图 8-1 梳理了开放经济条件下价格水平的传递机制。可以发现,经济开放对物价水平的影响既有"直接效应",亦有"间接效应"。"直接效应"表现为全球化打破了国内外经济之间的隔离,促成了物价水平在国际间的传递,随着关税税率的削减和非关税壁垒的逐步拆除,进口商品价格降低,国内消费者物价指数随之下行;现实中各国通行的"阶梯式"关税结构,即对制成品征收高关税,而对进口的中间投入品征收低关税,降低了国内的投入品成本,使得厂商的平均成本曲线发生位移,生产者价格指数下行。全球化的"间接效应"主要反映在金融市场的变化,例如货币纪律、利率、汇率、资产价格、货币制度以及金融加速器等金融通道。Masson(1998)将其归结为三类,即"溢出效应"(Spillover Effect)——通过国际贸易和资本流动等"接触源"而发生的;"季风效应"

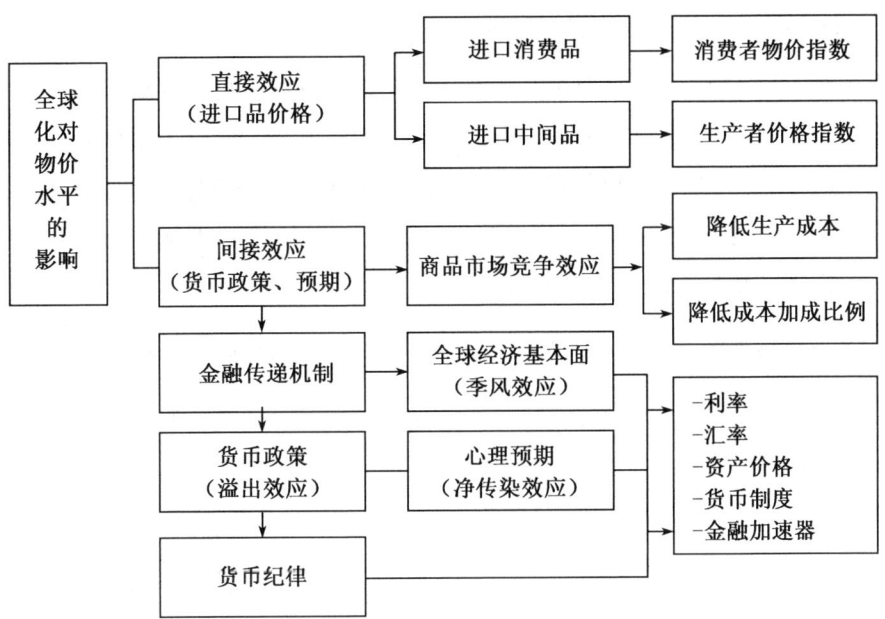

图 8-1 开放经济条件下价格水平的传递

(Monsoonal Effect)——由经济基本面引起的"非接触性"传染;净传染效应(Net Contagion Effect)——心理预期和投资信心对于实体经济的影响,由于篇幅限制和我们的侧重点,我们没有对金融通道进行更细致的研究。上述模型同时也表明各国物价水平具有协动性,一国经济在高出其潜在产出水平之上运行时,不仅会带动本国物价的扬升,还会通过贸易一体化、外商直接投资以及国际服务外包,驱动其他国家物价水平的攀升,出现"输入型通货膨胀"。相反,如果一国经济长期低迷、工资增长放缓、外部需求萎缩,也会蔓延至其他经济体,出现"输入型通货紧缩"。

三、全球化影响物价水平的经验证据

1. 模型设定、变量测度与数据处理

根据理论模型部分,我们将影响国内物价水平的因素分解为三类:第一类是影响物价水平的传统因素,用通货膨胀惯性($cpi_{i,t-1}$)、广义货币供给增长率(ms)和产出增长率($dgdp$)代理;第二类是外贸因素,使用进口比重(imp)、关税水平($traiff$)、贸易条件(tot)、制造品进口比重($manu$)代理;第三类是汇率(ex)与外资因素(fdi)。我们的计量方程设置为(8-9)式,其中下标 i 表示国别、t 表示年份,β_i 为各解释变量的待估参数,γ_i 和 f_t 分别代表非观测的国别和时间特定效应,ε_{it} 表示随机扰动项,$E(X_{it}\varepsilon_{it})\neq0$,$E(\gamma_i)=E(\varepsilon_{it})=E(\gamma_i\varepsilon_{it})=0$,变量测度及数据来源见表8-1。

$$cpi_{it}=\alpha_0+\underbrace{\beta_0 cpi_{i,t-1}+\beta_1 ms_{it}+\beta_2 dgdp_{it}}_{\text{传统因素}}+\underbrace{\beta_3 tariff_{it}+\beta_4 tot_{it}+\beta_5 manu_{it}+\beta_6 imp}_{\text{外贸因素}}$$

$$+\underbrace{\beta_7 fdi_{it}+\beta_8 ex_{it}}_{\text{汇率和外资因素}}+\underbrace{\beta_9 pergdp_{it}+\beta_{10} pop_{it}}_{\text{国别效应}}+\gamma_i+f_t+\varepsilon_{it} \qquad (8-9)$$

表 8-1 变量测度及数据来源

变量名称	预期符号	变量测度	数据来源
物价水平		用消费者物价指数代理,以 2010 年为基期价格	世界银行数据库
货币供给	正	广义货币用货币和准货币(M_2)进行代理	BVD-EIU 国别数据库
产出增长率	正	当年的总产出较之上一年增长的百分比	世界银行数据库计算
关税水平	正	不同类别进口商品关税平均加权数	WTO 数据库
贸易条件	正	出口单位价值指数与进口单位价值指数的比率	世界银行数据库
制造品进口	负	制造品进口占全部进口的比重	世界银行数据库计算
进口比重	负	进口占 GDP 的百分比	世界银行数据库计算
名义汇率	负	用年内各时间段汇率的均值代理	BVD-EIU 国别数据库
FDI	负	采用外商直接投资存量占 GDP 比重代理	UNCTAD FDI 数据库
发展阶段	负	采用人均 GDP 代理	世界银行数据库
人口结构	负	采用工作人口比重代理	世界银行数据库

注:我们的研究样本取自澳大利亚、奥地利、巴西、加拿大、瑞士、智利、中国、哥伦比亚、捷克、德国、丹麦、阿尔及利亚、埃及、西班牙、芬兰、法国、英国、希腊、匈牙利、印度尼西亚、印度、爱尔兰、意大利、日本、韩国、摩洛哥、墨西哥、马来西亚、尼日利亚、荷兰、挪威、新西兰、巴基斯坦、秘鲁、菲律宾、波兰、葡萄牙、罗马尼亚、俄罗斯、沙特阿拉伯、新加坡、斯诺伐克、瑞典、泰国、土耳其、乌克兰、美国、越南、南非 49 个国家 1994—2018 年的数据。

2. 计量模型的估计结果

经典计量模型要求解释变量必须是严格外生的,否则就会导致回归结果失效,对于兼有截面和时序属性的面板数据,容易滋生联立方程偏误,例如式(8-9)中,货币供给的多寡决定着物价水平,反过来,物价水平的高低也会干扰中央银行的货币供给行为;而即便物价水平与名义汇率是正相关的,也不足以说明本币贬值加速了国内物价上升,因为通胀愈发严重的国家,其货币对外往往是贬值的。此外,有些国家只是简单地将货币供给划分为 M_1(狭义货币)和 M_2(广义货币),但像欧盟、美国等一些大的经济体,其划分的货币层次较为复杂;而对于金融开放的测度,则既有"法定开放测度"也有"事实开放测度",这些测量误差最终都会进入回归方程的误差项,构成模型内生性问题的重要来源。我们首先运用一般的 OLS 估计、FGLS 估计与固定效应模型,结果见表 8-2。

表 8-2　OLS、FGLS 估计与固定效应模型的估计结果

解释变量	被解释变量:国内消费者价格指数					
	封闭经济下			开放条件下		
	OLS 估计	GLS 估计	固定效应	OLS 估计	GLS 估计	固定效应
广义货币增长率	−0.214*** (−9.95)	−0.214*** (−9.96)	−0.205*** (−8.96)	−0.148*** (−7.90)	−0.148*** (−7.92)	−0.002 (−0.13)
产出增长率	−0.669*** (−2.80)	−0.669*** (−2.81)	−0.802*** (−2.89)	−0.026 (−0.12)	−0.026 (−0.12)	−0.758*** (−4.44)
关税水平				−11.590*** (−11.30)	−11.590*** (−11.34)	−13.367*** (−10.15)
贸易条件				0.149*** (5.69)	0.149*** (5.71)	0.210*** (9.11)
制造品进口比重				−0.582*** (−7.33)	−0.582*** (−7.36)	−0.511*** (−5.33)
进口比重				−0.348*** (−8.66)	−0.348*** (−8.70)	0.134 (1.62)
名义汇率				2.172*** (7.11)	2.172*** (7.13)	39.545*** (25.77)
外商直接投资				12.513*** (11.49)	12.513*** (11.53)	11.601*** (9.31)
Wald 值		105.57 (0.000)	42.94 (0.000)		636.12 (0.000)	309.36 (0.000)
观测值	1 225	1 225	1 225	1 223	1 223	1 223

注:(1) 所有估计均使用 Stata13,估计方法为 OLS、FGLS 与固定效应模型;(2) ***、**、*分别表示在 1%、5% 和 10% 水平下的统计显著性,括号中数据为 t 统计量。

表8-2显示,在传统的OLS估计、GLS估计和固定效应模型下,由于没有考虑变量间的内生性,可能是不一致或者有偏的。针对上述问题,Arellano & Bond(1991)指出利用差分GMM估计,可使变量的自回归系数具有最小的偏误和方差;然而,在时间跨度T比较小时,变量的过去值只能传递较少的信息,工具变量与解释变量相关度过低,从而产生"弱工具变量"问题;Bun & Windmeijer(2010)建议在差分方程的基础上增加水平方程,利用额外的矩条件来缓解差分广义矩的弱工具性和有限样本偏误等问题。

下面运用系统广义矩法对式(8-9)进来了计量回归,我们从简化的模型入手,在方程(8-1)至(8-3)中逐步引入其他变量;同时,将模型中的货币供给视为弱外生变量,并使用系统"内部工具",以货币供给的滞后项作为工具变量。为了验证计量模型的稳健性,进行了如下处理:首先,考虑到名义汇率可能在计量回归中存在联立方程偏误,所以在方程(8-4)中,我们将其视为弱外生变量置于回归方程中;其次,为了剔除货币供给增长率极端取值对估算的干扰,回归方程(8-5)中剔除了德国、英国、日本、马来西亚、中国、新加坡、瑞士、荷兰、葡萄牙、爱尔兰10个国家样本;最后,方程(8-6)中引入人口年龄结构因素,结果发现各主要变量的符号和显著性都没有发生改变,表明各个变量之间具有很强的独立性,增加一个变量不会对其他变量的估计结果产生重大影响。换言之,回归结果对不同解释变量和不同样本都是稳健的。结果详见表8-3。

表8-3 动态GMM模型的估计结果

解释变量	被解释变量:国内消费者价格指数					
	基本回归方程			稳健性检验		
	(1)	(2)	(3)	(4)	(5)	(6)
被解释变量 (滞后一期)	1.085*** (811.14)	1.677*** (120.92)	1.613*** (182.89)	1.667*** (178.15)	1.619*** (35.43)	1.609*** (172.48)
被解释变量 (滞后二期)		−0.635*** (−46.65)	−0.572*** (−65.79)	−0.638*** (−71.45)	−0.581*** (−12.23)	−0.569*** (−69.56)

(续表)

解释变量	被解释变量:国内消费者价格指数					
	基本回归方程			稳健性检验		
	(1)	(2)	(3)	(4)	(5)	(6)
广义货币增长率	0.168*** (132.70)	0.046*** (22.08)	0.049*** (10.97)	0.048*** (10.33)	0.043*** (4.49)	0.045*** (11.13)
产出增长率	−0.130*** (−27.55)	−0.039*** (−4.99)	−0.061*** (−7.64)	−0.110*** (−13.37)	−0.121*** (−5.05)	−0.061*** (−6.94)
关税水平		1.355*** (12.13)	0.615*** (5.17)	0.273** (2.04)	0.656** (2.05)	0.388*** (3.22)
贸易条件		−0.000 (−0.31)	−0.007*** (−2.73)	−0.002 (−0.82)	−0.002 (−0.52)	−0.003 (−0.90)
制造品进口比重		−0.062*** (−8.99)	−0.045*** (−6.89)	−0.029*** (−4.54)	−0.019 (−1.25)	−0.043*** (−6.20)
进口比重		0.014 (0.97)	0.027* (1.86)	0.037** (2.20)	0.077* (1.93)	0.036** (2.08)
名义汇率			0.746*** (4.18)	0.728*** (4.11)	0.929*** (3.68)	0.810*** (6.70)
外商直接投资			−0.671*** (−8.34)	−0.467*** (−4.15)	−0.992*** (−4.04)	−0.646*** (−5.59)
人口年龄结构						−0.163*** (−3.22)
Sargan 检验	48.707 (1.000)	47.535 (1.000)	46.304 (1.000)	46.374 (1.000)	35.216 (1.000)	46.140 (1.000)
AR_1	−2.428 (0.015)	−1.956 (0.051)	−1.945 (0.052)	−1.942 (0.052)	−1.775 (0.076)	−1.982 (0.047)
AR_2	−1.944 (0.052)	−0.444 (0.657)	−0.388 (0.698)	−0.314 (0.754)	−0.162 (0.872)	−0.143 (0.887)
Prob>chi2	0.000	0.000	0.000	0.000	0.000	0.000
观测值个数	1 176	1 126	1 126	1 126	897	1 126

注:(1) 所有估计均使用 Stata13,估计方法为 System GMM 估计;(2) ***、**、* 分别表示在 1%、5% 和 10% 水平下的统计显著性,括号中数据为 t 统计量。

表8-3汇报了如下结果。

第一,关税水平的估计参数为正,表明关税减让有助于抑制国内物价水平的上升。经过多轮回合的谈判,全球进口关税得以大幅削减,已经由世界贸易组织成立前的5%以上降低至2012年的2.88%,日本和美国等发达国家的关税已接近2%(WTO,2014)。近期达成的"跨大西洋贸易与投资伙伴协定"(TTIP)更是提出"无例外全面取消关税"条例。其内在机制在于:首先,关税水平的削减促成了进口中间品和最终产品价格的下降,国内市场商品供应的增加以及国内市场结构性供给不足现象的缓解;其次,提高了国内市场的开放程度,通过外部竞争"倒逼"国内企业提高生产效率,发挥市场机制在资源配置中的基础性作用,纠正价格体系链条的错配,引导资源在国际间有效流动;再次,关税调整释放了明确的政策信号,有利于稳定国内生产和市场供应,降低公众对通货膨胀的预期,缓解成本推动型和输入型通货膨胀;最后,关税的削减增加了进口,减少了外贸顺差和相应的外汇储备,从而消解了回购美元、被迫投放基础货币的压力。

第二,本币升值会通过"汇率价格传递效应"(Exchange Rate Pass-Through)影响国内物价水平,表现为本币升值后,一方面会引起进口的中间投入品和最终消费品以本币表示的价格下降,直接影响生产者价格和消费者价格;另一方面会引起国外商品对国内商品的替代,导致国内可贸易品价格下跌,并通过劳动力市场引起非贸易品价格的下调。Gagnon et al. (2014)认为目前在编制价格指数时,一些商品价格的变化被忽略了,导致汇率对国内商品价格的传递效应被低估。此外,我们对Taylor(2000)提出的"通胀环境假说"进行了检验(见表8-4),通过引入"关税水平"与"上一期物价水平"的交互项、"名义汇率"与"上一期物价水平"的交互项,我们发现,交互项的符号均显著为正,表明关税税率和名义汇率对物价水平的影响受制于物价水平环境,高通胀环境的经济体其外部冲击对国内物价水平的传递效应更加明显。这主要是由于通货膨胀处于高区制状态时,价格变动的持久性强,厂商更易于将汇率贬值反映到国内价格中,此时的汇率传导性高,而在通货膨胀处于低区制状态时,价格的变动只是暂时的(Taylor,2000)。

表8-4 开放条件下对Taylor"通胀环境假说"的检验

cpi	M2/GDP	L1.M2/GDP	Cpi.ex	L1.(Cpi.ex)	Cpi.tariff	manu	imphig	implow	tob	fdi
	−0.27***	0.093***	0.0004***	−0.0002***	0.172***	0.69***	−1.35***	−0.68***	0.42***	0.098**
Prob>chi2=0						样本观测数:823				

注:*** 表示1%的显著性检验水平。

第三,制造品进口比重越高,越有助于抑制国内物价水平攀升。进口产品按照其类别大致可以划分为初级产品、制造品和服务,由于服务业发展中的"鲍莫尔成本病"现象,制造业部门和服务业部门的生产率进步是非均衡的,服务业的劳动生产率较低(Baumol,1967)。但是,现代产业发展的实践表明,制造业和服务业的发展都不是线性式的,而是交叉互融的,生产者服务业脱胎于制造业,它从制造业中逐渐垂直分离出来并发展成为独立的产业部门,同时,生产者服务又以其强大的支撑功能成为制造业发展的牵引力和推动器,提升制造业的国际竞争力(陈启斐和刘志彪,2013)。因此,随着服务贸易和制造业进口比重的提高,产业发展的外部驱动因素增强,既有利于降低实际生产成本,亦有助于打破国内行业垄断,迫使厂商重新调整产品的成本加成比例,并最终传递到国内生产者价格和消费者价格。

第四,外商直接投资的估计系数为负,且在1%水平下通过了显著性检验。外商直接投资可视为金融开放度的重要指标,随着各国资本开放程度的提高,全球金融市场的不断融合,通货膨胀的额外收益降低了,因此在控制其他变量后,物价水平会随着外商直接投资的增加而减少(黄志刚,2010)。诚然,从需求的角度看,外资的流入会刺激需求,抬升物价;然而,外商直接投资是包括了技术和人员在内的"一揽子要素",其强大的生产能力、"溢出效应"与东道国本土企业的产业关联会增加东道国的总供给,从而重塑一个新的供需结构。消费者物价指数的滞后阶系数为负,表明物价水平的变动存在惯性,由于适应性预期和前瞻性预期的存在,当物价水平在高位运行或者央行投放货币供给量时,市场主体会预期一个更高的物价水平即将到来,并提前采取应对措施,从而催生了更严重的通货膨胀,所以预期容易成为客观通货膨胀的"加速器",使得政府陷入通货膨胀的螺旋陷阱(Coibion & Gorodnichenko, 2013)。货币供给增长率、产出增长率的估计系数均在5%水平下通过了显著性检验,说明开放条件下这些影响国内物价水平的传统因素仍然成立,并且与其他因素交织作用。

四、结论与政策建议

随着产品工序的分解和价值链的全球化配置,贸易的"集约边际"和"拓展边际"快速增长,国际资本加速流动,经济全球化以不可逆转的趋势深度发展,通货膨胀也在开放过程中被抑制,全球经济进入了一个"高增长、低通胀"的"大稳健"时期。我们采集49个国家1994—2018年的数据,利用System GMM方法研究发现,开放经济条件下,制造品进口比重的提高、关税税率的降低、外商直接投资存量的增加均显著抑制了国内物价水平的攀升,表明开放后外部冲击在短期内可能会加速物价水平的波动。但是长期中一国物价水平与其开放程度呈负相关关系,开放程度愈高的国家,其通货膨胀率可能愈低。名义汇率的上扬对物价水平的影响为正,其生成的价格传递强度与一国通胀环境有关,较高的通货膨胀对应着较高的价格传递效应。与此同时,通货膨胀惯性、货币供给、产出增长率等影响物价水平的传统因素仍然有效。基于上述发现,我们认为应该综合运用关税、贸易、金融、汇率等措施多管齐下,具体如下。

第一,大幅度降低关税,增加进口以抑制通胀。发达国家的平均关税水平目前已经削减至2%左右,新兴市场经济体和不发达经济体的关税税率仍然较高,农产品领域的贸易保护主义尤为突出。各国应在继续降低平均关税的同时,重点削减农产品关税,降低粮食的进口成本,抑制大宗农产品价格上涨给国内物价水平带来的压力。而对于一些经常项目持续顺差的国家,需要鼓励资源类、节能降耗、关键零部件等产品进口,以避免国际收支盈余过快增长对国内造成的流动性过剩。

第二,合理安排制造品、服务等进口商品种类,防范国际大宗商品价格上涨对国内形成的输入型通胀压力。在全球价值链分工时代,各国应继续重视制造业的进出口,但对于服务贸易,服务业的外商直接投资也应该给予高度关注,要借助于经济全球化实现国内制造业和服务业的互融并进,提高资源配置的整体效率,降低生产成本。针对近期大宗农产品价格上涨的趋势,进口国应综合运用农产品期货、期权等工具尽可能稳定农产品价格,避免其对上游、中游和下游产业造成冲击。同时,在多边贸易组织框架下,以乌拉圭回合谈判中的《农业协议》为基础,逐步取消农产品补贴,降低农产品关税,从源头上遏制农产品价格的上涨。

第三,加强货币政策的国际协调,注重国际货币纪律,加快全球金融一体化进程。要充分利用金融一体化带来的市场流动性,改善风险分配,加强市场竞争,提高资源配置效率,降低实体经济发展的资金成本。对于本币存在"单边"升值预期的国家,要在确保金融市场和经济稳定的前提下,扩大汇率的浮动区间,增加汇率弹性,减弱市场主体对汇率的升值预期,防止国际投机资本的炒作,缓解国内货币的流动性过剩以及由此造成的对物价上涨的压力。加强各国货币政策在目标、力度和信息方面的协调,避免"货币战",增强货币政策的透明度和纪律性,共同致力于构筑反通胀的宏观审慎政策框架。

第九章 汇率稳定、价格稳定与人民币最优汇率制度弹性

汇率制度选择的研究基本承袭了经济政策制定和分析的规范方法的传统(迪克西特,2004),在既定的经济系统中,选择一个使本国目标函数最大化(收益)或最小化(损失)的制度安排。早期研究主要利用 M-F-D 类型的模型来抽象一国的开放经济系统,以产出稳定(Flood & Marion, 1982; Turnovsky, 1976; Weber, 1981)和价格稳定(Flood, 1979)为标准考察了汇率制度的选择问题。这些研究主要考察了固定和浮动汇率制度孰优孰劣的传统争论。尽管它们利用了经济政策分析的规范方法的传统,但它们都只考虑了端点解所代表的两极汇率制度安排,而忽略了内解所代表的中间汇率制度。从现实来看,"汇率和国际储备的变化常常是相伴而生的,这一事实说明,货币当局倾向于利用中间汇率制度"(Weymark,1997,第 55 页)。

这种缺陷在 Poole(1970)之后得到了纠正。Poole(1970)最早以产出稳定为标准,考察了一国究竟应以利率还是以货币存量作为最优货币政策工具的选择问题。Poole(1970)指出,中央银行政策工具的选择并不一定非要在利率和货币存量二者中选择其一,其实可以采取二者的某种组合作为最优政策工具。这种思想极大地推动了汇率制度选择的研究。很多研究在 M-F 和 M-F-D 框架下,利用 Poole(1970)的思想考察了最优外汇市场干预问题[①]。

[①] 中央银行的外汇市场干预和汇率制度弹性实际上是一个问题的两个方面:外汇市场干预越强,说明货币当局越不愿意让汇率变化来吸收随机冲击对经济的影响,此时汇率制度越缺乏弹性;反之,外汇市场干预越少,那么汇率制度弹性就越高。

但是,考察中间汇率制度安排还需要引入一个连续变量来代表各种汇率制度安排,Boyer(1978)与 Roper & Turnovsky(1980)最早进行了这方面的尝试。Boyer(1978)定义了货币当局通过产品市场和货币市场干预汇率的反应函数,以产出稳定为标准考察了最优的汇率制度选择问题。Roper & Turnovsky(1980)沿着这个思路,定义货币当局的政策反应函数为 $m_t = \gamma e_t$。m_t 表示货币供给(以对数形式表示)与其均衡值的离差;e_t 表示为汇率(单位本币的外币价格,以对数形式表示)与其均衡值的离差,他们在 M-F 框架下,同样以产出稳定为标准考察了中央银行的最优外汇市场干预问题。后来,Aizenman & Frenkel(1985)与 Aizenman & Hausmann(2001)利用这种方法,以就业稳定和通货膨胀稳定之间的权衡关系为标准考察了一国最优的汇率政策安排。

然而,这些研究一方面缺乏对最优汇率制度安排的经验估计,没有充分挖掘最优汇率政策对一国中央银行外汇市场操作的理论和实践含义;另一方面,在 M-F-D 框架下,以价格稳定为标准来考察最优的汇率制度安排,这方面的研究还没有得到重视。目前货币理论认为,货币政策的主要功能是稳定价格。因此,以价格稳定为标准展开这个方面的讨论是具有重要意义的。

回到中国的现实,我们看到,2000年以来,关于人民币汇率问题的讨论和争论逐渐转移到了对人民币汇率制度选择和汇率制度弹性问题的研究上。从研究结论看,大多数文献认为我国在目前或短期内不应舍"中间"而取"两极",但长期看,向浮动的"一极"趋近却是必然的;从使用的分析框架看,对人民币汇率制度选择的研究基本上采用了 M-F-D 模型及其衍生的"三元悖论"或"不可能三角"框架。尽管成果十分丰富,但绝大多数研究过于定性化,基本没有围绕明确的汇率制度选择标准展开,几乎没有文献考察价格稳定目标下的人民币汇率政策问题。这些都为我们的研究留下了空间。

第九章 汇率稳定、价格稳定与人民币最优汇率制度弹性

开放经济中,价格稳定和汇率稳定分别反映了一国的内部和外部均衡目标①,它们也是币值稳定的两个基本内容。但亚洲金融危机以来直至2015年8月汇率形成机制改革期间,我国货币当局的主要目标基本上是维持汇率稳定以保证出口创汇或维持国际收支平衡,这使币值稳定的货币政策目标蜕变为单一的汇率稳定目标,因此人民币汇率形成机制十分缺乏弹性。亚洲金融危机后,人民币汇率机制已经蜕变为事实上的盯住美元的固定汇率制度。2005年7月以来的形势表明,长期以来以汇率为纲的政策导向已经导致了当前中国宏观调控的诸多难题②。那么,如果中国人民银行以价格稳定为基本目标,人民币汇率制度该如何选择,最优的汇率制度弹性是多少呢?

本书在 M-F-D 框架下建立了一个带有随机冲击的经济系统,考察了价格稳定和汇率稳定标准下的最优汇率制度弹性,经验地估计了人民币最优的汇率制度弹性大小,并从理论和实践层面考察了它对中国人民银行外汇市场操作的内涵。

一、模型

我们采用小国开放经济模型,它由三个主要部分构成,即总供给曲线、货币市场均衡曲线和产品市场均衡曲线。求解这个一般均衡模型,可以得到本国汇率和价格的均衡解。

(一) 总供给

模型对总供给层面的描述主要来自 Flood(1979)、Weber(1981)、Flood & Marion(1982)及 Walsh(2010,第九章),采用的是卢卡斯类型的总供给函数。

---

① 凯恩斯(1923)最早指出并区分了一国的货币稳定应该包括内部稳定(价格稳定)和外部稳定(汇率稳定和国际收支平衡)。

② 不可否认的是,2015年8月汇率形成机制改革以来,人民币汇率形成机制的弹性有了显著提高(Das,2019)。

$$y_t = b_1(p_t - E_{t-1}p_t) + e_t, \quad b_1 > 0 \qquad (9-1)$$

其中，y_t 和 p_t 分别表示国内产出和价格水平的对数。e_t 是一个序列不相关的随机干扰项，均值为 0，方差为 σ_e^2。$E_{t-1}p_t$ 是基于第 $t-1$ 期信息的期望算子[①]。

我们认为，我国总供给曲线的基本形状主要是由于劳动力市场的名义工资合约黏性和价格黏性造成的，当然，卢卡斯意义上的"岛屿模型"中的信息不对称也会对我国现实中的总供给产生影响[②][③]。

(二) 产品市场和货币市场

1. 产品市场

小国开放经济中，出口需求构成了本国产品市场的一个重要因素。同时，本国的总需求还要受到预期的本国实际利率的影响。因此，产品市场可表达为[④]：

$$y_t = a_1(s_t - p_t) - a_2(i_t - E_t p_{t+1} + p_t) + u_t \qquad (9-2)$$

其中，$i_t - E_t p_{t+1} + p_t = r_t$，表示预期的实际利率。$s_t$ 是名义汇率，表示单位外币的本币价格。$(s_t - p_t)$ 表示本币的实际汇率。这里外国价格水平是外生变量，被假定为 1，取自然对数后为 0，因此没有进入实际汇率的表达式中。u_t 为序列不相关的随机冲击，均值为 0，方差为 σ_u^2。

2. 货币市场均衡

假定本国居民只持有本币资产（主要是本国货币和债券）和外国债券，不

[①] 更严格地，有 $E_{t-1}x_t = E_t(x_t|\Omega_{t-1})$，$x_t$ 表示模型中的任何变量，Ω_{t-1} 表示第 $t-1$ 期的信息集，它既包括了关于所有变量的信息，也包括了有关模型结构的所有信息。因此，本文中的预期是理性的。

[②] 经验研究表明，这一形式的总供给曲线在我国是基本成立的。

[③] 尽管名义工资黏性总供给模型和价格黏性总供给模型以及信息不完全总供给模型有着不同的理论假说，但这些模型都有着基本相同的形状。并且，这些理论之间并不是相互对立的，而是互补的，所有这些市场不完全性都可能有助于短期总供给行为的形成。

[④] 易行健（2006）、卢向前和戴国强（2005）以及王志强等（2002）为开放经济条件下我国产品市场曲线和货币市场曲线的存在提供了经验证据。

持有外国货币,并且外国居民不持有本国货币。因此,本国居民实际上持有三种资产,即本国货币、本国发行的债券以及外国发行的债券,从而资产市场由本国货币市场、本国债券市场以及外国债券市场构成。小国对本币的实际需求如同经典的 LM 曲线一样,主要受本国名义利率和收入水平影响。因此,

$$m_t^d - p_t = h y_t - k i_t + \varepsilon_t$$

其中,$m_t^d - p_t$ 表示实际货币需求,ε_t 是货币需求冲击,假定是一个序列不相关的、均值为 0,方差为 σ_ε^2 的过程。

假定本国名义货币供给 m_t^s 由中央银行能够控制的部分 m_0 和不同汇率制度安排下受本国汇率水平影响的部分 βs_t 以及货币供给冲击 v_t 构成,即:

$$m_t^s = m_0 - \beta s_t + v_t \quad \beta > 0$$

这里,我们借鉴 Aizenman & Frenkel(1985)与 Aizenman & Hausmann(2001)的方法,β 和 m_0 的值是由政策制定者在上一期期末所预先设定的值。在完全浮动汇率制度安排下,$\beta = 0$。此时,本国货币供给完全由中央银行决定,是经济系统的外生变量;在完全固定的汇率制度下,$\beta \to \infty$。此时,为了维持所承诺的汇率平价,中央银行被迫进行外汇市场干预以维持目标汇率水平。在此条件下,本国货币供给是内生的(Roper & Turnovsky, 1980);$\beta \in (0, \infty)$,这表明本币面临升值或贬值压力时,中央银行通过部分地让汇率升值或贬值,部分地通过外汇市场干预来化解本币的升值或贬值压力。这就意味着本国实行的是中间汇率制度。

显然,β 越大,说明同等幅度的汇率变化对本国货币供给的影响越大,本国货币供给的内生性越强,而中央银行货币政策的独立性就越小,本国越趋向于实行固定汇率制度,汇率制度也就越缺乏弹性。因此,β 实际上可以反映出

一国汇率制度安排的弹性①。β 越大说明一国汇率制度安排越僵化,越缺乏弹性;反之,β 越小,则说明一国汇率制度安排越灵活,弹性越大。由于这里变量都是以对数形式表达的,因此,β 实际上也测度了本国货币供给相对于名义汇率变化的弹性。

货币市场均衡时,

$$m_0 - \beta s_t + v_t = h y_t - k i_t + p_t + \varepsilon_t \quad (9-3)$$

3. 资本管制下的无抛补利率平价

在资本完全流动的前提下,国内外利差与汇率之间的关系可由无抛补利率平价(UIP)来表示,即:

$$i_t = i_t^* + E_t s_{t+1} - s_t \quad (9-4)$$

然而,UIP 成立的前提是资本完全流动。从实际情况看,我国在 1996 年基本实现了经常账户下的人民币自由可兑换,但对资本与金融账户的管制却一直没有放开,对 FDI 等资本流动采取了宽进严出的措施,而对短期的或投机性的资本管制更为严格。按照 IMF 划分的资本账户 7 大类 43 项来看,中国实际上是一个资本并不完全自由流动的半开放国家。如果本国是一个完全

---

① 有关汇率制度实际分类的文献和一些官方提法中就出现过汇率制度弹性这一概念。本书中汇率制度弹性是指在发生随机冲击时,既定的汇率制度安排下,一国允许其汇率多大程度地对这一冲击做出反应。如果随机冲击使本币有贬值(升值)压力时,中央银行不进行任何外汇市场干预而任由汇率变化来化解这种压力,那么,此时本国货币供给不受汇率变化的影响,即 $\infty=0$,这说明本国实行的是浮动汇率制度;反之,如果中央银行进行外汇市场干预以维持其事先所宣称的汇率水平,那么,本国货币供给将随中央银行外汇市场干预的变化而变化,这是固定汇率制度的情形。这种情形下,汇率完全不对冲击做出反应($\beta \rightarrow \infty$);最后,如果中央银行部分地允许汇率变化、部分地通过外汇市场干预来化解这一冲击,那么汇率就只能部分地对冲击做出反应,此时 $\beta \in (0, \infty)$,本国实行的是中间汇率制度。

在本书关于货币供给的设定方程和上述讨论中,我们没有考虑冲销干预的影响。有兴趣的读者可以参阅 Weymark(1997)将冲销干预引入模型中。最后,汇率制度弹性概念和微观经济学教科书中弹性的概念是不同的。其实,二者本身的英文就不同,只是译名相同罢了。在本书中,β 恰好可以同时用来表示汇率制度弹性与货币供给的汇率弹性,这完全是模型设定所造成的巧合。应该指出,本书考虑的是事前的最优汇率制度弹性,这和从事后测算的汇率制度弹性(de facto)是存在差异的。

封闭的经济(资本流动当然是根本不可能的),那么其利率水平将完全由本国货币市场的供求状况决定,而如果本国是资本完全自由流动的国家,那么其利率将完全受制于世界的利率水平,UIP 成立。因此,对中国而言,恰当的利率平价公式为:

$$i_t = w(i_t^* + E_t s_{t+1} - s_t) + (1-w)i' \qquad (9-4')$$

其中,i' 表示完全封闭经济下的利率水平,它完全由本国的货币供求关系决定。w 是实际的资本市场开放程度,$(1-w)$ 则衡量了本国实际的资本管制程度。$(1-w)$ 越大,本国利率就越主要地由国内经济状况来决定,也就意味着本国的资本管制越严格。考虑到中国的实际开放情况,显然有,$0<w<1$。

最后,国外利率冲击会通过资产市场和资产市场上形成的预期传递到我国资产市场,从而对本国宏观经济产生冲击。本文假设国外利率由一个固定的部分 i^* 和一个随机冲击 φ_t 构成,即:

$$i_t^* = i^* + \varphi_t \qquad (9-4'')$$

二、一般均衡解

上面(9-1)至(9-3)、(9-4')以及(9-4'')式构成了我国开放经济系统。系统中内生变量为 y_t, p_t, s_t, i_t,其余变量为参数或是外生的。遵循 Food(1979)、Weber(1981)、Flood & Marion(1982)以及 Walsh(2010)的做法,我们假定经济系统中的供给冲击(e_t)、产品市场冲击(u_t)、货币需求冲击(ε_t)、货币供给冲击(v_t)和国外利率冲击(φ_t)是相互独立的白噪声过程。

首先,把(9-4')和(9-4'')代入(9-2)得到:

$$y_t = a_1(s_t - p_t) - a_2[w(E_t s_{t+1} - s_t + i^* + \varphi_t) + (1-w)i' - E_t p_{t+1} + p_t] + u_t \qquad (9-5)$$

其次,把(9-4')和(9-4'')代入(9-3)得到:

$$m_0 - \beta s_t + v_t = h y_t - k[w(E_t s_{t+1} - s_t + i^* + \varphi_t) + (1-w)i'] + p_t + \varepsilon_t$$
(9-6)

再次,由(9-5)和(9-6)可以得到小国开放经济中的总需求曲线 AD,它被表示为本国价格水平和名义汇率之间的均衡关系:

$$m_0 + v_t - h u_t + (h a_2 + k) w i^* + (h a_2 + k) w \varphi_t - \varepsilon_t + (h a_2 + k)(1-w)i' =$$
$$(h a_1 + h a_2 w + k w + \beta) s_t + (-h a_2 - k) w E_t s_{t+1} + (1 - h a_1 - h a_2) p_t + h a_2 E_t p_{t+1}$$
(9-7)

最后,根据(9-1)、(9-2)、(9-4′)以及(9-4″)得到:

$$(a_1 + a_2 w) s_t - (a_1 + a_2 + b_1) p_t - a_2 w E_t s_{t+1} + b_1 E_{t-1} p_t +$$
$$a_2 E_t p_{t+1} = e_t - u_t + a_2 w i^* + a_2 w \varphi_t + a_2 (1-w) i' \quad (9-8)$$

由式(9-7)和(9-8),根据 McCallum(1981)的最小状态变量法[①],设:

$$p_t = \alpha_0 + \alpha_1 \varphi_t + \alpha_2 v_t + \alpha_3 u_t + \alpha_4 e_t + \alpha_5 \varepsilon_t$$

$$s_t = \phi_0 + \phi_1 \varphi_t + \phi_2 v_t + \phi_3 u_t + \phi_4 e_t + \phi_5 \varepsilon_t$$

---

① 许多带有理性预期的宏观经济模型常常存在多重解(即使这些模型都是线性的)。很多学者认为,解的非唯一性是理性预期假设的一个致命弱点。但是,McCallum(1981)认为,解的多重性不能归咎于理性预期假设,它是任何带有预期的动态模型的共同特征。McCallum(1981)还指出,很多类型的线性理性预期模型中都存在一个简单的解,这个解能够剔除泡沫和 Bootstrap 效应——这些效应之所以产生仅仅是因为人们武断地预测它们要发生而已。McCallum(1981)提出了 MSV 法来求解理性预期模型,这种解能不受这些效应的影响。McCallum(1981)首先定义了最小状态变量集(minimal set of state variables)。该变量集使我们能得到一个对所有可接受参数值都有效的解,但同时,我们不能从该变量集中剔除任何一个单个变量或剔除任何一组变量。

下面利用 McCallum(1981)的例子简单说明这种方法。McCallum(1981)给出的例子是泰勒模型的简化版本。模型中,

$$E_{t-1} p_{t+1} = E_{t-1} p_t + \delta_1 p_t + \delta_0 + u_t \quad [*]$$

其中,p 表示价格水平的对数,u 是白噪声过程,预期是理性的。

该例中最小状态变量集是 1 和 u_t。因此,假设 $p_t = \pi_0 + \pi_1 u_t$。此时,理性预期变量为,$E_{t-1} p_t = \pi_0 + \pi_1 E_{t-1} u_t = \pi_0$,$E_{t-1} p_{t+1} = \pi_0 + \pi_1 E_{t-1} u_{t+1} = \pi_0$。将对价格的假设解和这两个式子代入[*]中,得到,$\pi_0 = \pi_0 + \delta_1 (\pi_0 + \pi_1 u_t) + \delta_0 + u_t$,这意味着,$\pi_0 = -\delta_0 / \delta_1$;$\pi_1 = -1/\delta_1$。从而可以得到均衡解的表达式。关于 MSV 方法的更多介绍,可参阅 Walsh(2010)。

从而有：
$$E_{t-1}p_t = \alpha_0; E_t p_{t+1} = \alpha_0; E_t s_{t+1} = \phi_0$$

将上述假设解和预期关系代入(9-7)和(9-8)分别得到：

$$-m_0 - w(ha_2+k)i^* + (ha_1+\beta)\phi_0 + (1-ha_1)\alpha_0 - (ha_2+k)(1-w)i' +$$
$$[A_2\phi_1 - (ha_2+k)w + A_1\alpha_1]\varphi_t + (A_2\phi_2 - 1 + A_1\alpha_2)v_t +$$
$$(A_2\phi_3 + h + A_1\alpha_3)u_t + (A_2\phi_4 + A_1\alpha_4)e_t + (A_2\phi_5 + 1 + A_1\alpha_5)\varepsilon_t = 0 \quad (9-9)$$

和

$$a_1(\phi_0 - \alpha_0) - a_2 w i^* - a_2(1-w)i + (B_2\phi_1 - a_2 w + B_1\alpha_1)\varphi_t +$$
$$(B_2\phi_2 + B_1\alpha_2)v_t + (B_2\phi_3 + 1 + B_1\alpha_3)u_t + (B_2\phi_4 - 1 + B_1\alpha_4)e_t +$$
$$(B_2\phi_5 + B_1\alpha_5)\varepsilon_t = 0 \quad (9-10)$$

其中，$A_1 = 1 - ha_1 - ha_2; A_2 = ha_1 + ha_2 w + kw + \beta; B_1 = -(a_1 + a_2 + b_1); B_2 = a_1 + a_2 w$。

联立方程(9-9)和(9-10)，可得：

$$p_t = \alpha_0 + \{[w(ka_1 - \beta a_2)]\varphi_t + B_2 v_t + (kw+\beta)u_t + (-A_2)e_t + (-B_2)\varepsilon_t\}/\Delta \quad (9-11)$$

$$s_t = \phi_0 + \{w[a_2(1+hb_1) - kB_1]\varphi_t + (-B_1)v_t + (-1-hb_1)u_t + A_1 e_t + B_1\varepsilon_t\}/\Delta \quad (9-12)$$

其中，

$$\alpha_0 = \{m_0 + [k - (a_2/a_1)\beta]wi^* + [k - (a_2/a_1)\beta](1-w)i'\}/(1+\beta)$$

$$\phi_0 = \{m_0 + [k + (a_2/a_1)]wi^* + [k + (a_2/a_1)](1-w)i'\}/(1+\beta)$$

$$\Delta = A_1 B_2 - A_2 B_1 = (1+hb_1)(a_1+a_2 w) + (kw+\beta)(a_1+a_2+b_1)$$

三、最优汇率制度弹性与政策目标

早期研究没有考虑到内解所代表的中间汇率制度。但现实中的汇率制度安排基本上是介于两极制度安排之间的,既不存在完全的固定汇率制度,也不存在完全的自由浮动。IMF 在 1999 年颁布的第 1 种到第 8 种汇率制度安排和 IMF 在 2009 年发布的第 1 种到第 10 种汇率制度安排,实际上就表现出汇率制度安排的灵活性或弹性不断增加的特征。因此,"固定汇率制度与浮动汇率制度"是一种过分简化了的二分法,实际上存在一个汇率弹性的连续统,它包含了大部分的汇率安排(Frankel,1999)。这启发我们,实际上完全可以根据名义汇率的弹性大小来划分汇率制度(Moosa,2005)和研究汇率制度选择问题。这样,沿着 Poole(1970)等人的思路,我们首先考察价格稳定和汇率稳定目标下的最优汇率制度安排,然后进一步考察政策反应函数中 β 的基本内涵及其对中央银行外汇市场操作的意义,最后是对人民币最优汇率制度弹性的经验估计。

(一) 价格稳定下的最优汇率制度弹性

汇率并不仅仅是本国货币与外国货币的比价,汇率更应是本国政府为了确保国家利益而把汇率作为实现政府政策意图的战略工具。各国的汇率制度选择更多的是考虑所选择的汇率制度是否能最大限度地实现本国整体的社会福利,或者说能否最低成本地实现自己的政策意图。并且近年来我国日益面临通货膨胀风险,保持价格稳定逐渐成为理论界和决策层的基本政策主张。如果中国人民银行放弃过去十年来实践中所奉行的汇率稳定目标,而代之以价格稳定,那么,相应地,中国人民银行应该实行什么汇率制度来保证其价格稳定目标的实现呢? 对于价格稳定目标,我们假定这一基本目标是实现价格水平围绕均衡水平($\bar{p}$)波动的基本稳定,即目标函数为:

$$\mathrm{Min}\, L = E_t[(p_t - \bar{p})^2]$$

模型的稳态可以通过式(9-1)至(9-4″)来设定。当系统中所有的冲击为 0,且预期实现时模型达到稳态(Roper & Turnovsky,1980),从而解得:

$$\bar{p} = \alpha_0 = \{m_0 + [k-(a_2/a_1)\beta]wi^* + [k-(a_2/a_1)\beta](1-w)i'\}/(1+\beta) =$$
$$E_{t-1}p_t = E_t p_{t+1}① \qquad (9-13)$$

由上式可知,我们所设定的价格稳定目标就等同于价格预期误差的最小化标准(Flood,1979),或是价格水平的基本稳定,即目标函数为:

$$\text{Min}\, L = E_t[(p_t - \bar{p})^2] = E_t[(p_t - E_{t-1}p_t)^2]$$

在这个最小化目标函数中,我们根据(9-11)解出价格水平预期误差的表达式,然后代入这个损失函数可得:

$$\text{Min}\, L = \text{Min}\{[w(ka_1 - \beta a_2)]^2 \sigma_\varphi^2 + B_2^2 \sigma_v^2 + (kw+\beta)^2 \sigma_u^2 + (-A_2)^2 \sigma_e^2 + (-B_2)\sigma_\varepsilon^2\}/\Delta^2$$

一阶条件为:

$$\{w^2(ka_1 - \beta a_2)[-a_2\Delta + B_1(ka_1 - \beta a_2)]\sigma_\varphi^2\}/\Delta^3 + [B_1 B_2^2 (\sigma_v^2 + \sigma_\varepsilon^2)]/\Delta^3 + \{(kw+\beta)[\Delta + B_1(kw+\beta)]\sigma_u^2\}/\Delta^3 + (A_1 A_2 B_2 \sigma_e^2)/\Delta^3 = 0$$

解此一阶条件,可以得到目标函数最小化时的人民币最优汇率制度弹性为:

$$\beta^* = [w^2(k^2 a_1^2 B_1 - ka_1 a_2 \Delta')\sigma_\varphi^2 + B_1 B_2^2(\sigma_v^2 + \sigma_\varepsilon^2) + w(k\Delta' + k^2 B_1 w)\sigma_u^2 + (A_1 A_2' B_2 \sigma_e^2)]/[w^2(ka_1 a_2 B_1 - a_2^2 \Delta')\sigma_\varphi^2 - (\Delta' + kwB_1)\sigma_u^2 - A_1 B_2 \sigma_e^2]②$$

其中,$A_2' = ha_1 + ha_2 w + kw$; $\Delta' = A_1 B_2 - A_2' B_1 = (1+hb_1)(a_1 + a_2 w) + kw(a_1 + a_2 + b_1)$。

首先,假设产品市场冲击、货币性冲击和总供给冲击都为0,而国外资产市场冲击不为0。之所以对这一情形给予特别关注,原因在于,我们可以考察

---

① 当系统处于稳态时,均衡的产出水平则恰好为0(如果在总供给模型中加入自然率产出水平,那么均衡产出恰好等于自然率产出水平。忽略这一项不会影响模型结论,但会给模型求解带来一定的便利)。此时,价格稳定目标的背后就隐含着产出稳定目标。

② 从这个最优汇率制度弹性的表达式不难看出,即使在完全的资本流动条件下($w=1$),本国仍然可以选择某种中间汇率制度安排,这和Frankel(1999)的观点是完全一致的。

长期以来的一个争论,即浮动汇率制度能否使国内经济免受国外冲击的影响,即考察浮动汇率制度的绝缘性。此时,有:

$$0 < \beta^* = (k^2 a_1^2 B_1 - k a_1 a_2 \Delta')/(k a_1 a_2 B_1 - a_2^2 \Delta') < +\infty$$

显然,除非本国货币需求的利率弹性为 $0(k=0)$ 或实际汇率对本国产出没有影响($a_1=0$),否则浮动汇率制度并不是理想的国外冲击的绝缘体。

其次,我们可以考察一下什么条件下固定和浮动汇率制度是我国最优的政策选择。对固定汇率制度而言,这要求解的分母趋近 0。显然,只有在国外冲击(σ_φ^2)、本国产品市场冲击(σ_u^2)和总供给冲击(σ_e^2)满足非常复杂的约束条件时才能使分母为 0。一个非常直观的充分条件是当这三个冲击同时为 0 时,固定汇率制度对我国而言才是最优的。

对浮动汇率制度而言,这要求最优解分子为 0。同样,这意味着经济系统中各种经济冲击和经济结构参数之间应满足比较复杂的关系才能使表达式的分子为 0。一个直观的充分条件可能是 $k=\sigma_v^2=\sigma_\varepsilon^2=\sigma_e^2=0$,这要求本国不存在货币性冲击和总供给冲击,并且本国货币需求的利率弹性为 0,货币政策不影响货币需求。

但是,很显然,我国现实的经济运行是同时受到各种经济冲击的影响的,并且我国货币需求的利率弹性并不为 0。因此,由上面的分析可知,人民币最优汇率制度弹性解并不总为 0,也不是时时都趋向于无穷大。由此得到,

命题一:最优的人民币汇率制度是 β^* 这一内解所代表的中间汇率制度。

命题二:最优汇率制度不仅取决于本国所面临的经济冲击类型和冲击大小,也取决于本国的经济结构特征、经济系统参数的大小和资本的流动程度。

命题一和二与传统的 M-F-D 分析结论及不可能三角或三元悖论是相悖的。这个结论表明,中国人民银行在保持货币政策独立性以维持国内价格稳

定的前提下,采取某一中间汇率制度安排是完全可行的①。但是,这一中间制度安排却受到了资本管制程度的影响,并且这种影响是非线性的。

现实经济发展实践中,各国政府所面临的政策目标不尽相同,各国经济所面临的冲击类型和冲击大小也不相同,这就导致了现实中各国汇率制度安排的多样性。并且,在一国的经济发展实践中,一国所面临的经济结构和经济冲击很可能会发生变化。因此,随着一国经济发展阶段的不同,一国政府的政策目标也可能发生变迁,从而导致最优的汇率制度选择不断地发生变化。于是可以得到如下推论。

推论:没有一种汇率制度适合所有国家,也没有一种汇率制度适合于一个国家的所有时期。一国的汇率制度选择其实是一个动态变迁的过程。

(二) 汇率稳定目标下的最优汇率制度弹性

1994 年人民币汇率并轨改革以来,尤其是亚洲金融危机后,中国人民银行承诺维持人民币汇率的基本稳定,汇率稳定目标在此后十年中成为首要政策目标。那么,在汇率稳定作为政策标准的前提下,最优的人民币汇率制度是什么呢? 这一点是显而易见的。对(9-12)式两边取方差,很容易求解出,最优的制度弹性 $\beta^* = +\infty$,即最优的制度安排是实行完全的固定汇率制度。这说明,为了维持汇率稳定,人民银行在面临人民币汇率变动时,应该最大限度地干预外汇市场。

命题三:以名义汇率稳定作为人民币汇率政策基本目标的前提下,最优的汇率制度选择是固定汇率制度。

政府以名义汇率稳定作为政策目标时,对(9-12)式两边取方差,得:

$$\text{Min} \sigma_s^2 = \{w[a_2(1+hb_1)-kB_1]/\Delta\}^2 \sigma_\varphi^2 + (-B_1/\Delta)^2 \sigma_v^2 + [(1+hb_1)/\Delta]^2 \sigma_u^2 + (A_1/\Delta)^2 \sigma_e^2 + (B_1/\Delta)^2 \sigma_\varepsilon^2$$

---

① 实际上,Frankel(1999)就曾指出,一国可以同时拥有一半的稳定性和一半的独立性,没有必要非要在 Krugman 意义上的三个目标之间进行非此即彼的选择或权衡。

一阶条件为:

$$\partial \sigma_s^2/\partial \beta = 2B_1\{w^2[a_2(1+hb_1)-kB_1]^2\sigma_\varphi^2 + B_1^2\sigma_v^2 + (1+hb_1)^2\sigma_u^2 + A_1^2\sigma_e^2 + B_1^2\sigma_\varepsilon^2\}/\Delta^3 = 0$$

因为 $B_1 \neq 0$,并且式中各项分子也不可能同时为 0,

又因为 $\Delta = A_1B_2 - A_2B_1 = (1+hb_1)(a_1+a_2w)+(kw+\beta)(a_1+a_2+b_1)$,

所以,当 $\beta \to \infty$ 时,$\Delta \to \infty$,$\partial \sigma_s^2/\partial \beta \to 0$。

即当本国实行固定汇率制度时,本国名义汇率的波动是最小的(实际上,如果中央银行能维持固定汇率制度的承诺,那么理论上来说本国的名义汇率为 0,这显然是各种汇率制度安排中最稳定的)。

(三) 对 β 和 β^* 经济含义的进一步说明

我们前面曾对 β 的含义做了说明。这里,我们从外汇市场压力(Exchange Market Pressure,下文简称 EMP)的角度来进一步讨论 β 的经济含义。在我们的模型框架中,外汇市场压力可以定义为由随机冲击等因素而导致的对本币的超额需求(或供给)[①]。在本币面临外汇市场压力时,一国常常面临三种选择:一是通过外汇市场干预来完全吸收或消化这种压力;二是任由汇率变化来吸收市场压力;三是采取二者的某种组合。因此,货币当局在面临外汇市场压力时,常常得在多大程度地允许汇率变化和多大程度地干预外汇市场之间进行权衡。

为了说明这种权衡,我们取消此前关于政策反应函数的假设,直接假定本国的名义货币供给为 m_t^s。那么,利用 McCallum(1981)MSV 法可以求出均衡时的汇率水平为:

---

① EMP 通常和官方持有的外汇储备和名义汇率的变化联系在一起,这一概念最早由 Girton 和 Roper(1977)提出,后来 Weymark(1997)给出了正式的定义。它测度的是,"在给定实际实施的政策所产生的预期的前提下,以汇率水平变化所表示的国际市场上对某种货币的全部超额需求。这种超额需求是在没有外汇市场干预的情况下,汇率水平所应进行的相应变化以消除的超额货币需求"。(Weymark,1997,第 59 页)

$$s_t = m_t^s + \phi_0' + \{w[a_2(1+hb_1) - kB_1]\varphi_t + (-1-hb_1)u_t + A_1 e_t + B_1 \varepsilon_t\}/\Delta$$
(9-12′)

其中，$\phi_0' = [k+(a_2/a_1)]wi^* + [k+(a_2/a_1)](1-w)i'$。

式(9-12′)说明，当本国面临随机冲击而导致的对本币的超额需求(或供给)时(如一个正向的产品市场冲击将导致对本币的超额需求)，一国化解这种外汇市场压力的途径不外如上三种途径。这说明，在本币供给和汇率之间是存在权衡的。这是文献中设定 $m_t^s = m_0 - \beta s_t + v_t$ 这一政策反应函数的理论基础。

这个表达式为我们提供了衡量本国外汇市场压力大小以及货币当局应如何干预、多大程度地干预外汇市场的手段。当本国发生经济冲击而导致 EMP 曲线右移时(如一个正向的产品市场冲击)，那么或者本币升值，或者本国货币供给增加以满足经济均衡的要求，此时本国存在负的外汇市场压力；反之，当经济冲击使 EMP 曲线左移时(如负向的产品市场冲击)，那么或者本币贬值，或者本国货币供给减少以保持经济均衡，此时本国面临正的外汇市场压力；在不存在经济冲击时，EMP 线经过点 $(-\phi_0', \phi_0')$[①]，此时本国外汇市场压力为 0(图9-1)。

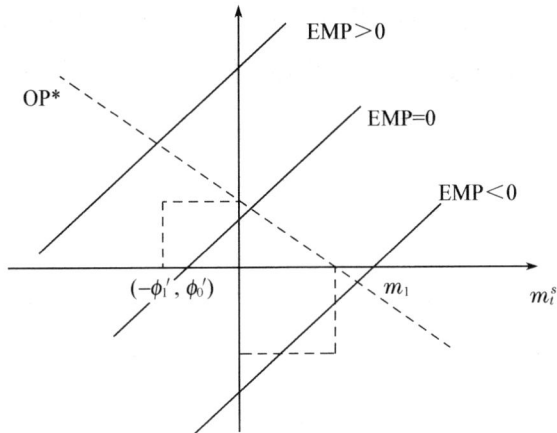

图 9-1　外汇市场压力曲线与最优政策反应

---

① 为便于说明问题，图 9-1 中的原点坐标被设为 $(-\phi_0', \phi_0')$，实际上相当于将以 $(0,0)$ 为原点的坐标系中的所有线同时向右、向下平移了。这并不影响本文结论。

因此,给定随机冲击的当前值,EMP曲线揭示了为实现既定的目标汇率水平所需的干预程度。如果货币当局实行固定汇率制度,那么所需的干预程度就是存在外汇市场压力时的 EMP 曲线与横轴的交点。数量为正,表示应该增加货币供给,反之则应降低货币供给。例如,从图9-1可见,当 EMP＜0 时,本币存在升值压力,那么中央银行应该增加本币供给,增加的数量为 m_1;如果本国货币当局实行浮动汇率制度,那么,汇率应该等于市场出清的汇率水平,即等于 EMP 线和纵轴的交点;如果货币当局部分地允许汇率变化来吸收或消化外汇市场压力,部分地通过外汇市场干预来吸收的话,那么本国就应该在 EMP 线与横轴和纵轴交点之间的线段上选择相应的政策措施或制度安排。

因此,我们可以设定货币当局的政策反应函数,$m_t^s = m_0 - \beta s_t + v_t$。离差形式为:

$$\bar{m} = -\beta \bar{s}$$

其中,$\bar{m} = m_t^s - m^*$,$\bar{s} = s_t - s^*$。带星号的变量分别表示相应变量的均衡值。这样,重写后的反应函数实际上就将货币当局的外汇市场干预表示为汇率偏离其均衡水平的函数。在以价格稳定作为我国货币当局政策目标的情况下,我们把设定的政策反应函数代入到本文设定的模型中,就得到了最优的 β 值(β^*)。于是有:

$$\bar{m} = -\beta^* \bar{s} + v_t$$

这个最优的反应函数由图9-1中 OP^* 曲线表示。从图可见,对任何的 β^*,由随机冲击所引起的外汇市场压力都可以同时通过 s_t 和 m_t^s 的线性组合加以化解。较大的 β^* 意味着货币当局更多地通过外汇市场干预来进行调节;而较小的 β^* 则表明货币当局更多地倾向于由汇率变化来吸收外汇市场压力。极端的情况就是我们所指出的,$\beta \to \infty$ 时,意味着本国实行固定汇率制度;而 $\beta = 0$ 时,则意味着本国实行了完全的浮动汇率制度。而选择 β^* 则表明,本国实行了某种形式的中间汇率制度安排。至于最优的 β^* 究竟是多少,这显然是一个经验估计问题。下文将对此做出估计。

四、经济结构参数的估计

本小节利用联立方程计量经济模型估计方法估计上一节所建立的理论模型的结构参数,在此基础上估计最优的人民币汇率制度弹性。

根据前文建立的结构主义模型,为了估计人民币最优汇率制度弹性 β^*,我们需要估计如下参数:(1) 估计上一节建立的经济结构模型参数(b_1、a_1、a_2、h 和 k);(2) 估计总供给冲击(σ_e^2)、产品市场冲击(σ_u^2)和货币市场冲击(σ_ϵ^2);(3) 估计货币供给冲击(σ_v^2)、资本管制程度(w)和国外利率冲击(σ_φ^2)。由于我们建立的理论模型是结构主义模型,因此我们首先利用联立方程估计方法估计模型参数和总供给冲击、产品市场冲击与货币市场冲击。

(一) 总供给曲线

在进行结构参数估计之前,我们重新改写理论模型使之更适合计量估计。首先根据本文第一节设定的总供给曲线模型:

$$y_t = b_1(p_t - E_{t-1}p_t) + e_t \tag{9-1}$$

由于价格是以对数形式表达的,因此,$p_t - E_{t-1}p_t = p_t - p_{t-1} - (E_{t-1}p_t - p_{t-1}) = \pi_t - E_{t-1}\pi_t$。从而可以把总供给模型进一步改写为:

$$y_t = b_1(\pi_t - E_{t-1}\pi_t) + e_t$$

在这两个总供给模型中,我们其实省略了潜在产出 y_t^*,这样处理方便了第一节理论模型的推导,但是并不影响理论研究的定性结论。而在经验估计中,我们重新把这个因素考虑进来,于是总供给模型变成:

$$y_t - y_t^* = b_1(\pi_t - E_{t-1}\pi_t) + e_t \tag{9-14}$$

这个模型表明了当期的产出缺口($y_t - y_t^*$)和没有预期到的通货膨胀之

间的关系。理论的或先验的分析表明,这种关系是正向的。

在对总供给曲线的经验研究和估计中,有两个问题需要进一步说明:一是预期通货膨胀率的估计,二是潜在产出的估计。

1. 通货膨胀预期的处理

对预期形成问题,经济学中有三种预期形成机制。一是静态预期。这种预期简单地把上一期的实际通货膨胀率看作是当期的预期通货膨胀率,即有 $\pi_t^e = \pi_{t-1}$。二是适应性预期(Adaptive Expectation),又称为前进式预期(Progressive Expectation)。这种预期假设经济主体在形成对现期的预期通货膨胀率时,会考虑到上一期的预期误差,即 $\pi_t^e - \pi_{t-1}^e = \gamma(\pi_{t-1} - \pi_{t-1}^e)$。三是理性预期。

从我国实际经济运行看,尽管1994年以后,我国价格水平波动相对来说比较平稳了,但由于1994年以来经济转型中频繁的制度变革和市场化改革等因素的影响,我国居民的预期形成仍然并不是十分理性的,已有的经验研究基本上采取了静态预期假设,即以上一期的通货膨胀率作为预期的本期通货膨胀率的近似替代。基于此,本书也采用静态预期,即以上一期通货膨胀率作为预期的本期通货膨胀率的近似替代,从而有 $E_{t-1}\pi_t = \pi_{t-1}$。

2. 潜在产出的处理

我们采用 H-P 滤波技术估计潜在产出,这也是目前宏观经济学中所比较广泛采用的方法。从技术层面来说,H-P 滤波是 Hodrick 和 Prescott 在20世纪80年代提出来的一种双侧线性滤波。它通过使原序列 x 的平滑序列(smoothed series)s 和原序列之间的方差最小化来计算平滑序列 s,方差最小化是一个关于 s 的二阶差分的惩罚函数,即使下式最小化:

$$\text{Min} \sum_{t=1}^{T}(x_t - s_t)^2 + \lambda \sum_{t=2}^{T-1}[(s_{t+1} - s_t) - (s_t - s_{t-1})]^2$$

其中，λ 是控制序列 s 平滑程度（smoothness）的惩罚参数（penalty parameter），其值大于 0。λ 越大，序列 s 就越平滑。当λ趋向于无穷大时，就可以得到一个线性趋势。在一般的计量经济学软件中，年度数据λ一般取值为 100（OECD 的建议是 25，季度数据取值为 1 600，月度数据取值为 14 400）。

（二）货币市场曲线

在理论模型部分，我们假设货币需求服从如下关系：

$$m_t^d - p_t = hy_t - ki_t + \varepsilon_t, h, k > 0$$

并且，我们还假定本国名义货币供给 m_t^s 由中央银行能够控制的部分 m_0 和不同汇率制度安排下受本国汇率水平影响的部分 $-\beta s_t$ 以及货币供给冲击 v_t 构成，即：

$$m_t^s = m_0 - \beta s_t + v_t \quad \beta > 0$$

货币市场均衡时有：

$$m_0 - \beta s_t + v_t = hy_t - ki_t + p_t + \varepsilon_t \tag{9-15}$$

对于货币供给的设定，我们做进一步修正。我们将 m_0 视为中央银行资产中国内信贷部分，而将不同汇率制度安排下受本国汇率水平影响的部分 $-\beta s_t$ 视为中央银行持有的外汇储备（fr_t），即有：

$$m_t^s = m_0 + fr_t + v_t$$

$$fr_t = -\beta s_t \tag{9-16}$$

这样，方程(9-14)、(9-15)、(9-16)加上方程(9-2)、(9-4′)以及(9-4″)就构成了待估计的联立方程系统。应该指出的是，上述修改不会影响本章第一节的理论分析和结论。

(二) 数据与估计

1. 数据及处理

利用上述模型进行结构参数估计的样本期为 2000 年 1 月—2018 年 12 月,各变量说明如下。

(1) 本国价格指数。我们采用 CPI 环比指数作为本国价格指数的代理指标。其中 2001 年 1 月—2018 年 12 月数据来自国家统计局统计数据库,其余摘自宋海林、刘澄(2003)。由于该指数序列具有明显的季节性特征,本文采用 X13 法进行了季节调整,并且计算了以 1999 年 12 月为基期的定基比指数。我们利用环比价格指数计算通货膨胀指标。

(2) 实际产出(y_t)。由于我国没有公布 GDP 月度数据,为解决这一问题,我们首先计算月度工业增加值和年度工业增加总值,由此估计各月工业增加值占全年工业增加值的比重。然后,我们利用该比重与 GDP 年度值相乘以估计月度 GDP 数据。其中 1999 年 12 月—2006 年 12 月的月度工业增加值数据来自《中国经济景气月报》各期,2007 年 1 月—2018 年 12 月的月度工业增加值数据根据国家统计局统计数据库公布的工业增加值同比增速估计得到。最后,我们利用 X13 法将 GDP 月度数据进行季节调整,再利用 CPI 定基比指数剔除价格因素后得到实际产出,然后利用 H-P 滤波得到潜在产出(y_t^*)和产出缺口($y_t - y_t^*$)。

(3) 货币需求中的利率(i_t)。我们采用 30 天银行间同业拆借加权平均利率作为债券利率的代理指标。其中 1999 年 12 月—2001 年 12 月的数据来自《中国证券期货统计年鉴》(2000—2002),其余数据摘自中国人民银行公布的《全国银行间同业拆借交易统计表》。国外利率(i_t^*)也采用 30 天的美国联邦基金有效利率,数据来自 St. Louis Fed。

(4) 产品市场中的贷款利率(l_t)。我们采用 5 年以上人民币贷款基准利率减去实际的通货膨胀率作为产品市场利率的代理指标。

(5) 实际汇率($reer_t$)。我们采用BIS发布的人民币实际有效汇率作为产品市场实际汇率(s_t-p_t)的代理指标。应该指出的是,理论模型中(s_t-p_t)上升意味着人民币实际汇率贬值,但BIS公布的实际有效汇率上升则意味着人民币实际汇率升值。因此,我们应在回归结果该指标的系数前加以负号才能符合理论模型的预期方向。修正的无抛补利率平价中涉及的预期汇率(s_{t+1}^e),我们采用完全预期进行处理,即有$s_{t+1}^e=s_{t+1}$。在2000—2018年期间,人民币大多数时候处于单边升值的情况,因此,采用这种预期形式是合理的。

(6) 货币供给、国内信贷和外汇储备。货币供给(m_t):我们采用M1口径的狭义货币量,数据来自中国人民银行公布的《存款性公司概览报表》。国内信贷(d_t):由于国内信贷规模不能直接从中国人民银行资产负债表中获得,我们依据"国内信贷=资产-国外净资产"这一统计恒等式,利用中国人民银行资产负债表中的总资产减去国外净资产来估计国内信贷规模。外汇储备(fr_t)。该数据来自中国人民银行持有的外汇数量。我们利用X13法对货币供给(m_t)、国内信贷(d_t)和外汇储备(fr_t)等指标进行季节调整以剔除季节性因素的影响。

2. 模型识别和参数估计

方程(9-14)、(9-15)、(9-16)加上第一节中的方程(9-2)、(9-4′)以及(9-4″)就构成了待估计的联立方程系统。其中,只有总供给曲线(9-14)、产品市场方程(9-2)、货币市场方程(9-15)是随机形式的,需要对其中参数进行估计。其他方程都不需要估计。如果我们利用普通最小二乘法对联立方程系统中的结构式方程直接进行估计,那么我们可能得到有偏且不一致的参数估计结果。另外,本文构建的结构方程系统中随机扰动项也可能存在异方差和序列相关,考虑到这些约束,我们使用广义矩估计方法(GMM)估计联立方程系统。

在进行估计之前,我们采用阶条件来判定联立方程系统中待估计方程(9-14)、(9-2)和(9-15)的可识别性。使用该方法首先要确定联立系统中内生变量和外生变量的个数,然后比较整个联立系统中外生变量个数和每个待估方程中斜率参数的个数。若外生变量的个数大于斜率参数的个数,则该方程过度识别;若外生变量的个数等于斜率参数的个数,则该方程恰好识别;若外生变量的个数小于斜率参数的个数,则该方程不可识别。

在我们构建的联立方程系统中,内生变量有 7 个,分别为:实际产出(y_t)、货币供给(m_t)、利率(i_t)、外汇储备(fr_t)、实际汇率($reer_t$)、实际贷款利率(l_t)和准备金(rr_t)。外生变量有 4 个,分别为:潜在产出(y_t^*)、国内信贷(d_t)、国外利率(i_t^*)以及汇率预期(s_{t+1}^e)。待估计的总供给曲线参数只有 1 个(b_1),产品市场方程(9-2)的参数有 2 个(a_1、a_2),货币市场方程(9-15)的参数也有 2 个(h、k)。由此可见,我们联立方程系统中 3 个待估计方程都是可以识别的,并且都是过度识别。

我们将联立方程系统中所有的外生变量当期值直至滞后 12 期的值作为工具变量。由于待估计的联立方程系统是时间序列模型,因此,我们利用 EViews 10.0 软件,选择 GMM-HAC(Heteroskedasticity Autocorrelation Consistent Covariance Matrix,HAC)估计方法进行参数估计,在具体估计过程中,我们选择了系统默认的 Bartlett 核函数和固定带宽。各待估计方程回归结果见表 9-1。

表 9-1　参数估计结果

$y_t - y_t^* = b_1(\pi_t - E_{t-1}\pi_t) + e_t$			$y_t = a_1(s_t - p_t) - a_2(i_t - E_t p_{t+1} + p_t) + u_t$			$m_0 - \beta s_t + v_t = h y_t - k i_t + p_t + \varepsilon_t$		
参数	估计值	p 值	参数	估计值	p 值	参数	估计值	p 值
b_1	0.271	0.0000	a_1	-2.180	0.0000	h	1.190	0.0000
			a_2	-0.023	0.0000	k	0.011	0.0000
Adj. R2=-0.034;DW=1.831			Adj. R2=0.991;DW=2.345			Adj. R2=0.992;DW=2.515		

注:本表未报告产品市场回归模型截距项和对各方程残差项的调整结果。

五、最优汇率制度弹性与政策含义

(一) 其他参数的估计

为了估计人民币最优汇率制度弹性 β^*,我们还需要估计我国所面临的货币供给冲击(σ_v^2)和国外利率冲击(σ_φ^2)。

对于前者,考虑到 1994 年人民币汇率并轨改革以来,我国所面临的货币性冲击,尤其是持续的经常账户顺差和持续的大规模资本流入对中国造成的货币性冲击,使我国外汇占款投放逐年增加,构成了我国近年来最为重要的货币冲击。因此,本文借鉴 Flood 等(1988)的估计方法,利用 M1(取自然对数后)的 AR(2)的回归残差的样本方差($0.048\,0=0.021\,9^2$),作为我国货币供给冲击的近似替代。回归结果如下:

$$\ln M = 1.045 \ln M_{-1} - 0.045 \ln M_{-2}$$
$$(177.2) \qquad (-131.9)$$
$$R2 = 0.999; Adjusted\ R2 = 0.999; D-W = 2.019$$

对于外国利率冲击(σ_φ^2)的估计,本文选择以 1994—2006 年 4 季度美国联邦基金有效利率(effective federal funds rate)的方差作为近似替代。其样本标准差为 0.019 8,方差为 0.039 0。

最后,本章还需要估计我国的资本开放程度。根据孙立坚(2005)的估计,我国的资本管制($1-w$)大约在 0.52。而从我国资本项目可兑换情况来看,较多限制和严格限制的项目占全部项目的为 55.8%。本文取二者的均值 0.539 作为我国资本管制程度的度量,因此,资本开放程度 $w=0.461$。

至此,我们已经得到估计最优汇率制度弹性所需的各个参数和冲击的估计值(表 9 - 2)。将上述参数值代入本文第一节最优的人民币汇率制度弹性表达式中,可以得到估算的人民币最优汇率制度弹性(β^*)约为 2.61。

表 9-2 最优汇率制度弹性各参数和冲击估计值

参数	b_1	a_1	a_2	h	k	w
估计值	0.271	−2.180	−0.023	1.190	0.011	0.461
参数	σ_e^2	σ_ε^2	σ_v^2	σ_u^2	σ_φ^2	
估计值	12.624	0.240	0.048	0.250	0.039	

资料来源:本文估计。

(二) 政策含义

最优的人民币汇率制度弹性究竟意味着什么呢? 从本章第一节对 β 和 β^* 的经济含义的分析可知,我们可以从三个方面来解释这个最优的人民币汇率制度弹性。首先,由于这个最优的汇率制度弹性为 2.61,说明人民币汇率制度采用中间解。其次,我们还可以考察这个估计值对我国外汇市场干预等政策操作的基本意义。理论上来说,这个最优的汇率制度弹性说明,本币汇率每贬值(或升值)1%,我国货币供给应该相应地减少(或增加)261%,即,理论上来说,我国货币供给的汇率弹性大约为 261%,这样才能保持价格的基本稳定。

最后,通过比较最优的人民币汇率制度弹性(2.61)与利用事后数据估计的实际的汇率制度弹性值[1],我们可以评估 2000 年以来实际经济运行中人民币汇率制度的改革情况。从 2000 年 1 月以来人民币汇率政策的实践中,我们可以看出如下问题。

首先,2000 年 1 月至 2005 年 6 月期间,货币变化均为 0,货币供给的汇率弹性接近无穷大,2005 年 7 月至 2015 年 7 月期间,货币供给的汇率弹性平均为 21.86[2]。这两个历史时期中,实际的货币供给弹性值远高于我们估计得到

---

[1] 利用事后数据估计的货币供给的汇率弹性,即实际的汇率制度弹性值 $=-(\Delta M_2/M_2)/(\Delta S/S)$。

[2] 我们计算平均弹性时剔除了 2014 年 6 月份的数据,因为该月汇率没有变化,弹性趋近无穷大。

的最优汇率制度弹性的理论值,这说明 2000 年 1 月以来,人民币平均来说是更缺乏弹性的。从这个意义上来说,1994 年人民币汇率并轨改革和 2005 年 7 月 21 日的汇率形成机制改革都没有实现提高汇率弹性的目标。此外,我们还应注意到,这两个时期的数值远高于理论值,这说明这两个时期中货币供给的过度扩张一方面使中国人民银行维持了人民币汇率的基本稳定,另一方面也导致了持续的价格上涨压力。

其次,2015 年 8 月至 2018 年 12 月期间,货币供给的汇率弹性平均值为 0.518,远远低于我们估计的人民币最优汇率制度弹性的理论值。这一方面说明 2015 年 8 月 11 日的汇率形成机制改革确实提高了人民币汇率的弹性,这个观测和目前部分文献的结论是一致的(Frankel,2017;Das,2019);但另一方面也说明,当前我国汇率形成机制弹性化的步伐可能太快了,反而不利于宏观价格的稳定。

六、结论

本章在 M-F-D 模型框架下考察了人民币最优汇率制度弹性,并利用联立方程模型估计方法估计了最优的汇率制度弹性值。我们的研究表明:(1) 政策当局不同的汇率制度选择标准或目标不仅会影响最优的汇率制度选择,也可能对宏观经济(如价格水平)产生不同的影响;(2) 1994 年汇率并轨改革以来直到 2005 年 7 月汇率形成机制改革之后的很长一段时期内,我国一直将汇率稳定目标置于价格稳定目标之上,这种政策导向致使很长一段时期内人民币汇率形成机制是缺乏弹性的,货币供给的汇率弹性是远高于我们估计的理论值的,这是 2000 年 1 月至 2015 年 7 月期间中国过度的货币扩张和价格上涨的直接原因;(3) 2015 年 8 月汇率形成机制改革以来人民币汇率弹性的实际值低于我们计算的理论值,这说明尽管 2015 年 8 月以来人民币汇率弹性得到了显著的提高,但我们也应警惕汇率改革的步子过快所可能导致的价格波动风险。

第十章　金融冲击、资本监管与货币政策调控

中国的金融体系以银行为主导,金融资产90%以上由银行业持有,其中半数以上银行业资产是发放贷款和垫款,因此控制银行信贷风险对于防范系统性金融风险至关重要。银行监管的核心是资本监管,2004年银监会推出《商业银行资本充足率管理办法》开始了对商业银行的资本监管,以控制银行风险资产扩张,尤其是信贷扩张。同时,信贷也是中国货币政策影响宏观经济的主渠道,货币政策和资本监管对信贷都具有重要影响。为更好地实现"稳物价、控风险"双重调控目标,必须充分发挥资本监管对金融风险的抑制功能,为货币政策调控宏观经济减负、增效,同时必须加快完善货币政策与资本监管的配合机制、充分形成政策合力。[①]

本章我们以银行部门为模型构建的重点,系统分析金融风险引致的金融冲击如何影响宏观经济金融波动,以"稳物价、控风险"双重目标为评价标准,评判货币政策与资本监管的配合效应,并甄别货币政策与资本监管的最优配合模式。

一、文献综述

与此次西方国家爆发金融危机使金融风险得以显性释放不同,中国银行业面临的系统性金融风险具有隐而不发的潜在性特征。但是两者具有共通之

---

① 对此,《十三五规划纲要》首次明确将"防控风险"纳入宏观调控目标体系,并首次提出要"构建货币政策与审慎管理相协调的金融管理体制"。(参见陈彦斌:《"十三五"规划纲要关于宏观调控的新思路》,《光明日报》2016年5月4日第015版)

处,即在经济金融交互关系越发紧密复杂的今天,金融冲击对实体乃至经济全局都会产生重大影响,因此必须正视金融冲击的危害并寻求行之有效的应对之策。肇始于2007年的美国次贷危机发端于金融部门的突然亏损,旋即演变为一场世界范围内的重大危机,最终酿成实体和金融的严重衰退,同时危机也推动了政策部门和学术界对于金融宏观调控的改革与反思。透视此次危机不难得出两点教训:第一,当前金融部门对经济周期波动的影响已十分明显,初始微小的金融冲击借由金融摩擦和放大机制可以对整个经济造成巨大伤害,分析金融冲击的宏观效应成为当前一项十分紧迫的基础任务;第二,在金融冲击传导过程中,资本监管的顺周期性以及货币政策放任金融波动的立场成为放大金融冲击负面影响的重要外部因素,因此科学完善货币政策与资本监管的调控方式、构建货币政策与资本监管的有效配合机制是研究新常态下金融宏观调控转型的重要命题。

2008年金融危机发生以前,宏观经济学的研究并不热衷于探讨金融部门在经济运行中的作用,主流的一般均衡建模思路多沿袭推崇技术冲击动因论的真实经济周期理论(RBC)和包含诸多实际摩擦在内的新凯恩斯理论(NK),较少涉及金融摩擦,而直接对金融冲击展开研究的文献更是屈指可数。危机前仅有少数文献在主流框架内植入金融因素,影响最大的是以Bernanke等(1999)以及Kiyotaki & Moore(1997)为代表的研究。前者提出著名的"金融加速器"理论,通过引入企业资产净值和外部融资溢价两个关键变量将金融摩擦的影响考虑进模型,同时分析了金融波动的放大机制;后者则围绕抵押物约束机制建模,其中资产(土地)在经济中发挥双重作用,一方面用于生产商品和服务,另一方面为贷款提供抵押品,通过抵押品价值变化展现信贷约束对投资等实际变量的影响。以上两种典型研究思路都是在没有刻画显性银行部门的前提下开展的,而且危机前多数文献引入金融摩擦的目的更多是用于展示技术冲击等导致的经济波动放大效应,没有具体分析金融波动与实体经济的动态反馈路径以及政策因素在其中所起的作用。

此次金融危机以来,考虑金融因素的宏观经济学理论取得了长足进展,以深入研究金融周期与经济周期内在关联为代表的金融经济周期理论(FBC)逐渐成形。具体到研究思路上,危机后植入金融因素的文献主要在以下几方面进行了重要拓展:第一,银行部门开始以显性形式内生化到模型中,这些模型从银行业竞争结构、银行异质性、银行利差等多维度探讨银行在经济运行中的作用(Goodfriend & McCallum,2007;Andrés & Arce, 2009;Christiano 等,2010;Suh, 2011;马勇,2013);第二,研究重点由以往的技术冲击、政策冲击、偏好冲击等转向金融冲击及其比较上,并分别从企业财富冲击、贷款清偿能力冲击、银行资本冲击等多角度对金融冲击进行刻画(Nolan & Thoenissen,2009;Jermann & Quadrini, 2012;Bratsiotis 等,2014;王国静和田国强,2014);第三,货币政策与宏观审慎监管(如逆周期资本监管、动态拨备、贷款价值比工具)的配合问题成为重要考察对象,这些文献对于货币政策是否要关注金融稳定及其与审慎监管的配合问题以及在开放条件下的配合等进行了诸多详细探讨(Beau 等,2012;Suh, 2012;Ozkan & Unsal, 2013;王爱俭和王景怡,2014)。

从研究目的看,一部分文献立足于测算金融冲击对实际经济波动的贡献度、探究金融波动对宏观经济变量的影响路径和程度(Agénor 等,2012;鄢莉莉和王一鸣,2012;张伟进和方振瑞,2013),另一部分文献则基于植入金融因素的理论框架进一步评估货币政策与逆周期资本监管、贷款价值比管理等宏观审慎政策在应对各类冲击(如技术冲击、金融冲击)时的表现,最终目的在于甄别最优政策组合、优化金融宏观调控(Tayler & Zilberman,2015;殷克东等,2015)。具体来说,已有基于政策评估目的的文献对货币政策与宏观审慎监管的配合效应研究主要集中于两个方面,一是基于不同外生冲击视角模拟分析货币政策与宏观审慎监管的协调问题,二是从选择盯住目标的角度探讨两类政策的协调问题。

基于不同冲击视角的文献如王爱俭和王景怡(2014)、谷慎和岑磊(2015)

发现,在经济体面临技术冲击时,货币政策可以较好控制由技术变革带来的波动,引入逆周期资本管理后则会加大经济波动幅度;而在经济体面临金融冲击时,使用货币政策的同时辅以逆周期管理的宏观审慎政策有明显抑制经济波动的效果。Tayler & Zilberman(2015)则发现在供给冲击下,逆周期监管政策配合强力的反通胀货币政策是最优的;而在信贷冲击下,逆周期资本监管比货币政策能更好地稳定价格、金融和宏观经济。上述研究认识到辨明冲击类型对于政策协调的重要意义,但是研究结论具有明显差异,而且分析重点都落在金融冲击与技术冲击等的比较上,忽视了对金融冲击本身的界定和比较。事实上,我们的研究发现金融冲击具有异质性,不同类型的金融冲击导致的经济波动效果存在显著差异,由此对货币政策与资本监管的配合也提出了更高要求,这是以往文献没有注意到的。

基于政策目标选择视角的文献如 De Fiore & Tristani(2013)、Gilchrist 等(2014)发现:在金融冲击下,产出目标与通胀目标之间存在明显取舍关系,因此在不同目标下,货币政策与逆周期资本监管政策的配合方式可能有所不同。此外,在政策协调过程中货币政策是否应该关注金融目标存在广泛争议。支持方如 Kannan 等(2012),Angeloni & Faia(2013),Angelini 等(2014)以及 Rubio & Carrasco-Gallego(2014)等发现在与逆周期资本监管配合使用的过程中,货币政策必须将信贷因素纳入调控目标,包含信贷因素的增广泰勒规则配合巴塞尔Ⅲ的逆周期资本监管可以最大限度地降低社会福利损失。反对方认为如果货币政策针对信贷做出反应,很可能面临对信贷、产出和物价目标的权衡,此外还可能与专门针对信贷调控的逆周期监管政策产生叠加问题,造成经济过度波动。如 Suh(2012)的研究表明福利最大化的货币政策应该仅盯住通货膨胀、逆周期资本监管仅盯住信贷。梁璐璐等(2014)也认为目前我国遵循包含金融因素的"加强的泰勒规则"似乎并不合时宜,传统的货币政策配合逆周期资本监管更加适用于我国现行的经济运行体制。可见,围绕货币政策在与逆周期监管配合的过程中是否需要考虑金融因素的分歧比较大。

通过梳理相关国内外文献不难发现，突出刻画银行部门、系统比较各类冲击、着力探究政策搭配成为后金融危机时期植入金融因素的定量分析文献所具有的三大显著特点。我们的研究也力图在以下三个方面取得一定的突破：第一，在银行部门建模方面，尽可能以更加接近现实的抵押机制沟通企业与银行的借贷关系，并详细刻画企业违约风险向银行部门传递的机制，从而将银行部门的信贷决策内生化；第二，以金融冲击为分析核心并对不同来源的金融冲击进行界定，初步探究异质性金融冲击的宏观效应及对政策配合方式的影响；第三，在货币政策的金融目标问题上，从一般货币政策规则、包含信贷价格因素的扩展货币政策规则和包含信贷规模因素的扩展货币政策规则三个层次进行系统比较。

二、理论模型

1. 家庭部门

假定经济中存在连续统的家庭部门，其中任意家庭 $i \in (0,1)$，家庭进行消费、储蓄、投资、持有货币和银行资本并供给劳动。我们采用货币效用函数形式（MIU）引入实际货币余额，代表性家庭的最优决策问题是在一定的真实预算约束下实现其跨期效用最大化：

$$\max U_t = E_t \sum_{s=0}^{\infty} \beta \left\{ \frac{(C_{t+s})^{1-\zeta^{-1}}}{1-\zeta^{-1}} - \frac{H_{t+s}^{1+\gamma}}{1+\gamma} + \frac{\eta}{\eta-1}\left(\frac{M_{t+s}}{P_{t+s}}\right)^{\frac{\eta-1}{\eta}} \right\} \quad (10-1)$$

$$\text{s.t.} \quad C_t + D_t + V_t + \frac{M_t}{P_t} + I_t \leqslant R_{t-1}^D \frac{P_{t-1}}{P_t} + R_{t-1}^V (1-\xi_{t-1}^V) V_{t-1} \frac{P_{t-1}}{P_t} + \frac{M_{t-1}}{P_t}$$

$$+ \frac{W_t}{P_t} H_t + r_t^k K_t + Profit_t^{IG} + Profit_t^{RG} + Profit_t^B - Lump_t \quad (10-2)$$

其中：β 是主观贴现因子，C_t 表示消费，ζ 表征消费的跨期替代弹性；H_t 表示家庭的劳动供给，γ 表征劳动供给弹性的倒数；$\frac{M_t}{P_t}$ 表示真实货币持有水平，η_t 表征货币需求的利率弹性。在真实预算约束中：D_t 表示家庭持有的银行储蓄, R_t^D 为无风险的储蓄毛利率; V_t 表示家庭持有的银行资本, R_t^V 为银行资本的毛回报率, ξ_t^V 表示银行资本中用于覆盖贷款损失的比例; I_t 表示投资水平, K_t 为资本存量, r_t^k 是实际资本回报率; W_t 表示名义工资; $Profit_t^{IG}$、$Profit_t^{RG}$、$Profit_t^B$ 分别表示家庭接受的来自中间品企业、零售商、商业银行的经营利润; $Lump_t$ 是家庭支付的一次性总付税。

令 $\dfrac{W_t}{P_t}=m_t$, 在预算约束 (10-2) 式下最大化目标函数 (10-1) 式, 得到代表性家庭最优化问题的一阶条件:

$$E_t\frac{P_t}{P_{t+1}}\frac{C_{t+1}^{-\frac{1}{\zeta}}}{C_t^{-\frac{1}{\zeta}}}=\frac{1}{\beta R_t^D} \qquad (10-3)$$

$$(m_t)^{-\frac{1}{\eta}}=C_t^{-\frac{1}{\zeta}}-\beta E_t C_{t+1}^{-\frac{1}{\zeta}}\frac{P_t}{P_{t+1}} \qquad (10-4)$$

$$R_t^V=\frac{R_t^D}{1-\xi_t^V} \qquad (10-5)$$

其中, (10-3) 式是跨期消费的欧拉方程, (10-4) 式是最优持币条件, (10-5) 式中可以将银行资本收益率看作是在储蓄利率基础上通过风险加成得到的。

工资设定参照 Erceg 等 (2000)、Smets & Wouters (2002), 假设劳动力市场是不完全竞争市场, 每个家庭 i 均提供差异化的劳动服务 $H_{i,t}$, 所有差异化劳动通过竞争性劳动合约加总为复合的同质性劳动 N_t。使用 Dixit-Stiglitz (1977) 的 CES 技术进行劳动加总得到: $N_t=\left(\int_0^1 N_{i,t}^{\frac{\lambda_\omega-1}{\lambda_\omega}}\mathrm{d}i\right)^{\frac{\lambda_\omega}{\lambda_\omega-1}}$, 其中 $\lambda_\omega>1$ 表示各种劳动之间的不变替代弹性。家庭 i 由此面临如下劳动需求函数: $H_{i,t}=\left(\dfrac{W_{i,t}}{W_t}\right)^{-\lambda_\omega}N_t$, 将家庭的劳动需求函数代入劳动加总函数, 由零利润条件得到经济的工资加总方程: $W_t=\left(\int_0^1 W_{i,t}^{1-\lambda_\omega}\mathrm{d}i\right)^{\frac{1}{1-\lambda_\omega}}$。

假设家庭在各期调整工资水平时存在名义黏性,按照Calvo(1983)的设定方式,有$(1-\omega_\omega)$部分的家庭接收到"工资调整信号"进而最优化其工资水平,其余ω_ω部分的家庭没有接收到"工资调整信号"只根据上期的价格通胀情况指数化其工资水平。得到家庭工资决策的一阶条件:

$$E_t \sum_{k=0}^{\infty} (\beta\omega_\omega)^k \left[\frac{\Pi^k W_{i,t}}{P_{t+k}} \cdot \frac{\partial U_t}{\partial C_{t+s}} + \frac{\lambda_\omega}{1-\lambda_\omega} \cdot \frac{\partial U_t}{\partial H_{t+s}} \right] H_{t+s} = 0 \quad (10-6)$$

其中,$\Pi^k = \pi_t \times \pi_{t+1} \times \cdots \times \pi_{t+k-1}$。

2. 企业部门

(1) 零售企业

完全竞争的零售市场由位于(0,1)之间的连续统零售企业构成,代表性零售企业购买中间产品$Y_{j,t}, j \in (0,1)$并生产出最终消费品Y_t。仍使用Dixit-Stiglitz(1977)的技术表示这一过程:$Y_t = \left(\int_0^1 Y_{j,t}^{\frac{\lambda_p-1}{\lambda_p}} dj \right)^{\frac{\lambda_p}{\lambda_p-1}}$,其中$\lambda_p > 1$表示各种中间产品之间的不变替代弹性,中间产品需求函数为:$Y_{j,t} = \left(\frac{P_{j,t}}{P_t} \right)^{-\lambda_p} Y_t$。由零利润条件得到最终产品价格方程:

$$P_t = \left(\int_0^1 P_{j,t}^{1-\lambda_p} dj \right)^{\frac{1}{1-\lambda_p}} \quad (10-7)$$

(2) 中间产品企业

中间产品市场由位于(0,1)之间的连续统垄断竞争企业构成,设代表性中间产品企业有如下形式的生产函数:

$$Y_t = A_t \varepsilon_t^F K_t^\alpha N_t^{1-\alpha} \quad (10-8)$$

资本存量K_t满足如下积累方程:

$$K_{t+1} = (1-\delta_k) K_t + I_t \quad (10-9)$$

其中,A_t为中性技术,ε_t^F度量异质性生产率,α表示资本的产出权重,δ_k为资本折旧率。假设中间产品企业在进行生产活动前必须通过向商业银行贷

款以支付劳动工资和资本租金,令 L_t 表示代表性企业的贷款,得到如下真实融资方程:

$$L_t = r_t^k K_t + W_t^R N_t \qquad (10-10)$$

其中,真实工资 $W_t^R = \dfrac{W_t}{P_t}$。中间产品企业定价决策包括成本最小化和利润最大化两个阶段。第一阶段最小化中间产品企业的成本函数得到真实边际成本:

$$mc_t = \dfrac{R_t^L W_t^R N_t^\alpha}{(1-\alpha) A_t \varepsilon_t^F K_t^\alpha} \qquad (10-11)$$

第二阶段仍采用 Calvo(1983)的假设,每一期有 $(1-\omega_p)$ 比例的企业可以重新调整产品价格,其余 ω_p 比例的企业根据上期价格通胀情况指数化其产品价格。设 P_t^* 表示所有在 t 期可以最优化其产品价格的企业重新选择的价格,最大化企业的真实贴现利润,得到如下一阶条件:

$$P_t^* = \dfrac{\lambda_p}{\lambda_p - 1} \cdot \dfrac{E_t \sum_{i=0}^{\infty} (\beta\omega_p)^i \lambda_{t+i} Y_{t+i} P_{t+i}^{\lambda_p} mc_{t+i}}{E_t \sum_{i=0}^{\infty} (\beta\omega_p)^i \lambda_{t+i} Y_{t+i} \Pi_{\tau=1}^{i} \pi_{t+\tau-1}^{\Theta}} \qquad (10-12)$$

其中,λ_{t+i} 为家庭预算约束的拉格朗日乘子,Θ 代表后顾型中间企业指数化其产品价格的程度参数,介于$(0,1)$。结合前瞻型企业的最优定价和后顾型企业的指数化定价,$(10-7)$式可重新写为:

$$P_t^{1-\lambda_p} = (1-\omega_p)(P_t^*)^{1-\lambda_p} + \omega_p(\pi_{t-1}^{\Theta} P_{t-1})^{1-\lambda_p} \qquad (10-13)$$

对$(10-12)$、$(10-13)$式进行对数线性化处理,得到如下混合新凯恩斯主义菲利普斯曲线:

$$\pi_t = \dfrac{\beta}{1+\beta\Theta} E_t \pi_{t+1} + \dfrac{\Theta}{1+\beta\Theta} \pi_{t-1} + \dfrac{(1-\omega_p)(1-\beta\omega_p)}{\omega_p(1+\beta\Theta)} \hat{mc}_t \qquad (10-14)$$

3. 银行部门

与以往许多单纯围绕 Bernanke 等(1999)的外部融资溢价机制和基于 Kiyotaki & Moore(1997)的抵押物约束机制进行建模的思路不同,我们通过刻画一个显性银行部门将金融因素纳入模型,这也是 2008 年金融危机以来的最新趋势。同时,通过构建一个混合抵押机制将企业的生产经营状况与银行的信贷决策关联起来,而企业的经营状况将借由融资风险溢价反映到银行贷款利率定价上。

假设银行部门由位于(0,1)之间的完全竞争的连续统商业银行构成,银行通过吸收存款(D_t)和自有资本(V_t)募集资金以满足中间产品企业的贷款需求。代表性商业银行满足如下信贷恒等式:

$$L_t = D_t + V_t \tag{10-15}$$

考虑采取不动产和动产抵押相结合的方式,将产品 Y_t 和资本 K_t(扣除折旧部分)共同纳入融资抵押序列,从而构造一个混合抵押机制。商业银行通过评估会以企业的产出 Y_t 和资本 K_t 的一个比例 χ_t 为抵押发放贷款。令抵押率 χ_t 服从一阶自回归过程,则 χ_t 下降可视为负向金融冲击,因为其通过降低银行可获得的抵押品价值而增大了贷款违约概率,进而引发信贷违约风险,这一比率的下降反映出企业经营状况的恶化。此外,抵押率 χ_t 也可以视作贷款—价值比率(LTV),这一比率下降说明金融监管部门对银行的贷款投放变得更加谨慎,从而间接表明经济中的贷款违约概率变大、信贷风险上升。贷款抵押条件设定如下:

$$\chi_t [Y_t + (1-\delta_k) r_t^k K_t] = R_t^L L_t \tag{10-16}$$

其中,R_t^L 为贷款毛利率。由(10-8)、(10-10)、(10-16)式,得到贷款违约的门限值为 $\varepsilon_t^{F,M}$:

$$\varepsilon_t^{F,M} = \frac{R_t^L (r_t^k K_t + W_t^R N_t) - \chi_t (1-\delta_k) r_t^k K_t}{\chi_t A_t K_t^\alpha N_t^{1-\alpha}} \tag{10-17}$$

由(10-17)式可知,违约门限值与贷款毛利率、真实资本回报率以及真实工资成正比,与抵押率、中性技术成反比。与Tayler & Zilberman(2015)的结果不同,由于引入资本做抵押,我们得到的贷款违约门限值要比纯产成品抵押的结果更小,因为资本也参与抵押并且其积累过程不存在随机性。假定异质性生产率ε_t^F服从$(\underline{\varepsilon}^F, \bar{\varepsilon}^F)$上的均匀分布,得到贷款违约概率$\Phi_t$:

$$\Phi_t = \int_{\underline{\varepsilon}^F}^{\varepsilon_t^{F,M}} f(\varepsilon_t^F) d\varepsilon_t^F = \frac{\varepsilon_t^{F,M} - \underline{\varepsilon}^F}{\bar{\varepsilon}^F - \underline{\varepsilon}^F} \quad (10-18)$$

考虑代表性商业银行,假设其利润为零,贷款利率设计应使各期均满足盈亏平衡条件,即来自贷款投放的收入与募集资金的成本相抵:

$$\int_{\underline{\varepsilon}^F}^{\varepsilon_t^{F,M}} \chi_t[Y_t + (1-\delta_k)r_t^k K_t]f(\varepsilon_t^F) d\varepsilon_t^F + \int_{\varepsilon_t^{F,M}}^{\bar{\varepsilon}^F} R_t^L L_t f(\varepsilon_t^F) d\varepsilon_t^F = R_t^D D_t + (R_t^V + c)v_t \quad (10-19)$$

其中:c表示商业银行进行权益资本融资产生的费用成本。经积分变换并结合(10-8)、(10-10)、(10-17)式得到贷款利率定价表达式:

$$R_t^L = \Psi_t \left[(1-VL_t)R_t^D + VL_t(R_t^V + c) - \chi_t(1-\delta_k)\left(1 - \frac{1}{\Psi_t}\right)\frac{r_t^k K_t}{L_t} \right] \quad (10-20)$$

其中:$VL_t = \frac{V_t}{L_t}$为资本—贷款比率,受资本充足率监管约束;① $\Psi_t = \frac{2\varepsilon_t^{F,M}}{2\varepsilon_t^{F,M} - (\bar{\varepsilon}^F - \underline{\varepsilon}^F)\Phi_t^2}$表示融资风险溢价,贷款违约概率$\Phi_t$越高,则融资风险溢价越高。商业银行根据储蓄成本、股本成本$(R_t^V + c)$、资本—贷款比率再经由融资风险溢价调整确定贷款利率。由于引入资本要素K_t做抵押,融资溢价

---

① 资本充足率有不同的口径,主要有资本对存款的比率、资本对负债的比率、资本对总资产的比率、资本对风险资产的比率等。由于本节模型中的商业银行只经营存贷款业务而且贷款并未按风险进行权重分配,因此资本充足率要求可以简单地用资本—贷款比率表示。

变动对贷款利率定价的影响存在正负两种效应,其净效应影响的偏导数为:

$$\frac{\partial R_t^L}{\partial \Psi_t} = (1-VL_t)R_t^D + VL_t(R_t^V+c) - \chi_t(1-\delta_k)\frac{r_t^k K_t}{L_t} \quad (10-21)$$

由于储蓄的毛利率和银行资本的毛回报率都大于 1,因此(10 - 21)式前两项之和大于 1,而资本—贷款比与资本价格等的乘积小于 1,因此 $\frac{\partial R_t^L}{\partial \Psi_t}$ 仍大于 0,最终影响方向与 Tayler 和 Zilberman(2015)的产成品抵押情况下的结果是一致的。

鉴于中间产品企业的异质性生产率大小具有随机性,因此银行投放的贷款在客观上存在违约可能。为保证坏账不殃及储蓄池以维护个体经营的稳健性,银行会在每期期初对当期投放的贷款质量进行评估进而提取资本金以吸收损失。据此,银行评估违约损失情况并形成如下预期损失函数:

$$\xi_t^V V_t = (1-\chi_t)\int_{\varepsilon^F}^{\varepsilon_t^{F,M}} \chi_t [Y_t + (1-\delta_k)r_t^k K_t] f(\varepsilon_t^F) d\varepsilon_t^F \quad (10-22)$$

利用(10 - 8)、(10 - 10)、(10 - 17)、(10 - 22)式及均匀分布性质,得到银行资本的风险计提比例:

$$\xi_t^V = \left(VL_t - \frac{V_t}{r_t^k K_t}\right)^{a-1} \cdot \frac{(1-\chi_t)\chi_t A_t K_t^a}{V_t^a (W_t^R)^{1-a}} \cdot \frac{\varepsilon_t^{F,M} + \varepsilon^F}{2}\Phi_t + \frac{(1-\chi_t)\chi_t(1-\delta_k)r_t^k K_t \Phi_t}{V_t}$$

$$(10-23)$$

上式可以看作是银行个体基于微观审慎的顺周期资本计提行为方程。它表明,贷款违约概率越高,资本的风险计提比例就越大,体现出明显的顺周期性。此外,资本监管越严格(即 VL_t 上升),风险计提比例就越小,从而反映出外部资本监管对银行个体微观审慎行为的影响。一般认为,资本监管通过改善资本比率可以提高银行的风险应对能力,而忽视了资本监管对银行自身风险行为的替代性影响。[①] 资本监管要求与风险计提比例的此消彼长表明这两种工具对强化银行个体的审慎经营具有相似作用。作为微观审慎工具,计提风险准备金有助于个体机构的稳健经营、维护储蓄资产安全,因此微观层面的审慎管理仍具有必要性,它是实施逆周期宏观审慎监管的基础。但是微观审慎具有显著的顺周期性,如果经济周期进入下行期或整体宏观经济受到严重冲击,导致经济中贷款违约概率普遍提高,则单纯依靠微观审慎管理反而会加速经济金融形势的进一步恶化,因此需要构建逆周期宏观审慎监管来抑制微观审慎的顺周期性以熨平经济波动。

在这里,贷款利率定价公式(10-20)的内涵十分丰富,充分体现了其连接金融与实体经济的纽带作用。具体的,我们的贷款利率形成主要受到四方面因素影响:一是受实体经济状况影响,表现为贷款违约概率 Φ_t 通过改变融资风险溢价 Ψ_t 进而影响贷款利率;二是受银行行为影响,表现为在储蓄利率 R_t^D 一定的条件下银行通过自提资本比率 ξ_t^V 改变资本利率 R_t^V 与 R_t^D 的加成关系(式10-5)进而影响贷款利率;三是受货币政策影响,货币当局通过调整政策利率 R_t^{cb} 改变储蓄利率,从而影响资本利率,最终影响贷款利率;四是受资本监管影响,监管当局通过调整资本充足率 VL_t 可改变储蓄成本和资本成本在贷款利率定价中的权重分配,从而最终对贷款利率产生影响。

4. 监管当局

资本监管是银行监管的核心,其根本目的在于防止银行经营风险带来的损失侵蚀存款人的利益。根据商业银行资本监管要求,每期银行必须预留部分资本金以覆盖相应比例的贷款,以一个带有调整惯性的指数函数表示监管

[①] "替代假说"认为,对于公司股东来说,有效的内部监督是有成本的,如果外部监管能在一定程度减轻代理问题,则无须强化内部治理(Shleifer & Vishny, 1997; Becher et al., 2005)。从公司治理的角度看,银行会综合考虑外部监管和内部风险控制,以确定出一个利润最大化条件下的风险管理强度。因此,在资本监管的风险承担渠道影响下,银行可以通过改变内部风险管理强度以部分抵消资本监管的压力。

当局对商业银行的资本充足率要求:

$$VL_t = (VL_{t-1})^{\rho_{VL}} \left[\rho\left(\frac{\Phi_t}{\Phi}\right)^{\theta^C}\right]^{1-\rho_{VL}} \quad (10-24)$$

其中,ρ 表示最低资本充足率要求,$\rho_{VL} \in (0,1)$度量监管当局政策调整的平滑程度,通过对参数 θ^c 进行限制可以刻画不同的监管政策。2008 年金融危机发生以来,巴塞尔协议 II 备受争议,问题直指其资本监管的顺周期性放大了经济金融波动。作为对危机的反思,巴塞尔协议 III 重点突出了构建具有逆周期特征的宏观审慎监管框架,以破解政策本身的顺周期性对经济的伤害。两类政策的具体影响机制见图 10-1。当经济不景气导致贷款违约概率上升时,借由融资风险溢价和银行资本风险计提比例的增加,贷款利率会上升。此时,执行逆周期资本监管一方面虽然可通过降低资本充足率要求来增加信贷供给、抑制贷款利率上升,但是另一方面,注意到通过替代性影响,放松资本要求可能会激励商业银行多计提风险资本金以维持经营的稳健性,从而借由银行资本渠道促进贷款利率上升,最终会对逆周期监管效果产生一定的负向效应。反之,顺周期监管在提高资本要求的同时也可能会激励商业银行少计提风险资本金,从而信贷收紧可以得到一定程度的缓解。那么,在考虑替代性影响的情形下,逆周期资本监管在熨平宏观经济金融波动方面的效果是否一定优于顺周期监管?通过下文的定量模拟分析,可以清楚地看到在金融冲击发生时,实施逆周期资本监管可以更好地熨平主要宏观经济金融变量的波动,这也为实施逆周期管理提供了一定的经验证据。

基于以上分析,下文以巴塞尔协议 III 为代表的逆周期监管政策为分析基准,同时对比分析以巴塞尔协议 II 为代表的顺周期监管政策在熨平金融冲击导致的宏观波动方面的效果和差异。具体地,令(1) $\theta^c < 0$ 表征资本监管力度随信贷违约风险加大而降低,以体现逆周期资本监管特点;(2) $\theta^c > 0$ 表征资本监管力度随信贷违约风险加大而提高,以体现顺周期资本监管特点。

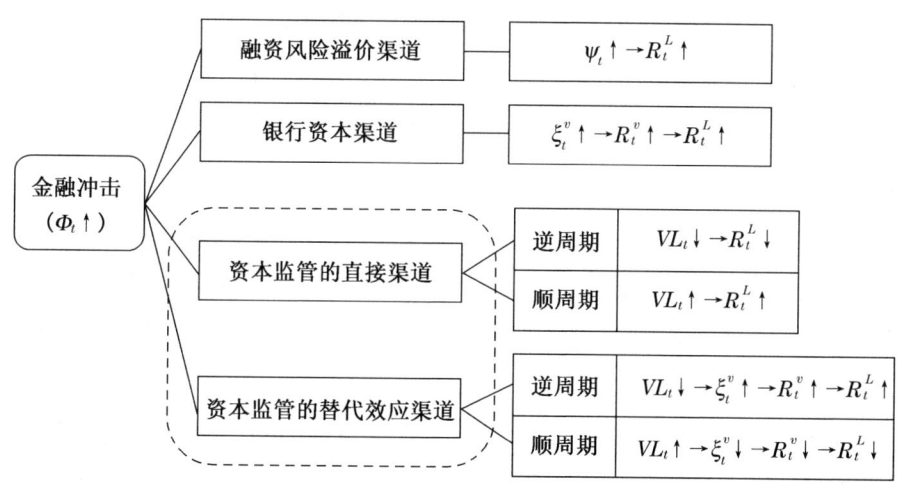

图 10-1　金融冲击下资本监管的双重效应

5. 货币当局

假设货币当局使用泰勒型规则调控经济。关于在货币政策调控中是否应该关注金融因素的争论在危机发生之后再次得到广泛关注。我们分别考虑三种形式的货币政策规则：一般泰勒规则、包含信贷价格的扩展泰勒规则、包含信贷规模的扩展泰勒规则。[1] 在包含审慎因素的泰勒规则中，设定短期政策利率 R_t^{cb} 的调整不仅盯住通货膨胀、产出和货币，同时也盯住信贷。为进一步比较货币政策调控信贷价格和信贷规模何者更优，我们用信贷产出比指标 $\left(\dfrac{L_t}{Y_t}\right)$ 度量信贷规模，用信用缺口指标度量信贷价格。信用缺口定义为市场融资利率相对于无风险利率之比，[2] 由于融资利率 R_t^L 包含了市场违约风险信息和银行风险承担状况，因此对这一变量进行反应实质上表征了对货币政策的审慎要求，这也是 2008 年金融危机后对货币政策调控规则进行优化的重要研

---

① 学术界通常将盯住信贷等金融因素的泰勒规则称为"审慎的泰勒规则"或"扩展的泰勒规则"。
② 类似的设定还有 Christiano、Motto & Rostagno(2010)，Curdia & Woodford(2010)，马勇(2013)，裘翔和周强龙(2014)等。

究方向。以盯住信贷价格为例,货币当局按如下规则调控经济:

$$\frac{R_t^{db}}{\overline{R}^{db}} = \left(\frac{R_{t-1}^{db}}{\overline{R}^{db}}\right)^{\rho_R} \left[\left(\frac{\pi_t^P}{\pi^{P,T}}\right)^{\phi_\pi} \left(\frac{Y_t}{\overline{Y}}\right)^{\phi_Y} \left(\frac{m_t}{m_{t-1}}\right)^{\phi_m} \left(\frac{R_t^L/R_t^D}{\overline{R}^L/\overline{R}^D}\right)^{\phi_{cred}}\right]^{1-\rho_R}$$

(10 − 25)

其中:$\overline{R}^{db}$、$\overline{Y}$、$\overline{R}^L$、$\overline{R}^D$ 分别表示政策利率均衡值、稳态产出、稳态贷款利率和稳态无风险存款利率,$\pi^{P,T}$ 表示当局的通胀目标,ρ_R 衡量利率调整的平滑程度,ϕ_π、ϕ_Y、ϕ_m、ϕ_{cred} 分别度量通胀、产出、货币、信用缺口在利率调整中的权重。

6. 外生冲击和市场均衡

模型主要涉及两类冲击:金融冲击和技术冲击,两类冲击均服从 $i.i.d. N(0, \sigma_X^2)$。在竞争性均衡状态下,所有最优化条件和资源约束条件得到满足,产品市场、劳动力市场、借贷市场、储蓄市场和资本市场同时出清,所有企业选择相同的产品价格、雇佣劳动力和银行贷款。通过对上述非线性模型系统在内生变量稳态附近进行对数线性化处理,可以得到用以进行数值模拟的线性动态差分方程组。

三、模型校准

待校准的模型参数包括模型的结构性参数、变量稳态值和外生冲击参数。对于结构性参数综合历史数据和已有文献进行校准,对于变量稳态值综合历史数据、已有文献及模型稳态方程计算得出,外生冲击参数按照已有文献和习惯设定。所需数据均来自中经网统计数据库、国研网统计数据库、国家统计局网站和银监会网站。

结构性参数设定。按照多数文献的做法,将消费的跨期替代弹性 ζ 设为 0.5;货币需求的利率弹性 η 设为 0.33;资本季度折旧率 δ_k 设为 2.5%。已有研究中国问题的文献对劳动供给弹性的倒数 γ 取值差异较大,王国静和田国强(2014)注意到这一问题,以他们的估计结果将 γ 设定为 2.23。根据稳态时 $\beta=1/R^D$,计算出主观贴现因子 β 为 0.99。价格黏性 ω_p 和工资黏性 ω_w 一般介于 0.5~0.85,取刘斌(2008)和 Zhang(2009)的结果,分别设为 0.85 和 0.6。我国的劳动差异总体偏低,将劳动的不变替代弹性 λ_ω 设为 21。国内多数文献对资本产出权重 α 的取值介于 0.35~0.5,取中间水平设为 0.43。按照 Agénor 等(2014),将异质性生产率 ε_t^F 的分布上限 $\bar{\varepsilon}^F$ 和分布下限 $\underline{\varepsilon}^F$ 分别设为 1.35 和 1。按照 Tayler & Zilberman(2015)将商业银行权益融资费用成本 c 设为 0.1。后顾型中间企业指数化其产品价格的程度参数 Θ 参考刘斌(2008)和陆军等(2012)的结果,设定为 0.25。模型中的资本充足率要求更加贴近现实中的一级资本充足率,囿于数据的可得性,根据 2011—2014 年我国商业银行一级资本充足率的平均水平,将最低资本充足率要求 ρ 校准为 10.2%。

变量稳态值设定。中性技术的稳态值 $\bar{A}$ 按照当前普遍做法标准化为 1。扣除净出口差额和政府购买支出后,以 1996—2014 年居民消费占 GDP 的比重和投资占 GDP 的比重将 $\frac{\bar{C}}{\bar{Y}}$ 和 $\frac{\bar{I}}{\bar{Y}}$ 分别校准为 42.84%、57.16%。劳动的稳态值 $\bar{N}$ 参考黄赜琳(2005)和马勇(2013)等的方法,以 1996—2014 年全社会就业人员数占总人口的平均比例确定为 0.568。以 1996—2014 年金融机构一年期法定定期存款利率的均值将稳态储蓄毛利率 $\bar{R}^D$ 校准为 1.01。限于数据的可得性,以 2005—2014 年银行业整体不良贷款率表征贷款违约概率,将稳态贷款违约率 Φ 校准为 0.035。与 Tayler & Zilberman(2015)一样,将抵押率的稳态值 $\bar{\chi}$ 设为 0.97。根据模型稳态条件和相关参数设置,稳态资本充足率要求 $\overline{VL}$ 校准为 0.102;实际资本回报率稳态值 $\bar{r}^k$ 校准为 3.5%。根据稳态方程 $\bar{\xi}^V \bar{V}=(1-\chi)\bar{\chi}\bar{\Phi}[\bar{Y}+(1-\delta_k)\bar{r}^k\bar{K}]$ 计算得到银行权益资本计提比例的稳态值 $\bar{\xi}^V$ 为 0.95%。稳态贷款违约门限值 $\bar{\varepsilon}^{F,M}$ 通过稳态方程 $\bar{\Phi}=(\bar{\varepsilon}^{F,M}-\underline{\varepsilon}^F)/(\bar{\varepsilon}^F-\underline{\varepsilon}^F)$ 校准为 1.01225;银行股本毛收益率 $\bar{R}^V$ 通过稳态方程 $\bar{R}^V(1-\bar{\xi}^V)=R^D$ 校准为 1.0197。根据稳态方程 $\bar{R}^L=\bar{\Psi}\{(1-\overline{VL})\bar{R}^D+\overline{VL}[(\bar{R}^V+c)-\bar{\chi}(1-\delta_k)(1-\frac{1}{\bar{\Psi}})]\frac{\bar{r}^k\bar{K}}{\bar{L}}\}$ 将稳态贷款利率 $\bar{R}^L$ 校准为 1.116。

外生冲击参数设定。与马勇和陈雨露(2013)一样,按照习惯做法将利率规则中的通胀权重 ϕ_π 和产出权重 ϕ_Y 分别设为 1.5、0.5,货币权重 ϕ_m 参照鄢莉莉和王一鸣(2012)的估计结果设为 0.84。信用缺口权重 ϕ_{cred} 的基准值根据 Tayler 和 Zilberman(2015)设为 −0.2,再沿用 Curdia 和 Woodford(2010)的思路,在一定范围内对其进行调整以考察最终的政策效果和福利水平。同样的,另一关键参数 θ^c 的正负表征不同监管体制,取值大小亦会影响最终政策效果,首先根据 Tayler & Zilberman(2015)按照逆周期和顺周期监管将 θ^c 分别设为 −0.1、0.1,之后在福利分析中通过对取值大小进行适当调整以寻求福利最大化水平的对应值。利率调整的平滑程度 ρ_R 和资本监管调整的平滑程度 ρ_{VL} 均设定为 0.8。技术冲击参考许伟和陈斌开(2009),将 ρ_A 设定为 0.780 9,σ_A 设为 0.020 3。王国静和田国强(2014)在表征企业可清算资产与贷款匹配程度的变量中引入金融冲击,其内涵与我们的模型是一致的,参照他们的估计结果将金融冲击的持久性参数 ρ_χ 设为 0.960 1,σ_χ 设为 0.018 5。

四、实证分析

在校准模型基础上,我们从三个方面来系统分析金融冲击下货币政策与资本监管的配合问题。首先,定量比较不同类型的货币政策与不同体制的资本监管政策在熨平宏观经济金融波动方面的效果与差异,对货币政策与资本监管的最优类型做出基本判断。其次,引入福利损失函数并通过对货币政策和资本监管的关键参数进行差异化取值,以甄别最优政策组合。最后,进一步考虑异质性金融冲击下货币政策与资本监管的配合问题,探讨不同类型金融冲击所引致的最优政策执行组合的调整问题。

1. 金融冲击的宏观效应分析

图 10-2 和图 10-3 分别显示了逆周期和顺周期资本监管下主要经济金融变量对金融冲击的反应路径。从整体上看,两种监管体制下的宏观经济金融变量波动在反应方向上具有相似性,在反应程度上具有明显的差异性。就

反应方向的相似性看：在金融冲击发生后，贷款违约概率上升导致融资风险溢价上升进而促使银行提高贷款利率定价，由此通过企业的借贷成本渠道引起企业边际成本上升，通过成本推动型通胀驱动机制使经济的通货膨胀上升；同时贷款利率上升导致企业最终贷款量下降，雇佣劳动和投资也相应下滑，最后导致经济的产出下降；另一方面，违约风险上升促使银行提高损失计提比例，在逆周期监管下，当局会放松资本充足率要求，货币政策利率也会相应进行逆周期调整，在顺周期监管下，当局则会提高资本充足率要求，但货币政策利率仍会进行逆周期调整。就反应程度的差异性看：逆周期资本监管体制下宏观经济金融变量的波动幅度都要明显低于顺周期资本监管体制，而且在逆周期监管下，各变量偏离稳态的黏滞程度都明显低于顺周期监管，这就回答了上文逆周期监管和顺周期监管在存在双重效应的情况下何者更优的问题，同时也为2008年金融危机爆发后推行逆周期宏观审慎监管和我国构建逆周期金融宏观审慎管理制度框架提供了经验上的支持。

从货币政策来看，图10-2和图10-3都表明纳入金融因素考量的扩展泰勒规则要优于一般泰勒规则。进一步，包含信贷价格的扩展泰勒规则整体上又要优于包含信贷规模的扩展泰勒规则。具体来看，在逆周期监管体制下，不同泰勒规则导致的通货膨胀、贷款、劳动、投资、产出和政策利率波动具有明显不同，而其他变量的波动差异性很小；在顺周期监管体制下，不同泰勒规则导致的主要宏观经济金融变量波动都具有明显不同。

通过上述分析可知，在金融冲击下，逆周期资本监管优于顺周期资本监管，包含信贷价格的货币政策规则优于包含信贷规模的政策规则和一般规则。因此，为有效应对金融扰动，一方面必须加快完善具有逆周期调节功能的资本监管措施，另一方面货币政策在制定过程中应逐步纳入对金融因素的考量。

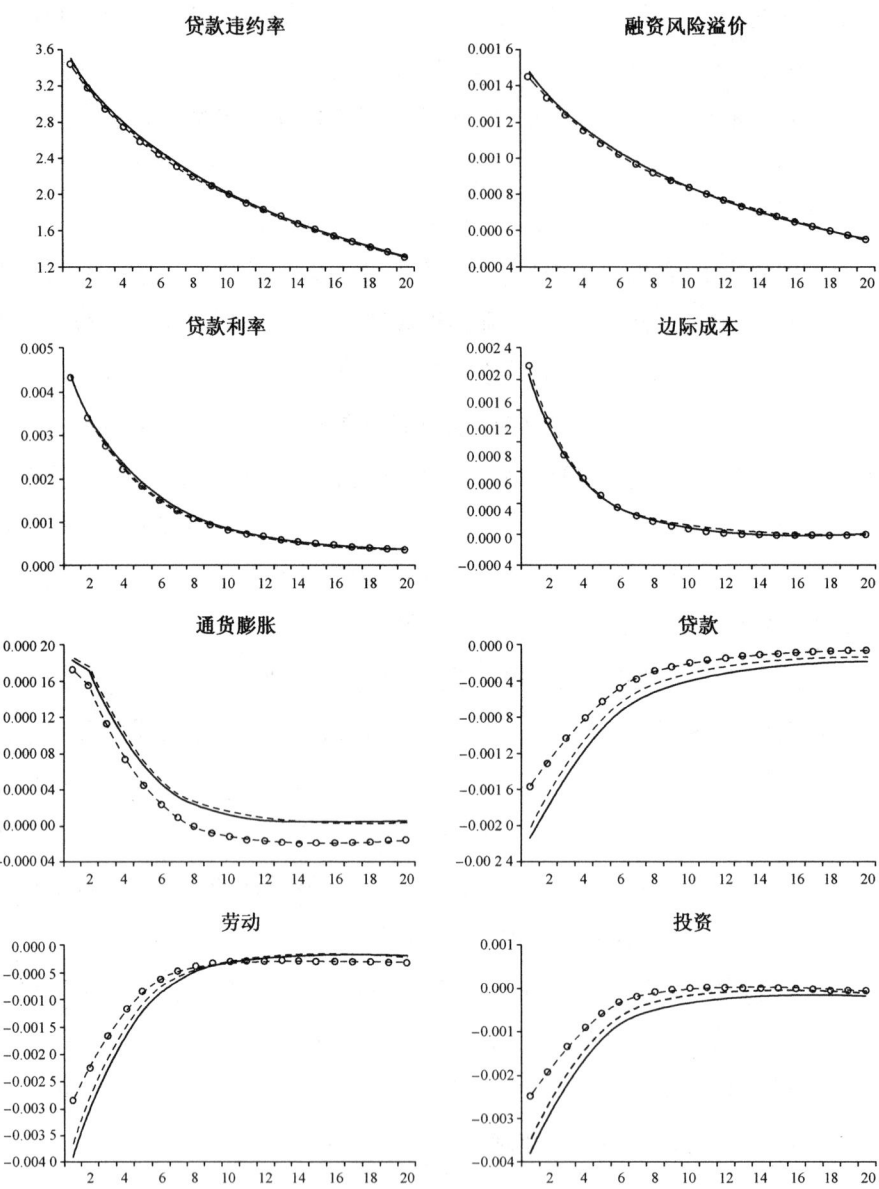

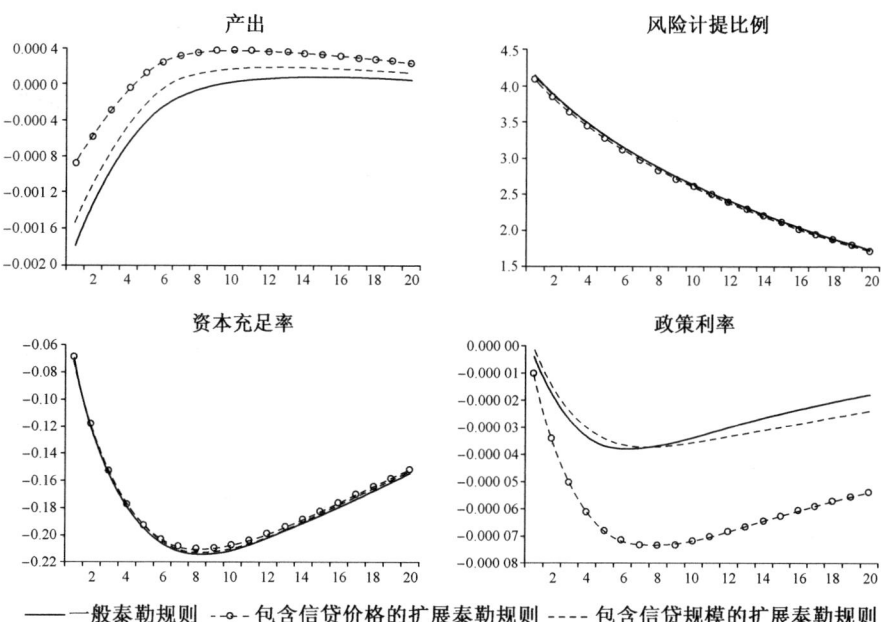

图 10-2 逆周期资本监管下主要经济金融变量对金融冲击的响应路径

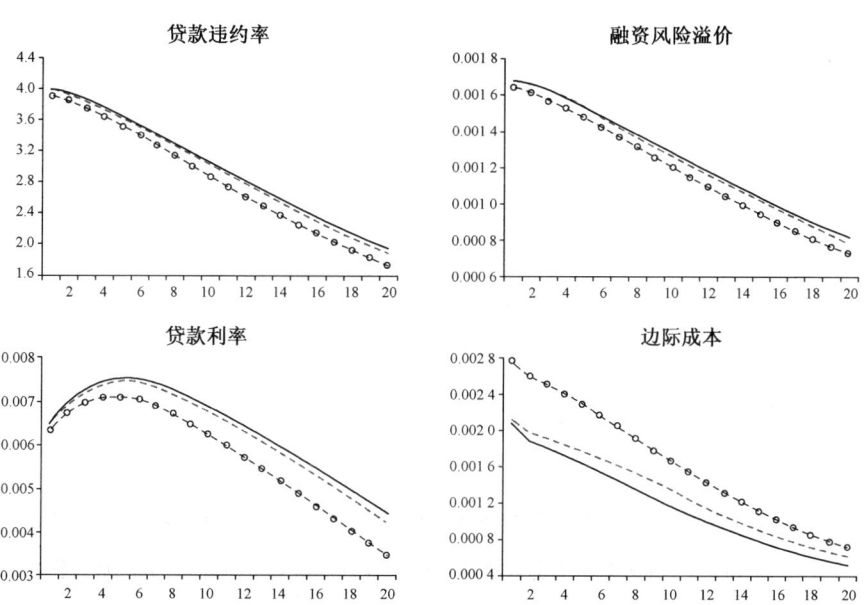

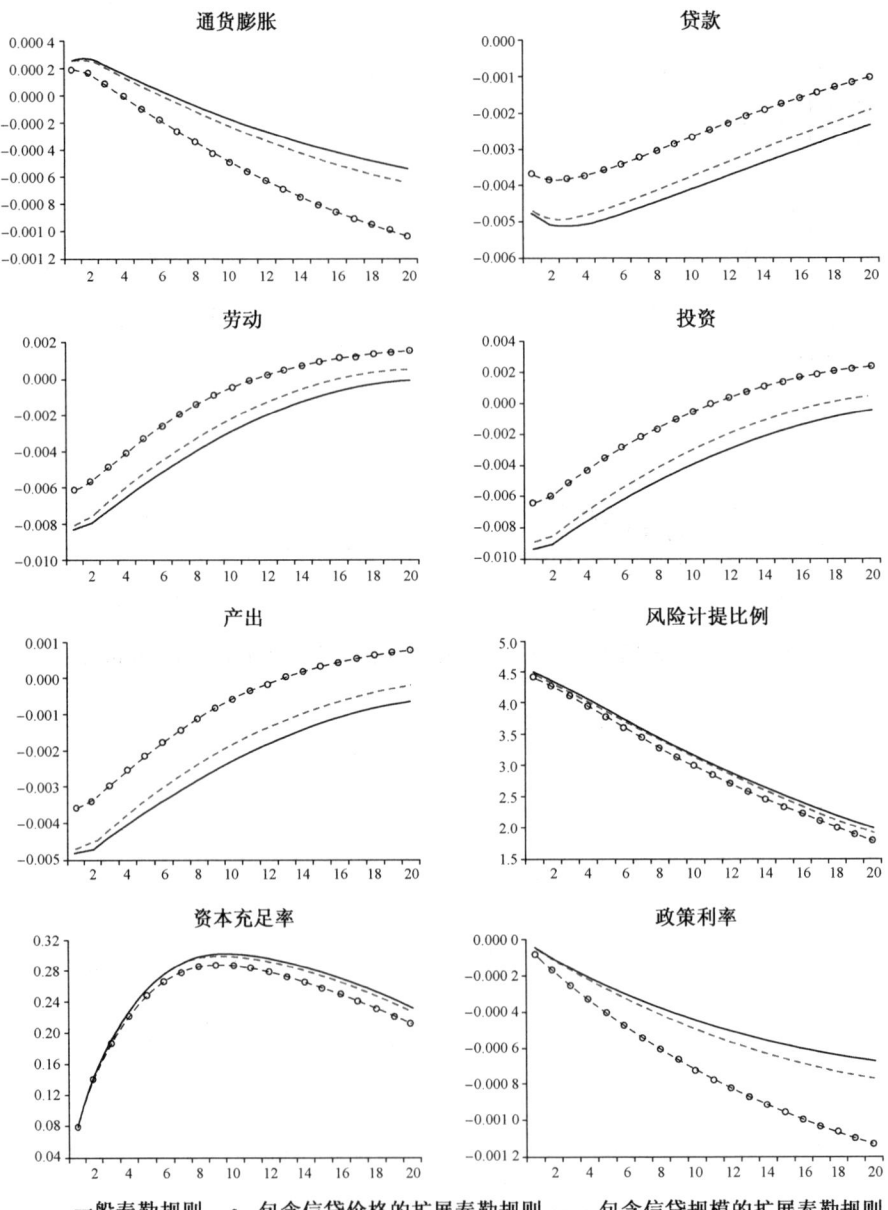

图 10-3 顺周期资本监管下主要经济金融变量对金融冲击的响应路径

2. "稳物价、控风险"目标下的最优政策分析

通过上文的分析,我们发现相对其他政策搭配来说,在货币政策规则考虑信贷价格因素的同时,资本监管采取逆周期调整方式可以更好地熨平宏观经济金融波动。本部分我们将进一步考察货币政策调整对信贷价格变化的反应程度大小以及资本监管的逆周期调整程度大小会如何影响宏观经济金融波动。为此,首先引入福利损失评价标准,然后对货币政策参数 ϕ_{cred} 与资本监管参数 θ^c 在一定范围内取值,以观测不同参数值组合对应的福利损失变化情况,从而甄别出货币政策与资本监管的最优协调组合。

传统的福利损失函数主要关注通货膨胀波动,一般还包含产出波动变量。肇始于 2008 年的国际金融危机使旨在寻求金融稳定目标的经济政策逐渐成为各国当局宏观调控的重心。为此,我们将基于"稳物价、控风险"目标来构建福利损失函数,并适度考虑产出波动损失。中国目前的社会融资结构以银行信贷为主导,金融资产 90% 以上由银行业持有,而且半数以上的银行业资产是发放贷款和垫款,因此,实现金融稳定的关键在于防范银行信贷风险。为使实证分析覆盖到上述典型事实,以银行贷款违约率的上半部方差表征金融不稳定程度,[①]构建如下福利损失函数:

$$WelfareLoss_t = \varphi_y Var(\hat{y}_t | \hat{y}_t < 0) + \varphi_\pi Var(\hat{\pi}_t) + \varphi_\Phi Var(\hat{\Phi}_t | \hat{\Phi}_t > 0)$$

$$(10-26)$$

其中,$\hat{x}_t$ 表示变量 X_t 对稳态值或目标值的偏离程度,φ_y、φ_π、φ_Φ 分别为产出、通胀、贷款违约率在福利损失函数中的权重。

---

① 借用 Gali & Gertler(1999)交错定价模型中的思想,对于代表性企业而言,Φ_t 表示其在特定时段的贷款违约概率,那么从整体经济来看,就可以认为特定时段中有 Φ_t 部分的企业发生违约,从而经济的贷款违约率即为 Φ_t。

令货币政策参数 ϕ_{cred} 和资本监管参数 θ^c 分别在[-0.6,-0.1]中取值,步长为0.1,图10-4显示了不同参数取值所对应的政策组合在面临金融冲击时导致的福利损失分布曲面。从图中可以清楚地看出,福利损失分布曲面呈现出"两头低、中间高"的马鞍形。福利损失最大的区域位于马鞍顶部,此处对应的是货币政策参数 ϕ_{cred} 和资本监管参数 θ^c 取值位于-0.6附近,说明货币政策调整过于盯住信贷价格变化以及资本监管的逆周期调整程度过大的"双紧"组合无益于福利水平的改善。福利损失最小的区域位于马鞍两侧底部,左侧区域对应着货币政策参数 ϕ_{cred} 接近-0.6、资本监管参数 θ^c 接近-0.1,右侧区域则对应着货币政策参数 ϕ_{cred} 接近-0.1、资本监管参数 θ^c 接近-0.6,表明盯住信贷价格变化的货币政策和逆周期调整的资本监管采取"一松一紧"的搭配可以有效改善福利水平,同时,存在两种最优政策执行组合也为当局进行宏观调控提供了更大的操作空间和灵活性。

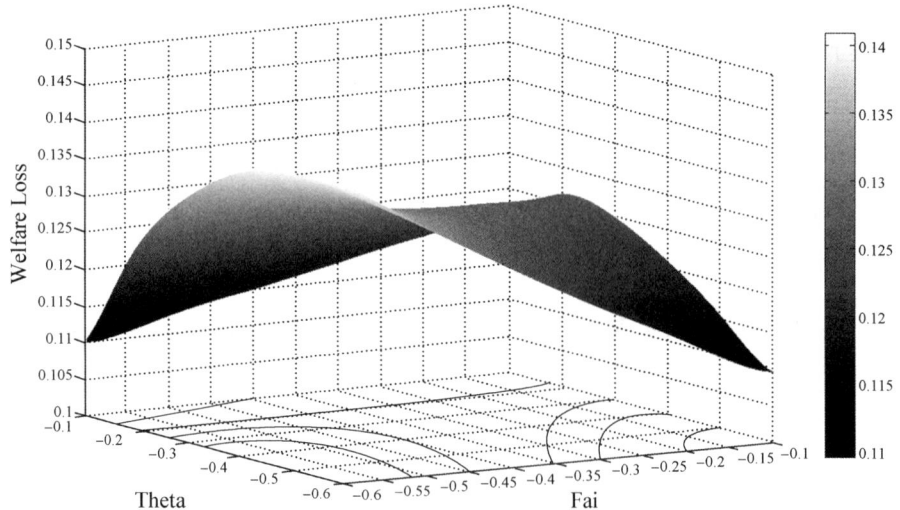

图 10-4 不同货币政策与资本监管组合对应的福利损失分布

3. 拓展分析:异质性金融冲击

自2008年金融危机发生以来,对金融冲击的探讨逐渐成为宏观经济学的前沿议题,越来越多的文献开始关注金融冲击对经济波动的影响。从 RBC 到 FBC,人们逐渐意识到引起经济波动的根源不仅有技术冲击还包括金融冲击。但是与技术冲击明确为索洛余量的波动不同,学术界对究竟什么是金融冲击并没有一个统一定义。整理现有国内外文献可以发现,在 DSGE 模型中引入金融冲击的方法主要有三种:一是将企业的净资产或净财富冲击作为金融冲击(Nolan & Thoenissen,2009);二是与我们在企业贷款抵押方程中对抵押率引入随机冲击相类似,通过对企业的还贷能力施加冲击以表示金融冲击(Jermann & Quadrini,2012);三是对银行权益资产施加冲击以表示金融冲击(Angelini 等,2014)。

由于我们的建模并未涉及企业净资产的刻画,因此主要考虑后两种冲击。仔细辨别这两种冲击可以发现:第二类金融冲击通过影响企业的偿债能力使贷款违约风险显性化,进而导致金融部门的资产发生损失,导致这种金融冲击的根源在于企业经营状况恶化,这种冲击始于信贷需求方,对金融部门来说是一种外源性冲击;第三类金融冲击则通过直接影响银行权益资产进而导致金融部门发生损失,这种金融冲击以银行资本的随机损失为前提。因此可以将其看成是由金融市场随机波动所引起的金融部门投资失败造成的,这种冲击始于信贷供给方,对金融部门来说是一种内源性冲击。绝大多数涉及金融冲击的文献都没有对这两类冲击做出区分。事实上,由不同金融冲击引发的宏观经济金融波动程度可能存在显著差异,由此对货币政策与资本监管的最优调控力度适时转变也提出了更高要求。如果从实体与金融的关系角度看,可以发现虽然内源性金融冲击和外源性金融冲击都会引起银行资产损失进而引发银行信贷的收紧,但是两类冲击发生的根源各异、包含的信息也不同,在传导路径上亦有所区别。具体来说,外源性金融冲击根本上是源自实体经济波动,其包含了实体经济恶化的相关信息,传导路径为实体波动→金融正反馈→实体进一步恶化,而内源性金融冲击根源于金融领域的随机波动,并不包含实体经济恶化的任何信息,其传导路径为金融波动→金融正反馈→实体恶化。

具体到我们的模型来看,内源性金融冲击借由金融正反馈作用于实体经济时,不直接引起企业还贷风险上升,因此并不通过融资风险溢价渠道和银行资本渠道发挥作用,对宏观经济金融波动的影响力度也更小。银行资本的突然减少会直接使资本—贷款比率下降,这一点无论是在逆周期监管还是顺周期监管情形下都是一致的。通过资本监管的直接渠道和替代效应渠道,内源性金融冲击可以导致经济波动。但由于失去前两种渠道的强化效果以及资本监管本身存在的两重效应影响,可知同样大小的内源性金融冲击造成的宏观经济金融波动程度要明显弱于外源性金融冲击。为比较同样大小的异质性金融冲击对经济波动的影响力度,与外源性金融冲击一样,将内源性金融冲击的持久性参数 ρ_V 设为 0.960 1,σ_V 设为 0.018 5。以逆周期监管为例,表 10-1 从均值效应和波动效应两个方面比较了内、外源金融冲击对产出、通胀和企业贷款违约率的影响。[①] 可以看出,对于各种政策组合,无论是基于均值还是波动考察,内源性冲击对产出、通胀、违约率的影响程度都明显低于外源性冲击。

表 10-1　外源性金融冲击与内源性金融冲击的宏观效应比较

指标	变量 冲击类型 政策组合	产出		通胀		违约概率	
		外源冲击	内源冲击	外源冲击	内源冲击	外源冲击	内源冲击
水平效应	逆周期监管+一般泰勒规则	-2.53E-04	-8.65E-06	4.18E-05	3.72E-06	2.11E+00	1.46E-01
	逆周期监管+盯住信贷价格的泰勒规则	1.40E-04	1.53E-05	1.95E-05	6.30E-07	2.08E+00	1.46E-01
	逆周期监管+盯住信贷规模的泰勒规则	-1.13E-04	-3.34E-06	4.36E-05	3.82E-06	2.10E+00	1.46E-01

---

① 均值效应和波动效应分别由金融冲击下,产出、通胀、违约率在 20 期内的脉冲响应的平均值和标准差计算得到。

(续表)

指标	变量 冲击类型 政策组合	产出		通胀		违约概率	
		外源冲击	内源冲击	外源冲击	内源冲击	外源冲击	内源冲击
波动效应	逆周期监管＋一般泰勒规则	5.35E-04	2.23E-05	5.78E-05	6.36E-06	0.6463	0.1836
	逆周期监管＋盯住信贷价格的泰勒规则	3.39E-04	1.87E-05	6.06E-05	6.04E-06	0.6324	0.1837
	逆周期监管＋盯住信贷规模的泰勒规则	4.95E-04	2.13E-05	5.96E-05	6.38E-06	0.6432	0.1836

通过分析，我们发现与外源性金融冲击一样，相对其他政策搭配来说，当货币政策规则考虑信贷价格因素的同时资本监管采取逆周期调整方式可以更好地熨平内源性金融冲击引起的宏观经济金融波动。图10-5显示了内源性金融冲击下包含信贷价格因素的货币政策与逆周期资本监管的最优执行区间。可以看出，与外源性冲击的结果不同，在内源性冲击下，为确保福利损失最小化，资本监管要从紧，而货币政策可松可紧，几乎没有影响。原因可能在于，外源性冲击反映了经济基本面，而内源性冲击不反映基本面，纯粹由金融波动造成。因此需要资本监管针锋相对，而货币政策主要是根据经济基本面来调节宏观经济，对治理由纯粹金融波动引起的经济波动效果并不理想。此外，可以发现，在内源性金融冲击下，货币政策与资本监管的调控空间更大，福利损失较大的区域占比明显低于外源性金融冲击，而且福利损失程度也相对更低。这反映出外源性金融冲击具有更大的破坏力，熨平其引发的经济金融波动对货币政策与资本监管的配合要求也更高。

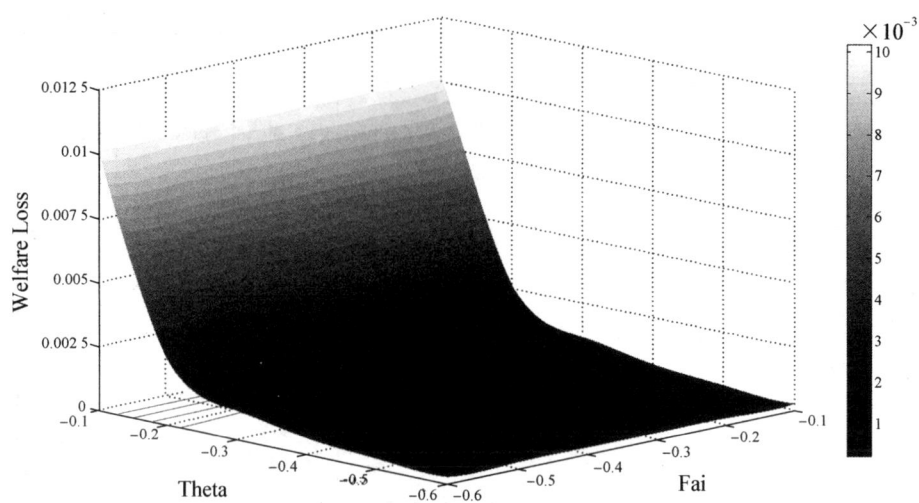

图 10-5 内源性金融冲击下不同政策组合对应的福利损失分布

五、结论与启示

第一,金融冲击既会影响违约风险、信贷投放、资本充足率等重要金融变量,也会影响产出、投资、通胀等主要实体经济变量。在经济金融交互关系越发紧密和复杂的今天,金融冲击可能对实体经济和金融同时造成巨大伤害,2008年国际金融危机就是例证,因此必须正视金融冲击的影响并寻求科学应对之策。第二,在考虑外部监管强度对商业银行内部风险管理的替代性影响后,通过定量模拟分析发现,逆周期资本监管在熨平金融冲击导致的宏观波动方面的效果仍明显优于顺周期监管,这从另一个角度为金融危机后大力推进逆周期宏观审慎监管提供了经验上的支持,此外,研究发现货币政策制定应考虑金融因素,金融价格指标比金融规模指标更适合作为货币政策的盯住变量,这也在一定程度上回答了金融危机后有关货币政策是否应该以及如何关注金融因素的问题,但须注意其前提是必须加快推进利率市场化进程,完善贷款利率等金融价格指标的风险定价机制,从而为货币政策制定提供能够有效反映市场信息的参考指标。第三,不同来源的金融冲击决定了其影响经济的路径存在差异,由实体经济下滑引发的外源性金融冲击要求货币政策力度与资本监管强度采取高低式配合,由金融市场随机波动引发的内源性金融冲击要求资本监管强度从紧,而货币政策的操作空间具有较大灵活性,因此准确识别金融冲击的来源有助于提升金融宏观调控的整体有效性。

自2008年金融危机以来,金融稳定得到空前关注,逆周期宏观审慎监管及其与货币政策的配合问题成为目前国内外金融宏观调控改革领域的最强音。其核心理念在于:通过科学的逆周期调控抑制金融风险积聚、缓解危机时期金融部门对实体经济的负面影响。其实,马克思在对造成经济周期波动的原因进行分析时就已指出:信用膨胀和萎缩不仅是经济处于不同周期阶段的特征,也是导致经济周期的动因,因此信用是反周期宏观调控的主要对象,经济衰退时,必须扩大信用、增加货币投放,否则会加剧经济的衰退和恶化。马克思不仅看到了实施逆周期调控对于降低金融危机破坏力的重要作用,同时从他对经济周期动因和虚拟经济的分析中可以看出,金融波动不仅是实体经济波动的一种表现,其越来越显示出的独立的周期性运动规律可能成为影响经济周期波动的源泉。这一思想对于我国改革金融宏观调控模式、提升政策的整体有效性具有十分重要的启示。它表明金融宏观调控要取得良好效果,一方面需要完善政策的逆周期调节功能和配合机制,另一方面必须对经济波动的金融成因进行科学分析、准确判断,因为不同来源的金融冲击要求金融宏观调控采取不同配合模式,这一点为大多数研究所忽视。我们建议,应着力构建"合理选择调控目标、准确判断波动来源、科学实施政策搭配"的三位一体式金融宏观调控模式,在努力抑制金融风险的同时充分发挥金融驱动创新、服务增长的本质功能。

第十一章　经济金融周期分化与中国货币政策的改革

2008年国际金融危机以前,西方发达国家的货币政策实践以稳定价格为核心。传统的经济学理论认为,价格稳定有助于实现产出稳定、金融稳定等其他目标,是货币政策的调控核心(Schwartz, 1995; Issing, 2003)。20世纪80年代以来,西方经济"大稳健"所展现出的"低通胀、高增长、低失业"特征则在实践中印证了通胀目标制货币政策的优越性。但是,随着经济金融关系的不断复杂化,价格稳定与金融稳定间的协同关系越发微弱。2008年金融危机深刻表明,稳定价格的货币政策事实上已无法保证金融稳定。甚至有观点认为正是由于中央银行局限于稳定价格,导致价格上涨的压力从实体部门转移至虚拟领域,使部分国家的资产价格泡沫在价格相对稳定时发生,Trichet (2005)将这一现象称作"央行信誉悖论"。经济稳定与金融稳定间的目标不一致,反映出的是近年来在全球范围内经济周期与金融周期分化甚至背离的新常态。

马克思认为,金融波动不仅是实体经济波动的一种表现,其越来越显示出的独立的周期性运动规律可能成为影响经济周期波动的源泉(洪银兴等,2005)。事实证明,这一洞见正在成为现实。金融危机以来,金融周期与经济周期的关系问题便迅速成为宏观经济学的热议话题(Borio, 2014)。Claessens等(2012)通过分析44个国家的面板数据,发现经济周期与金融周期在不同阶段都存在显著关联。Drehmann等(2012)通过对七个工业国1960—2011年的季度数据进行滤波分解测算出各国的金融周期,发现金融周期波幅普遍大于经济周期,且金融周期波峰过后往往会爆发金融危机。邓创和徐曼(2014)通过构建金融形势指数并结合 TVP-VAR 模型,分析了中国的金融周期对宏观经济的时变影响及其非对称特征。马勇等(2016)综合分析了金融周期、货币周期和信贷周期对经济周期的影响,发现金融周期不仅是驱动经济周期的重要因素,而且对经济周期变化具有良好的预测性。范小云等(2017)运用季度数据测算了中国的金融周期并分析了其与经济周期间的关联作用,同样发现金融周期比经济周期的波动幅度更大且具有显著的领先放大作用。陈雨露等(2016)对 68 个国家的面板数据分析表明,无论金融周期高涨还是下行,经济增长和金融稳定都会受到明显的负面影响。

本书通过对中国的金融周期进行测算并与经济周期内的增长周期和价格周期进行比较,发现:(1) 2012 年以来,增长周期和价格周期的协同性不断降低;(2) 金融周期与经济周期表现出明显的分化甚至背离态势,这表明以货币政策为主的短期宏观调控已无法同时熨平经济周期与金融周期,必须针对不同周期采取针对性调控,做到有的放矢。过去,囿于各级政府强烈的"GDP 情结"和中央银行独立性缺失,中国的货币政策事实上以促进经济增长为第一导向,价格稳定被迫置于从属地位。随着经济进入新常态,经济增速趋势性放缓、金融系统性风险显著提高,货币政策有效性面临极大考验。如何在经济金融周期不断分化的新常态下,进一步改善货币政策调控的有效性?如何使宏观调控更好地服务于经济稳定和金融稳定?对此,本书将通过定量分析给予回答,并提出切实明确的政策建议。

一、经济周期与金融周期:趋同到分化

(一)经济周期和金融周期的度量

对于经济周期,学术界通常以产出和价格为基准衡量变量;但对于金融周期的刻画,目前尚未形成统一认识。以往多数文献简单将信贷/GDP 或 M2/

GDP作为金融周期的代理变量(Levine等,2000;Schularick和Taylor,2009;陈雨露等,2016)。虽然信贷和广义货币量是宏观金融运行的关键指标,但毕竟无法较为全面的刻画整体金融状况,尤其是缺乏针对性的反映房地产市场、证券和保险等金融市场的运行态势,而这些领域的极端波动恰恰是引发2008年国际金融危机的导火索。Borio(2014)提出信贷总量和房地产价格是度量金融周期的基础变量。2017年第3季度《中国货币政策执行报告》亦指出,评判金融周期最核心的两个指标是广义信贷和房地产价格,前者代表融资条件,后者反映投资者对风险的认知态度。有鉴于此,范小云等(2017)选取信贷、信贷/GDP、房地产价格、股票价格来测算金融周期,邓创和徐曼(2014)利用主成分分析构建了覆盖股市、债市、汇市、房地产、货币市场、银行体系的综合金融状况指数以衡量中国的金融周期。

本书构建综合金融稳定指数(AFSI)度量中国的金融周期。具体做法是:首先,以中国人民银行发布的2017年《中国金融稳定报告》涵盖的内容和主要的结构为参考,从银行体系、证券业、保险业、房地产业、国内经济和开放经济六大维度,选取17个指标合成表征金融整体运行状况的综合指数①。然后,利用因子分析进行降维处理,合成出对整体金融波动解释能力最强的5个公共因子,并依据相应权重构建总因子AFA②。最后,利用HP滤波提取AFA的周期性成分即得到AFSI,该指数用以表示整体金融状况偏离趋势运行的波动性特征,为正表示金融过热、为负表示金融遇冷。

具体的,周期刻画选取2000Q1—2019Q4的季度数据,数据来源于IFS数

---

① 17个指标是:预算赤字/工业增加值、REER同比变化率、CPI同比变化率、存贷款利差、信贷同比增长率、M2/储蓄存款、人民币贷款/储蓄存款、货币当局对其他存款机构的债权/信贷量、股票市值/工业增加值、市场无风险利率、股票指数同比变化率、保费/工业增加值、保险公司投资额/保险公司资产、商品住宅价格同比变化率、OECD-CLI、布伦特原油价格同比变化率、美元实际有效汇率同比变化率。

② 所有原始数据都经过X12季节处理,由于指标的量纲各不相同,采用公式 $Y=(X-MIN)/(MAX-MIN)$ 进行标准化处理。

据库、OECD 数据库、WIND 数据库、国泰安数据库、中经网、锐思金融、国家统计局网站和中国人民银行网站。利用 HP 滤波剔除 GDP 同比增速、同比 CPI 中的趋势性成分,分别保留其周期性成分代表增长周期和价格周期。利用 HP 滤波和因子分析合成 AFSI 表示金融周期,其中,对标准化后的变量先进行 KMO 检验和 Bartlett's 球状检验,得出 KMO 值为 0.68,大于 0.5,Bartlett's 球状检验 P 值为 0.00,小于 0.05,因此样本数据适用因子分析。以特征值大于 1 为标准,选出 5 个因子,其方差贡献率和特征值因子分析结果见表 11-1,总因子 AFA=0.36FA1+0.21FA2+0.14FA3+0.14F4+0.14F5,累积解释能力达到 74%,表明因子分析效果良好。

表 11-1 因子分析结果

综合因子	特征值	方差贡献率(%)	累计方差贡献率(%)	方差解释比例
FA1	4.78	0.27	0.27	36%
FA2	2.79	0.16	0.43	21%
FA3	1.94	0.11	0.54	14%
FA4	1.91	0.11	0.64	14%
FA5	1.88	0.10	0.74	14%

(二) 经济周期与金融周期的关系

图 11-1 显示了 2000 年 1 季度至 2019 年 4 季度中国增长周期、价格周期与金融周期的走势。由图 11-1 可知,2012 年以前,三大周期的波动都非常大,但金融周期与以增长周期和价格周期为代表的经济周期运行趋势基本趋同;而 2012 年以来,经济周期的波动明显减小,但金融周期的波动仍然较大,导致金融周期与经济周期逐渐分化,甚至在某些节点出现明显的方向性背离。

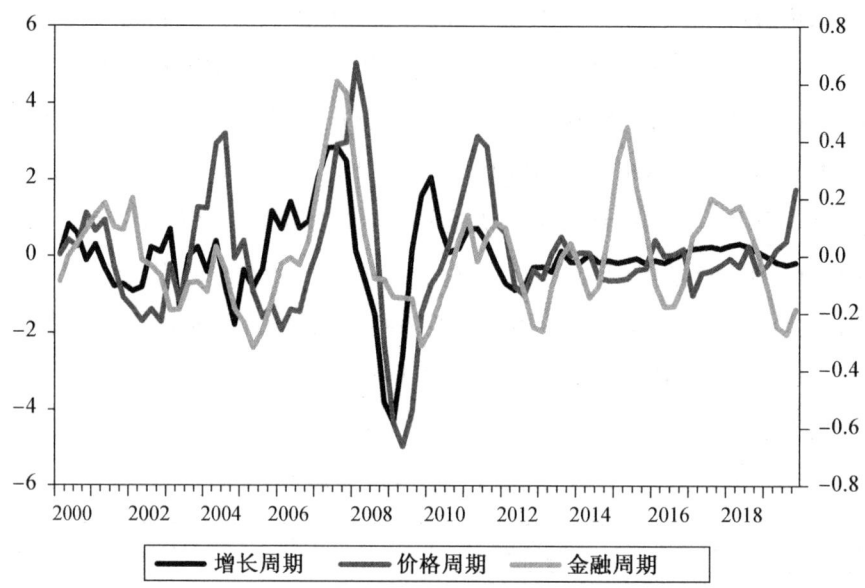

图 11-1　中国的增长周期、价格周期与金融周期

表 11-2 利用相关系数测算了不同周期间的协同性。2012 年以来，增长周期与价格周期的协同性明显降低，表明货币政策越发难以同时实现控价格与稳增长两大目标，而金融周期与增长周期的协同性也逐步降低。2012 年以来，金融周期与价格周期背道而驰，表明仅仅依靠货币政策已无法同时熨平经济周期与金融周期，必须针对两大周期采取针对性调控，做到有的放矢。因此，必须加快构建和完善"货币政策＋宏观审慎政策"的双支柱调控框架，以宏观审慎政策专门熨平金融周期，为货币政策稳定经济周期减负、增效。

表 11-2　不同周期间的协同性

相关系数	增长周期与价格周期	增长周期与金融周期	价格周期与金融周期
全样本	0.382 9	0.370 7	0.368 6
2000Q1～2011Q4	0.391 3	0.428 9	0.517 2
2012Q1～2019Q4	0.080 2	0.306 1	−0.317 2

过去，中国的货币政策常常受制于"增长导向"，政策基调名为稳健、实则宽松。2016年底召开的中央经济工作会议首次提出"货币政策要保持稳健中性"，从而进一步约束了货币政策的主动扩张动机，为真正熨平经济金融周期营造了稳定的政策环境。当前，迫于美国不断升级的贸易摩擦，货币政策虽然暂时转向稳健，但毋庸置疑，中性货币政策才是最终的进化方向。而促增长的货币政策通常会刺激经济过快增长，表现为GDP增速正向偏离趋势性水平。同时还会带动金融运行过热，当政策利好消失殆尽，过度调整后的反转效应很容易诱发金融不稳定。如图11-2，构建价格周期（P）、金融周期（AFSI）和增

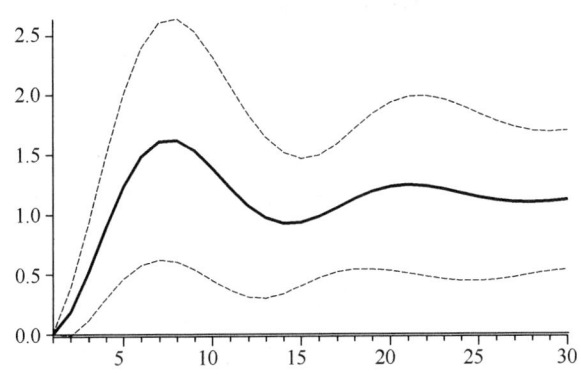

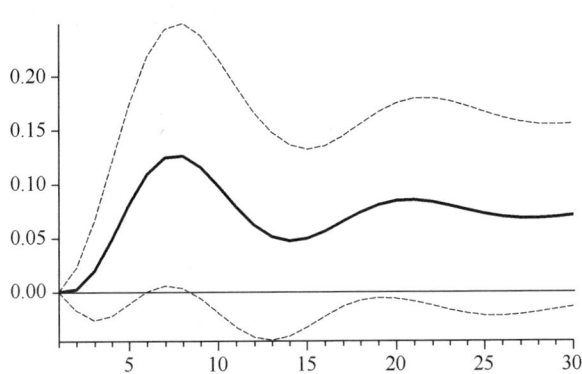

图11-2　增长周期扩张对价格周期和金融周期的动态效应

长周期(Y)在内的三变量 VAR 模型,分析刺激增长周期扩张背景下,价格周期和金融周期的动态响应路径。图 11-2 显示了当 GDP 增速的周期性波动增加 1 个单位标准差时,价格周期和金融周期动态响应的累积路径。可以看出,经济过快增长会导致价格周期和金融周期同时膨胀,即价格偏高、金融过热。价格偏高不利于经济长期发展、金融过热容易诱发系统性风险,这些都是促增长导向带来的潜在额外成本。破除 GDP 政绩导向、树立合理适度的稳增长目标是当前熨平宏观经济和金融周期的首要前提。

二、货币政策调控:数量型还是价格型?

随着金融创新和金融市场快速发展,传统的以 M2 为中介目标的数量型货币政策调控绩效日渐式微。2016 年开始将统计范围更广的社会融资规模作为新的政策目标,但仍然无法准确掌握以非信贷融资为代表的金融市场活动。2018 年开始,中国便不再公布 M2 和社会融资规模的数量目标,这表明货币政策调控框架转型又迈出了重要一步(徐忠,2018)。但是,价格型货币政策调控对市场发育程度和传导机制要求较高,而目前中国的货币市场、债券市场等仍存在明显割裂,存贷款基准利率与 Shibor 等市场化利率并存仍相当于事实上的双轨制(易纲,2018)。对于货币政策的转型困境,郭豫媚等(2016)指出在货币政策由量到价的转型过程中,信贷渠道和利率渠道均不能充分发挥作用,建议货币政策应强化预期管理,这有助于填补其不断下降的有效性;伍戈和连飞(2016)则认为采取数量与价格型相结合的混合货币政策框架是目前较好的选择。

本部分则从近年来中国经济周期与金融周期分化的大背景出发,探讨货币政策数量型调控和价格型调控对经济金融周期的影响,从提高货币政策有效性的角度比较数量型调控和价格型调控的利弊,并以熨平经济金融周期为准绳,提出进一步完善短期宏观调控的切实建议。选择广义货币供应量(M2)和 7 天期的 Shibor 利率分别作为货币政策数量型中介目标和价格型中介目标的代理变量,样本为2000Q1—2019Q4的季度数据,数据来源于中经网。经X12季节调整后,分别与增长周期变量、价格周期变量、金融周期变量构建三组贝叶斯VAR模型,以分析不同货币政策调控方式的经济金融波动效应。

通过分析货币冲击和利率冲击对增长周期、价格周期、金融周期的动态影响,可以研判数量型货币政策与价格型货币政策在熨平产出波动、价格波动、金融波动上的效果。由图11-3可知:(1)正向利率冲击期初会稍微引起产出正向波动,但之后会导致产出明显负向波动,增长周期衰退,对价格波动的影响先正后负,总体上会引起价格周期高涨,对金融波动具有明显的负向影响;(2)正向货币冲击会刺激产出正向波动,对应于增长周期的高涨阶段;期初会稍微导致价格负向波动,但之后会刺激价格明显正向波动,价格周期高涨;而对金融波动的影响相对利率冲击来说明显更小。

总的来看:(1)在价格型调控下,货币政策紧缩利率会导致通货膨胀,表明存在显著的成本渠道效应(彭方平和连玉君,2010;蒋海和储著贞,2011),产出波动与价格波动背道而驰,表明货币政策难以同时稳定增长周期和价格周期,且价格型调控对金融波动的影响非常显著,此时还将面临对稳定经济周期还是金融周期的取舍;(2)在数量型调控下,产出波动与价格波动的大方向是一致的,产出波动领先于价格波动,增长周期与价格周期具有较好的协同性,且数量型调控对金融波动的影响较小,可使货币政策在熨平经济周期时避免对金融周期造成过多扰动。

因此,数量型调控对增长周期与价格周期的影响趋同有助于实现熨平经济周期的目标,且不会对金融周期造成非中性影响,因此在以数量型货币政策调控实体经济时,既不会破坏经济周期内在协同性,也不会明显干扰金融周期。而价格型调控作用于实体经济时,会面临"按下葫芦浮起瓢"的调控困境,不仅无法消除经济周期的内部冲突,而且会对金融周期造成显著的非中性影响。因此,必须采取宏观审慎政策专门熨平金融周期,化解价格型货币政策调控在金融领域留下的负面效应。从这一点也可以看出,当前我国在积极推进货币政策由数量型转向价格型的同时,还积极构建"货币政策+宏观审慎政策"的双支柱调控框架是完全符合当前经济运行规律的。

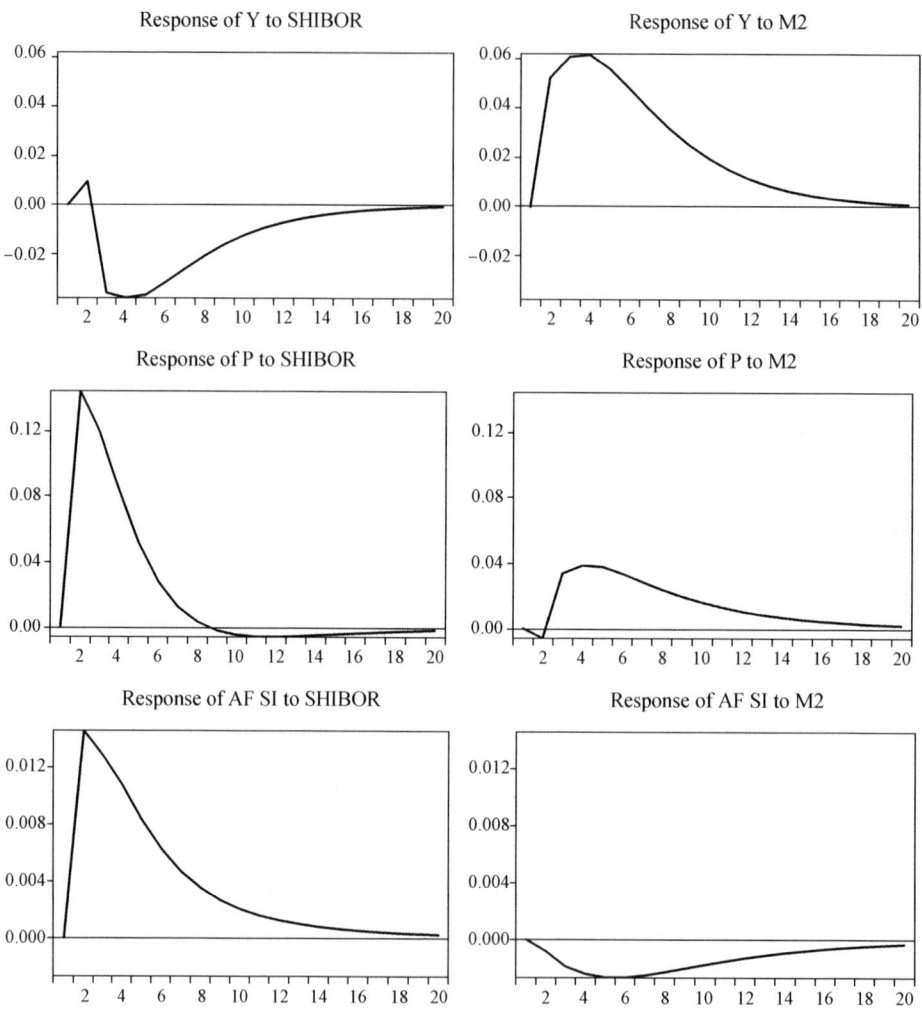

图 11-3　正向货币冲击和正向利率冲击的脉冲响应结果

三、货币政策改革的内在逻辑

长期以来,中国的宏观政策组合以"积极的财政政策+稳健的货币政策"为核心,宏观审慎政策缺位,由此导致金融倾向于粗放式服务实体经济,潜在金融风险伴随经济发展而逐步积累。进入经济新常态以来,实体经济和虚拟经济均发生了深刻变化和调整,经济增长趋势性放缓的同时,刺激政策的边际效果锐减、金融领域风险不断暴露,这种"增长减速后遗症"迫使货币政策在稳定金融和服务实体经济上左右为难、进退维谷。本书的研究表明,促增长的政策导向容易引发价格周期和金融周期同时膨胀,不利于经济的长期发展和金融稳定,货币政策应及时将促增长目标调整为稳增长目标。2016年底召开的中央经济工作会议首次提出"货币政策要保持稳健中性"在一定程度上约束了货币政策的促增长目标,未来应进一步调整《中国人民银行法》中有关货币政策与经济增长的关系表述,明确货币政策的经济稳定功能。

本书的研究还发现2012年至今,中国的金融周期与经济周期表现出明显的分化甚至背离态势,这表明仅仅依赖货币政策已无法同时熨平经济周期与金融周期。根据"丁伯根法则",一国的经济政策数量至少要等于经济目标数量,而且政策之间必须保持独立性。在经济金融周期分化的大趋势下,单一货币政策无法同时实现稳定经济周期和金融周期两大目标。2017年的《十九大报告》正式提出"健全货币政策和宏观审慎政策双支柱调控框架",以货币政策熨平经济周期、以宏观审慎政策熨平金融周期。由表3可知,早在2012年,宏观调控就已开始关注到金融稳定,彼时防控金融风险仍然作为货币政策的调控任务之一,尚未凸显宏观审慎政策在遏制金融风险、维护金融稳定方面的专门责任。到2015年底,出台MPA考核才表明遏制金融风险、维护金融稳定的责任正逐步移交宏观审慎政策。2016年,防控金融风险正式明确成为宏观调控的目标,并首提货币政策与金融审慎监管协调的重要性。2017年成立的国务院金融稳定发展委员会为将来进行多种政策的协调搭建了沟通平台。当年底的《十九大报告》正式提出"健全货币政策和宏观审慎政策双支柱调控框架"。由此,中国的宏观调控历经了"货币政策稳定经济金融大周期→双支柱调控框架协调稳定经济金融周期"的思路转变。这一有的放矢、分类调控的改革逻辑符合理论规律和当下实际,有利于货币政策挣脱调控疲态、提高宏观治理的有效性。双支柱调控框架的演变如表11-3所示。

表11-3 从主要文件看双支柱调控框架的演变

时间	文件	表述
2012.9	《金融业发展和改革"十二五"规划》	提出要"优化货币政策目标体系,处理好促进经济增长、保持物价稳定和防范金融风险的关系"
2015.12	中国人民银行网站	将对银行业的差别准备金动态调整机制和合意贷款管理升级为"宏观审慎评估体系"(MPA)
2016.3	《"十三五"规划纲要》	首次明确将"防控风险"纳入宏观调控目标体系,并首次提出要"构建货币政策与审慎管理相协调的金融管理体制"
2017.7	全国金融工作会议	宣布成立国务院金融稳定发展委员会
2017.10	《十九大报告》	提出"健全货币政策和宏观审慎政策双支柱调控框架"

值得充分关注的一点是,双支柱调控框架并非"货币政策+宏观审慎政策"的简单组合,双支柱调控框架的推出旨在维护经济和金融的双稳定,但货币政策、宏观审慎政策与经济稳定、金融稳定之间究竟是何对应关系?目前,官方的表述仍不十分明确。已有国内外研究给出了3种目标分配模式:目标集成授权模式,即经济稳定和金融稳定作为货币政策与宏观审慎政策的共同目标;目标分置授权模式,即货币政策锚定经济稳定、宏观审慎政策锚定金融稳定;目标交叉授权模式,即货币政策同时锚定经济稳定与金融稳定、宏观审慎政策锚定金融稳定。从当前货币政策由稳健向稳健中性过渡的趋势来看,中国双支柱调控框架似乎更加倾向于目标分置授权模式,但如何确保货币政策的经济稳定目标不会影响宏观审慎政策的制定?当前,中国的货币政策和

宏观审慎政策的决策独立性面临两个不确定因素：一是两类政策均集中于同一个主体即中央银行,因此中央银行的偏好或外部约束可能影响政策独立性；二是国务院金融稳定发展委员会的具体制度安排尚未落地,财政部、发改委、银保监会等部门对双支柱调控框架的介入形式和程度将影响政策独立性。这是完善双支柱框架运行制度的重要方向。

此外,本书的实证分析还表明,当前数量型货币政策熨平经济周期的有效性仍然优于价格型货币政策。数量型调控对金融周期的影响更小,而价格型调控在熨平增长周期的同时会加剧价格周期与金融周期的波动,这一点目前鲜有研究涉及。早在2012年,《金融业发展和改革"十二五"规划》就提出"推进货币政策从以数量型调控为主,向以价格型调控为主转型",但囿于价格型调控所需的金融市场良好发育这一约束所限。当前中国的货币政策仍处于数量型和价格型调控搭配使用、甚至数量型调控更加主动的过渡阶段。本书认为,未来较长一段时期内中国货币政策仍需倚重数量型调控,一方面是源于数量型调控对稳定实体经济的有效性仍明显高于价格型调控；另一方面,价格型调控对金融波动具有显著非中性影响,在进行价格型货币政策调控的同时,必须辅以宏观审慎政策以消除额外的金融效应。综上所述,本书的分析也从一个新的视角论证了中国货币政策对内改革(数量型转向价格型)和对外改革(构建双支柱调控框架)协调并进、相辅相成的必要性和有效性。

第十二章　高质量发展与货币政策框架的转型

党的十九大提出中国特色社会主义进入新时代,社会主要矛盾发生了深刻变化。为了解决经济发展的不充分和不平衡问题,中国经济正在从高速增长阶段迈向高质量发展阶段。为更好实现高质量发展目标,中央经济工作会议强调,要围绕高质量发展的需要来制定经济政策和进行宏观调控。相应地,我国宏观经济政策研究工作也正在围绕着经济高质量发展深入开展。

当前,面对贸易摩擦,国民经济所处的外部环境复杂严峻,经济运行稳中有变。与此同时,中小微企业融资难问题十分突出,货币政策的传导渠道尚待进一步疏通。内外部经济环境的变化,正在加大中国货币政策的调控难度。传统的总量型货币政策在服务实体经济发展方面日显乏力,货币供应量指标与经济的相关性也在下降(易纲,2018),金融资源向实体经济的传导并不十分顺畅。这就要求我国继续深化金融改革,除了要贯彻执行稳健的货币政策,综合运用多种货币政策工具发挥结构性引导作用以外,更为重要的是进一步推动货币政策框架转型,从本质上化解当前中国货币政策面临的困境(黄益平,2019)。

从世界范围来看,主流的货币政策框架演变过程主要围绕货币政策目标展开。首先,面对 1929 年至 1933 年的经济大萧条,凯恩斯在《就业、利息与货币通论》中指出是市场失灵导致了经济中的有效需求不足,主张采用宏观政策进行总需求管理。随后,以适度通胀换取经济增长的菲利普斯曲线(Phillips,1958),为 20 世纪 80 年代以前多目标制的货币政策框架提供了理论基础。再者,到了 20 世纪 80 年代,世界主要经济体陷入"滞胀"困境,稳定物价的理念得到强化(张晓慧,2012)。随着经济研究工作的深入推进,货币主义代表人物米尔顿·弗里德曼研究发现,菲利普斯曲线只是一种短期现象,长期内可能不存在(Friedman, 1968)。以卢卡斯为代表的理性预期学派认为菲利普斯曲线在短期内也不存在(Lucas, 1976)。而以稳定物价作为货币政策的主要目标,具有透明度高,能够克服动态不一致等问题而受到广泛采用(Kydland & Prescott, 1977),全球货币政策目标框架开始收敛到稳定物价的单一目标制。

然而,中国并未追随全球货币政策框架的演变轨迹,我们建立起的是以数量型为主的间接调控方式,采取的是多目标制的货币政策框架(周小川,2011)。从实践结果来看,中国货币政策框架根据经济形势变化不断调整,也取得了良好的调控效果,经济保持平稳较快增长、物价水平保持总体稳定。可以说,中国货币政策框架在不断转型的同时,自身也在积累宝贵经验(张晓慧,2015)。

现阶段,这种货币政策框架的调控效果似乎难以显现,推动中国货币政策框架转型逐渐成为共识(张成思和计兴辰,2017)。比较一致的观点是随着我国金融市场不断发展完善,货币政策的调控框架需要从数量型向价格型转变。实际上,"货币政策框架作为中央银行进行金融宏观调控的制度基础,只有与经济发展阶段相适应,才能更好地发挥金融调控作用"。所以,我们需要思考如何形成符合高质量发展阶段需要的货币政策新框架。显然,我们难以像西方发达经济体那样直接转向采用价格型为主的货币政策调控方式。因为我国金融市场的结构和功能尚未完善,利率调控的有效性尚待证明(徐忠,2018)。所以,在没有可供直接照搬的西方经验的情况下,我们需要积极总结中国货币政策调控的既有经验,并在此基础上不断探索创新,从而推动形成符合高质量发展要求的货币政策新框架。

一、高质量发展阶段货币政策的重要性上升

近期,中央提出"六稳"工作,将"稳金融"置于"稳投资"的前面。一般来

讲,如果经济面临下行压力、就业形势严峻,依照我们过去的做法,按照凯恩斯理论应该把"稳投资"放在首位。而中央这次提出的"六稳"工作是将"稳金融"放在"稳投资"的前面,突出强调了金融对稳定经济增长的重要性。所以,在经济高质量发展阶段,作为重要的金融政策,货币政策将发挥更加重要的作用。

第一,我国宏观调控的市场基础日益完善,货币政策将发挥更大作用。2018年我国经济增速为6.6%,尤其是2018年第四季经济增速有所放缓。过去,在经济存在下行压力时,按照凯恩斯理论,可以通过财政支出拉动投资,刺激总需求,使经济向均衡运动。但是在实践中,发达国家主要依靠货币政策对经济进行逆周期调节。例如,为应对2008年金融危机引致的经济衰退,美联储将利率降低到零下限。同期,我国则主要按照凯恩斯理论,采取财政刺激计划,实现了经济回升。可以看出,中西方应对危机导致经济衰退的首选经济政策存在差异。其原因在于,货币政策赖以发挥作用的市场机制发育程度存在国别差异。彼时,西方发达国家的市场机制更为完善,而我国市场机制尚未完全有效,相较于货币政策,通过财政支出直接拉动总需求更有效。

改革开放初期,中国经济由计划逐渐向市场转轨,市场调节机制尚不完善,财政政策是主要的宏观调控手段。虽然财政政策有力地推动了中国经济高速增长,但是投资过热和物价大幅波动等经济失衡局面时有发生,不利于经济的长期健康稳定发展。然而,随着我国经济不断发展,金融市场日益发展完善,市场逐步在金融资源配置中起到决定性作用,货币政策的作用效果更为突出。21世纪以来,我国基本实现了经济较快增长同时物价基本稳定的局面,这主要得益于以数量型为主的货币政策调控框架发挥了重要作用(徐忠,2018)。

第二,通过货币政策稳定预期,为市场主体创造适宜的货币金融环境。习近平总书记指出,我国经济存在下行压力,加大了企业经营困难,为此要将相关政策落实到位,提振民营企业对经济发展的信心。有研究表明,在经济存在下行压力的时候,营造有利于企业形成盈利预期的宏观经济环境才是促进民营经济发展的充要条件(刘树成,2016)。因此,现阶段稳定市场主体预期十分重要。从凯恩斯价格预期理论来看,经济下行时,市场主体预期悲观,预期价格下跌,企业长期贷款需求萎缩(Keynes,1923)。传统凯恩斯学派主张,实施财政政策,依靠基建托底实现经济稳定。费雪则主张发挥货币政策作用,防止经济陷入"通缩陷阱"(Fisher,1932)。

实际上,从2018年年底的统计数据来看,我国PPI和CPI同比涨幅回落的同时,基本建设投资的增速也在下滑,这表明当前我国财政政策刺激总需求的效果有限。纵观改革开放40年,我国基建投资取得了重大成就,高速公路、高铁、桥梁等建设举世瞩目,相关的部分领域产能过剩(如钢铁工业等)与重复建设已成事实。有研究表明这与我国的财税体制以及地方政府的财政激励有关(江飞涛和曹建海,2009;马红旗,2018)。另外,我国企业存在明显的所有制类型差异,财政政策难以中性对待国有与民营企业,财政性资金更容易流向国有企业,而民营企业作为中国特色社会主义市场经济的重要组成部分却面临严峻的融资难问题。依靠财政支出拉动投资,刺激总需求的传统模式已然难以奏效。为此,积极的财政政策应该在减税、降费等方面下足功夫。同时,稳健的货币政策要保持中性偏松,维持市场流动性合理充裕,加大对实体经济的资金支持力度(席鹏辉,2017)。

从中国经济实践来看,依靠财政支出拉动总需求的作用效果相对有限,并且大规模财政支出会增加政府财政负担。在这样的背景下,促进金融与经济的循环发展,提高经济的内生动力才是保持经济长期稳定的关键。因此,我们必须不断深化金融改革,强化金融服务功能,增强对实体经济的金融支持力度。从金融深化理论来看,这样既能够维持经济稳定,还能减轻财政负担(Shaw,1973)。具体来说,要处理好政府与市场的关系,避免财政政策越位或缺位,减少政府对微观主体的直接干预。政府应从管理者转变为服务者,制定好合理的市场规则,让市场主体自主运作。另外,短期内要发挥好货币政策的逆周期调节作用,稳定住市场主体的预期。中长期来看,要重视对货币政策传导渠道的"在线修复",为经济发展提供稳固的金融支持。

第三,作为不断开放的经济体,中国的货币政策还要保持内外平衡。根据M-F模型,开放经济体的财政政策和货币政策在不同汇率制度下的作用效果存在差异。例如,如果一国允许汇率浮动,那么财政政策的作用可能会因本币升值以及净出口的减少而受限,相反货币政策的独立性和作用效果却能得到提升。也就是说,发挥货币政策的有效性需要更加灵活的汇率机制。我国在经过多次汇率市场化改革以后,人民币汇率的浮动区间有所增大,这会相应提高我国货币政策的作用效果。闻岳春和唐学敏实证分析了开放经济条件下中国财政、货币政策在应对内外经济均衡时的作用差异,他们的研究结果表明财政政策应对内外经济失衡时存在矛盾,而货币政策应对内外失衡时能够表现出一致性(闻岳春和唐学敏,2013)。可以说,就不断开放的中国经济而言,在应对内外部经济形势变化的时候,货币政策兼顾内外均衡的重要性在上升。

现阶段,我国国际收支双顺差已经基本趋于平衡。过去,由于国际收支双顺差,外汇占款不断增加,央行往往需要对外汇占款进行对冲操作,抑制了货币政策的独立性和主动性。随着国际收支趋于平衡,外汇占款导致的流动性供给减少,这将减轻央行被动对冲外汇占款的压力,为央行自主提供和控制流动性创造了条件,同时这也对央行调控货币流动性有了更高的要求(张晓慧,2015)。

总的来说,高质量发展阶段,中国货币政策将发挥重要作用。为应对当前我国经济存在的下行压力,货币政策首先要及时发挥逆周期作用,稳定内部经济大局。同时,为应对贸易摩擦等复杂多变的外部环境,货币政策还需要兼顾外部均衡,为国民经济发展争取有利条件。

二、中国货币政策框架的转型路径和实践经验

从1984年中国人民银行开始行使中央银行职能以来,中国货币政策框架的转型路径并没有遵循世界主流趋势,而是根据经济发展的实际需要不断调

整(张晓慧,2018)。

1. 中国货币政策框架的转型路径

中国货币政策理论与实践的发展时间不长,但货币政策的调控框架已经经历了一次比较重大的转型,即从改革开放初期的直接信贷控制转向以货币供应量为中间目标的间接调控方式。时至今日,我国货币政策调控方式仍然是以间接调控为主,处在数量型向价格型的转变过程中(张勇和范从来,2017)。另外,从货币政策的目标框架来看,虽然中央银行法对我国货币政策的最终目标有明确规定,即"维持币值稳定,并以此促进经济增长"。但是在实践中,我国货币政策的最终目标是动态调整的,大体经历了"发展经济、稳定货币"的双目标(刘鸿儒,1983),然后转向"维持币值稳定,并以此促进经济增长",再到"把握好实现币值稳定、经济增长、充分就业、国际收支平衡四大目标间的平衡,促进经济社会又好又快发展"的多目标(周小川,2011)。可以看到,我国货币政策框架的转型路径主要分为以下两个层面:一是调控方式的转型,二是货币政策最终目标的变化。

第一,伴随我国经济不断转型,货币政策的调控方式在适势而变。改革开放初期,延续着"统收统支"的计划经济思想,金融调控方式以直接信贷控制为主。1984年人民银行开始行使央行职能,随后1995年通过了《中华人民共和国中国人民银行法》,确立了中国人民银行的独立地位,明确了人民银行制定和实施货币政策职能。1998年,我国货币政策的调控方式由直接信贷控制转向了以货币供应量为中间目标的间接调控方式(盛松成和翟春,2016),市场化的现代金融调控体系开始不断建立和完善。

从实践来看,过去一段时期,以货币供应量为中介目标的间接调控框架取得了较好的调控效果。有效地控制住了改革开放初期产出与物价高波动的局面。但是,随着利率市场化的推进和金融创新的发展,数量型调控方式的局限性开始显现,货币供应量的可控性、可测性以及与实体经济的相关性在下降,进一步推动货币政策调控框架转型被提上议题(易纲,2018)。

主流观点认为,随着中国经济不断转型,金融市场化改革也在配套推进,金融体系不断完善,市场开始在金融资源配置中起决定性作用,市场机制发挥作用的条件已经开始具备,货币政策的调控方式亟须转向价格型调控方式(徐忠,2018)。但同时我们也要看到,我国金融市场的发展仍然存在很多不合理的管控,金融产品的定价和风险管控能力有限,同时汇率形成机制改革仍然需要继续深化,这些都在影响着利率传导机制的效率,货币政策的价格调控基础,利率传导机制尚未完全形成。

所以,货币政策调控方式的进一步转型依然面临实践困难。需要继续深化金融改革,优化金融市场结构和功能,完善外汇市场体制机制。但是,深化金融改革是一项中长期工程,所以推动货币政策调控方式转型不可采取"一刀切"的形式,直接放弃数量调控方式。虽然现阶段货币供应量作为货币政策中间目标的局限性开始凸显,但是这并不能否认其作为货币政策中间目标的重要性(范从来,2004),货币政策调控方式转型不可能一蹴而就,量价配合仍然是当前货币政策调控的首选方式。只是从大的主流方向来说,推动货币政策调控框架向价格型转型是新时代高质量发展阶段的必然选择。

第二,伴随中国经济不断转型,货币政策的目标框架也在不断转型。我国货币政策的最终目标一直是货币政策理论研究中争论较多的问题(谢平,2000)。从主流的经典货币金融学教材来看,货币政策的目标被总结为价格稳定、经济增长、充分就业和国际收支平衡。但是很少有国家的货币政策同时设定上述四种目标,因为这些目标之间有相互一致的,但也有矛盾的(范从来,2010),不同目标之间的权重选择也是比较难的技术问题(周小川,2016)。就我国而言,改革开放以来,随着我国市场经济体制不断改革,货币政策的目标框架也在逐步转变,大概经历了从双目标,再到单目标,最后到多目标的转变过程。

首先,从1984年中国人民银行开始行使中央银行职能至20世纪90年代中期,我国货币政策目标是"发展经济、稳定货币"的双目标制(刘鸿儒,1983)。

这一时期货币政策目标的表述实际上意味着经济增长目标优先于价格稳定目标(谢平,2000)。这种政策目标的选择有其特殊的历史背景原因。因为改革开放初期,我国生产力的发展水平比较落后,人均经济总量在世界范围内处于较低水平,温饱问题亟待解决,以经济增长为主要目标是当时特定阶段经济发展的必然选择。尽管这一时期出现了多次较为严重的通货膨胀,在一定程度上损害了国民福利,扰乱了国民经济发展秩序(林毅夫、蔡昉和李周,1999)。但是从经济发展的结果来看,经济高速增长确实在短期内改变了我国贫穷落后的经济面貌。

其次,1995年中央银行法规定我国货币政策以"保持货币币值的稳定,并以此促进经济增长"作为目标,使得价格稳定目标优先于经济增长目标,货币政策目标开始向维持币值稳定的单目标收敛。货币政策目标的这种转变无论是从理论分析还是实践检验来看都有一定道理。理论上,货币政策是短期总需求调控政策,而经济增长是长期问题。另外,按照货币主义学派的观点,货币政策长期不影响总需求,只会导致价格水平的变化(谢平,2000)。从实践结果来看(见图12-1),1978年到1995年左右,我国经济保持周期性的高增长,经济运行很不平稳,波动性较大,同时通货膨胀交替出现。不过,自1995年货币政策目标表述调整以后,我国经济增长率和物价总水平的波动明显下降,经济的稳定性明显增强。

再者,21世纪以来,国际收支双顺差对我国货币供应量和物价水平产生了重要影响,所以中国人民银行不得不开始关注国际收支的平衡问题(周小川,2013)。这一时期,我国货币政策目标在稳定物价并推动经济增长的同时,还需要统筹协调国际收支变化,维持汇率稳定,货币政策施行的是稳定价格并兼顾其他目标的多目标制(张晓慧,2015)。

可以看到,中国货币政策框架的转型过程取决于经济发展阶段的客观要求(张晓慧,2012),并且始终注意协调好改革、发展、稳定的关系,确保了中国经济长期平稳较快发展(徐忠,2018)。

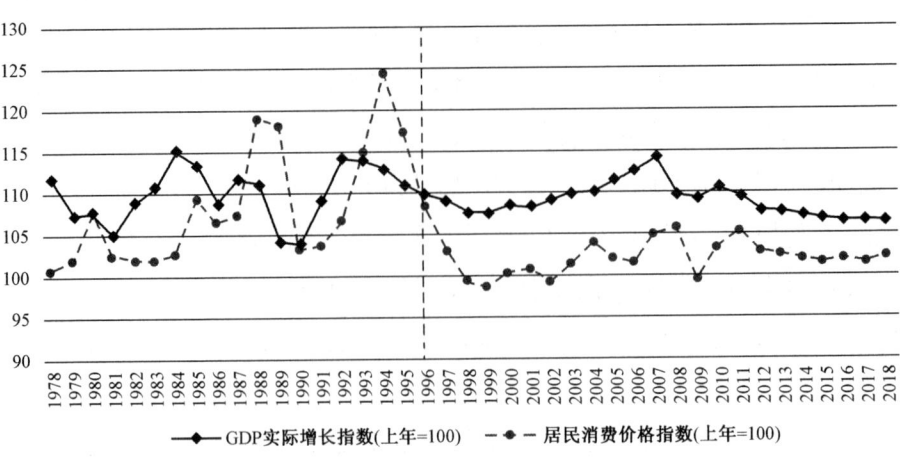

图 12-1　改革开放以来中国 GDP 和 CPI 变化指数

资料来源：中经网统计数据库并经作者整理绘制。

2. 中国货币政策的实践经验

通过分析中国货币政策框架的转型路径，可以看到我国货币政策并未拘泥于经典货币政策理论的教条，而是更加注重实践基础上的理论创新。我国货币政策根据经济发展的实际需要进行相应调整，动态平衡着货币政策的多重目标。这使得我国成功经受住了亚洲金融危机和全球金融危机，并取得了经济平稳较快发展的良好调控效果，同时也积累了宝贵经验（张晓慧，2012）。

第一，货币政策的目标调整应由经济发展的特定阶段决定。从图 12-1 来看，1995 年是中国经济运行阶段的一个重要分界点。1978—1995 年，中国经济的产出与物价波动性都比较大，二者的波峰浪谷交替出现；1995 年以后，产出与物价的波动性都明显降低了，并且经济增长率开始一直高于通货膨胀率，呈现出了物价基本稳定、经济较快增长的局面。

为了进一步比较中国在 1995 年前后经济运行的重要变化，本书以 1995 年为界，将改革开放 40 年来中国经济运行趋势大体划分为两个阶段，并分别计算了这两个阶段的产出与物价的变化情况（见表 12-1）。可以看到，1978—1995 年，以标准差计算的波动性，中国经济增长率的波动性为 3.41%，通货膨胀率的波动性为 7.18%。1996 至今,中国经济运行趋于平稳,经济波动性明显缩小,物价总水平基本稳定(见图 12-1)。1996—2018 年,中国经济增长率的波动性为 1.94%,通货膨胀率的波动性为 2.33%,呈现出产出、物价双稳定的良好局面。

中国经济运行态势发生变化的原因在于,除了货币政策目标转向更加注重维持物价稳定以外,很重要的原因是与我国经济发展阶段的转变有关。一方面,改革开放初期为尽快摆脱贫困,解决民生温饱问题,我们需要较高的经济增长速度,因而往往不得已以牺牲物价稳定为代价,进而导致了高增加与高物价交替出现(见图 12-1)。随着温饱问题得到解决,高物价对人们经济生活造成的困扰使得我们开始转向更加注重物价的稳定。另一方面,我们知道,所谓产出稳定理论上是指产出缺口接近于零,经济增长处于自然增长率水平,即充分就业状态下的增长率。改革开放以后,家庭联产承包制的推广,极大地提高了农业生产率,农村富余劳动力开始大量向城市转移,导致了劳动力市场处于供过于求的非充分就业状态,所以未能实现货币政策的双目标。随着经济的不断发展,大量吸纳劳动力就业,我国失业率维持在较低的稳定状态,因此物价和产出双稳定得以基本实现。从中国货币政策的调控实践可以看出,经济发展的特定阶段决定着货币政策目标的调整变化。到目前这个阶段,中国货币政策已经可以维持产出与物价的双稳定。

表 12-1 不同区间经济增长率与物价指数的平均值与标准差

时间区间	经济增长率		物价指数	
	平均值	标准差	平均值	标准差
1978—1995 年	10.11%	3.41%	8.22%	7.18%
1996—2018 年	9.05%	1.94%	2.20%	2.33%
1981—2007 年	10.14%	2.96%	5.94%	6.81%

资料来源:中经网统计数据库并经作者整理计算。

第二,货币政策框架转型需要兼顾经济转型的程度。放眼世界,20世纪80年代以前,凯恩斯理论为货币政策管理总需求奠定了重要的理论基础,为应对复杂多变的经济运行环境,货币政策被赋予多重目标。20世纪80年代以后,为了增强货币政策的独立性和透明度,克服动态不一致等问题,主要发达经济体货币政策目标框架开始向单一通货膨胀目标制收敛。正是在这样的背景下,主要发达经济体的经济增长率和通货膨胀率的波动性显著降低,物价与产出双双稳定。有学者通过计算得出1981—2007年世界平均通货膨胀率为6.45%,经济增长率的平均值为3.03%(杨继军和范从来,2015)。这一时期也被盛誉为"大稳健"时期(Stock and Watson,2002)。现实经济的出色表现大大增强了人们对货币政策通货膨胀目标制框架的信心(张晓慧,2012)。

与全球经济"大稳健"相比,中国经济的同期表现更为不俗。我们计算了1981—2007年中国通货膨胀率(CPI)与经济增长率的平均值(见表12-1)。可以发现,同一时期,与全球经济"大稳健"相比,中国经济增长率的平均值更高,通货膨胀率的平均值更低。

这一时期,与西方发达国家实施的单一通货膨胀目标制不同,中国货币政策尽管也很重视物价稳定目标,但同时还兼顾着其他目标。中西方货币政策目标存在差异的原因在于,西方发达国家的市场机制相对完善,而中国是转型经济体,市场机制尚待进一步完善。这就决定了中国货币政策应该兼顾经济转型的需要,相机调整目标。中国货币政策多目标制与我国经济体制转型有很大关系(周小川,2013)。从中国货币政策的实践来看,一国货币政策的目标框架并不需要绝对地顺应全球货币政策框架变化的趋势,而应该结合一国经济转型的程度、经济体制特征等进行动态调整。只有符合自身国情需要的货币政策框架,才能适应经济发展的需要,维持经济稳定运行。

三、构建符合高质量发展阶段的货币政策新框架

现阶段,中国经济正在从高速增长阶段转向高质量发展阶段,迫切需要形

成符合高质量发展需要的货币政策新框架。从中国货币政策框架转型的实践经验来看,货币政策框架的转型应兼顾三个维度,即经济发展的阶段、经济转型的程度以及社会制度的要求。所以,进入高质量发展阶段,中国货币政策的新框架也必须在这三个维度下进行定位。

第一,适应经济发展阶段转变的需要,推动形成符合高质量发展要求的货币政策目标框架。改革开放初期,我们延续的是"发展经济、稳定货币"的双目标制。将发展经济排在首位,这与当时我国经济发展水平比较落后的现实情况相对应。为了尽快摆脱贫穷落后的经济面貌,选择以经济增长作为目标是当时当地的必然选择。正是这种选择,帮助我国实现了经济总量和人民生活水平的历史性飞跃。但是这种快而粗放的经济发展模式延续下来以后,虽然带来了经济总量的攀升,但是经济发展中的不平衡、不充分问题尚待解决。从长期来看,经济发展需要更加注重质量和效益。所以中国货币政策的目标应该要转向关注经济的稳定性和质量的提升。

另外,习近平总书记指出,为实现"两个一百年"奋斗目标,我国经济增速不应低于 6.5%。2018 年,我国经济增速为 6.6%,今后如果我国经济增速能够维持这样的相对稳定水平,就能够顺利实现"两个一百年"的经济奋斗目标。因此,问题的关键是要防止经济进一步下滑,为此货币政策要积极发挥逆周期作用,确保中国经济稳定增长、稳中向好。从中国经济运行实践来看,我国货币政策有能力在维持物价稳定的同时实现产出稳定。而产出稳定正是现阶段中国经济高质量发展以及"两个一百年"奋斗目标的现实需要,因此我们的货币政策目标框架可以顺应全球货币政策框架的演变趋势,向单一通货膨胀目标制收敛。

第二,推动货币政策调控框架转型,营造适应经济转型升级的货币金融环境。十八大以来,我国经济不断转型升级,市场配置资源开始起到决定性作用,经济增长方式正从要素、投资驱动转向创新驱动,营造适应经济转型升级需要的货币金融环境十分必要。首先,伴随我国不断深化利率市场化改革,金融市场也在日益发展完善,货币政策的调控方式可以逐步向价格型调控方式转变。

其次,随着外汇占款开始下降,央行主要通过各种借贷便利工具投放货币资金,而这种以国内资产为抵押(或质押)的货币发行方式,与外汇占款投放的货币资金直接进入实体经济不同,容易造成资金在金融体系空转。当务之急既要疏通货币政策传导渠道,又要探索新的适应经济发展需要的货币投放机制,才能有效缓解实体经济特别是中小企业的融资难问题。

再者,进入高质量发展阶段,我国经济正处在要素驱动向创新驱动的转换阶段。同时我们注意到中国民营企业贡献了70%以上的技术创新和新产品开发,也就是说民营企业的发展是驱动中国经济创新发展的重要力量。因此,迫切需要建立驱动创新的股权融资模式,大力发展多层次资本市场,加大对创新型科技企业的资金支持力度(范从来,2016)。

第三,货币政策目标框架转型还需要满足社会制度的要求。中国是社会主义国家,社会主义制度内在要求保障和改善民生,而就业就是最大的民生。党的十九大明确指出,"要坚持就业优先战略和积极就业政策,实现更高质量和更充分就业"。另外,前面的分析表明,要实现物价与产出的双稳定,前提条件是经济处在充分就业水平。可以说,实现充分就业既是人民的需要、党的关切,也是实现经济稳定增长的内在条件。所以,我国货币政策目标框架理应纳入充分就业目标。

从实践层面来看,实现更加充分就业,需要着力推动民营企业发展。因为统计数据显示,中国80%以上的城镇劳动就业是由民营企业贡献的。现阶段,经济面临下行压力导致中小民营企业经营更加困难。习近平总书记强调"要切实解决中小微企业融资难融资贵问题,加大援企稳岗力度,落实好就业优先政策"。可以看到,支持民营企业发展与保障社会就业是相统一的。这也意味着我们应该将充分就业纳入货币政策目标体系。

四、结论

货币政策框架是央行调控宏观经济的重要制度基础,其随着经济发展的需要而变化,是一个动态的框架系统(张晓慧,2012)。从世界范围来看,各国货币政策框架都是随着经济发展的需求不断转型变化。改革开放以来,中国货币政策的实践表明,我国货币政策框架的演变并未遵循西方主流路径,而是根据中国经济的实际需要适时进行动态调整。

十九大提出,中国经济转向高质量发展阶段,同时对金融工作做了重要部署,就是要增强金融服务实体经济的能力。货币政策作为重要的金融政策,在支持金融服务实体经济方面,自然肩负着重要使命。但是,从当前我国货币政策调控效果来看,一方面货币供应量指标与经济的相关性在下降;另一方面虽然人民银行多措并举支持实体经济发展,但是民营企业融资难、融资贵的问题并没有得到显著缓解。为此,亟须进一步疏通货币政策传导渠道,推动货币政策框架转型升级,让金融活水能够顺利灌溉实体经济,实现经济高质量发展目标。

为此,本书回顾了改革开放以来中国货币政策框架的转型过程,并与全球货币政策框架的变化趋势进行了比较,分析和总结了中国货币政策框架演变的内在逻辑和实践经验,并在此基础上从以下三个方面提出了高质量发展阶段中国货币政策的新框架。

第一,中国货币政策的实践表明,我们的货币政策可以同时实现产出与物价的双稳定。转向高质量发展阶段,我们更加注重经济增长的效益和稳定性。而我们的货币政策已经能够实现产物与物价的双稳定,那么我们的货币政策目标自然可以跟随全球货币政策框架的演变趋势,增加稳定物价的权重,逐步向单一通货膨胀目标制收敛。

第二,与全球经济"大稳健"时期采取的单一通货膨胀目标制不同,我们是在货币政策多目标制下实现的产业与物价的双稳定,这与中国经济的转型程度有很大关系。现阶段,中国作为转型经济体的事实仍然没有变,中国货币政策框架转型仍然需要兼顾经济转型的程度。当然,随着我国不断深化经济和金融体制改革,金融市场体系不断发展完善,价格机制发挥作用的条件日益充分,货币政策的调控框架将逐步转向以价格型为主的货币政策调控方式。

第三,以人为本是社会主义制度的本质要求。关乎民生的就业问题,始终是党和政府牵挂的大事。另外,转向高质量发展阶段,必须注重经济增长的质量和稳定性,而产出稳定的前提是经济处于充分就业水平。所以,在这样的背景下,我们应该将充分就业纳入我国货币政策目标体系。

参考文献

[1] 卞志村,高洁超.适应性学习、宏观经济预期与中国最优货币政策[J].经济研究,2014(4)32-46.

[2] 卞志村,孙俊.中国货币政策目标制的选择——基于开放经济体的实证[J].国际金融研究,2011(8)4-12.

[3] 卞志村,张义.央行信息披露、实际干预与通胀预期管理[J].经济研究,2012(12)15-28.

[4] 蔡昉,都阳,王美艳.户籍制度和劳动力市场保护[J].经济研究,2001(12)41-49.

[5] 曾利飞,徐剑刚,唐国兴.开放经济条件下中国新凯恩斯混合菲利普斯曲线[J].数量经济技术经济研究,2006(3)76-84.

[6] 陈彦斌."十三五"规划纲要关于宏观调控的新思路[N].光明日报,2016-05-04(15).

[7] 陈彦斌.中国新凯恩斯菲利普斯曲线研究[J].经济研究,2008(12)50-64.

[8] 陈宇峰,陈启清.国际油价冲击与中国宏观经济波动的非对称时段效应:1978—2007[J].金融研究,2011(5)86-99.

[9] 陈雨露,马勇,阮卓阳.金融周期和金融波动如何影响经济增长与金融稳定?[J].金融研究,2016(2)1-22.

[10] 邓创,徐曼.中国的金融周期波动及其宏观经济效应的时变特征研究[J].数量经济技术经济研究,2014(9)75-91.

[11] 迪克西特.经济政策的制定:交易成本政治学的视角[M].北京:中国人民大学出版社,2004.

[12] 丁慧,范从来,钱丽华.通货膨胀预测方法研究新进展[J].经济学动态,2016(2)114-125.

[13] 董秀良,张屹山.国内外原油市场波动溢出效应的多元分析[J].中国软科学,2006(12)120-125.

[14] 范爱军,韩青.菲利普斯曲线与中国通胀动态拟合[J].金融研究,2009(2)55-71.

[15] 范从来,高洁超.适应性学习与中国通货膨胀非均衡分析[J].经济研究,2016(9)17-28.

[16] 范从来.建立驱动创新的融资体系[N].光明日报(北京),2016-11-02(15).

[17] 范从来.论货币政策中间目标的选择[J].金融研究,2004(6)123-129.

[18] 范从来.中国货币政策目标的重新定位[J].经济学家,2010(7)83-89.

[19] 范小云,袁梦怡,肖立晟.理解中国的金融周期:理论、测算与分析[J].国际金融研究,2017(1).

[20] 高铁梅.计量经济分析方法与建模[M].北京:清华大学出版社,2009.

[21] 耿强,付文林,傅坦.劳动力成本上升对中国通货膨胀的影响——基于开放NKPC框架的实证研究[J].财贸经济,2011(3)110-115.

[22] 古扎拉蒂.计量经济学[M].北京:中国人民大学出版社,2000.

[23] 谷慎,岑磊.宏观审慎监管政策与货币政策的配合——基于动态随机一般均衡分析[J].当代经济科学,2015(6)26-33.

[24] 顾纯磊,杨德才.中国的"物价—产出"关系再探讨及政策启示——基于菲利普斯曲线的修正研究[J].南京社会科学,2016(6)25-32.

[25] 郭庆旺,贾俊雪.中国潜在产出与产出缺口的估算[J].经济研究,2004(5)31-39.

[26] 郭豫媚,陈伟泽,陈彦斌.中国货币政策有效性下降与预期管理研究[J].经济研究,2016(1)28-41.

[27] 汉密尔顿,詹姆斯.时间序列分析[M].刘明志,译.北京:中国社会科学出版社,1999.

[28] 何启志,范从来.学习型预期与中国扩展的新菲利普斯曲线研究[J].金融研究,2014(9)34-52.

[29] 何启志,范从来.中国通货膨胀的动态特征研究[J].经济研究,2011(7)91-101.

[30] 何启志,姚梦雨.中国通胀预期测度及时变系数的菲利普斯曲线[J].管理世界,2017(5)66-78.

[31] 何启志.国际因素有助于中国通货膨胀水平预测吗?[J].管理世界,2012(11)172-173.

[32] 何启志.价格惯性、波动性与学习型预期——以农产品和能源价格为例的研究[J].财贸经济,2015(2)60-73.

[33] 洪银兴,葛扬,秦兴方.《资本论》的现代解析[M].北京:经济科学出版社,2005.

[34] 胡军,郭峰,龙硕.通胀惯性、通胀预期与我国通货膨胀的空间特征——基于空间动态面板模型[J].经济学季刊,2014(1)57-80.

[35] 黄益平.如何理解当前的货币政策[J].中国金融,2019(4)12-14.

[36] 黄赜琳.中国经济周期特征与财政政策效应——一个基于三部门RBC模型的实证分析[J].经济研究,2005(6)27-39.

[37] 江飞涛,曹建海.市场失灵还是体制扭曲——重复建设形成机理研究中的争论、缺陷与新进展[J].中国工业经济,2009(1).

[38] 蒋海,储著贞.紧缩性货币政策冲击、成本渠道与通货膨胀:来自中国的检验[J].金融研究,2011(9)27-41.

[39] 蒋海,储著贞.总供给效应、适应性学习预期与货币政策有效性[J].金融

研究,2014(5)1-16.

[40] 焦建玲,范英,张九天,魏一鸣.中国原油价格与国际原油价格的互动关系研究[J].管理评论,2004(7)48-53.

[41] 解维敏,方红星.金融发展、融资约束与企业研发投入[J].金融研究,2011(5)171-184.

[42] 凯恩斯.预言与劝说[M].赵波,包晓闻,译.南京:江苏人民出版社,1997.

[43] 黎德福.二元经济条件下中国的菲利普斯曲线和奥肯法则[J].世界经济,2005(8)51-59.

[44] 李成,李一帆,张炜.财政政策与货币政策的动态搭配和组合模式[J].改革,2020(1)100-110.

[45] 李成,马文涛,王彬.学习效应、通胀目标变动与通胀预期形成[J].经济研究,2011(10)39-53.

[46] 李拉亚.预期与不确定性的关系分析[J].经济研究,1994(9)12-19.

[47] 李力,杨柳.开放经济新凯恩斯菲利普斯曲线研究述评[J].经济评论,2013(2)151-60.

[48] 李毅.产出缺口、劳动力成本与通胀动态形成机制[J].管理工程学报,2015(3)81-89.

[49] 梁璐璐,赵胜民,田昕明,罗金峰.宏观审慎政策及货币政策效果探讨:基于DSGE框架的分析[J].财经研究,2014(3)94-103.

[50] 林伯强,李江龙.原油价格波动性及国内外传染效应[J].金融研究,2012(11)1-15.

[51] 林伯强,牟敦国.能源价格对宏观经济的影响——基于可计算一般均衡(CGE)的分析[J].经济研究,2008(11)88-101.

[52] 林东杰,崔小勇.龚六堂货币政策、消费品和投资品通货膨胀——基于金融加速器视角[J].金融研究,2019(3)18-34.

[53] 林毅夫,蔡昉,李周.中国的奇迹:发展战略与经济改革[M].上海:上海人民出版社,1999.

[54] 刘斌.我国DSGE模型的开发及在货币政策分析中的应用[J].金融研究,2008(10)1-21.

[55] 刘鸿儒.关于当前我国的货币政策问题[J].金融研究,1983(11)1-8.

[56] 刘金全,金春雨,郑挺国.中国菲利普斯曲线的动态性与通货膨胀率预期的轨迹:基于状态空间区制转移模型的研究[J].世界经济,2006(6)3-12.

[57] 刘树成.民间投资增速严重下滑与宏观经济波动[J].中国工业经济,2016(11)5-12.

[58] 刘易斯.二元经济论[M].北京:北京经济学院出版社,1989.

[59] 刘易斯.美国的工会主义与相对工资[M].芝加哥:芝加哥大学出版社,1963.

[60] 龙少波,陈璋,张军.超额工资、外部成本渠道与中国通货膨胀非线性关系研究——基于技术进步方式理论下的MSIAN-VAR模型实证研究[J].经济理论与经济管理,2014(11)32-44.

[61] 娄峰.中国企业价格刚性研究:基于扩展的双黏性菲利普斯曲线[J].中国工业经济,2016(2)37-51.

[62] 卢向前,戴国强.人民币实际汇率波动对我国进出口的影响:1994—2003[J].经济研究,2005(5)31-39.

[63] 陆军,刘威,李伊珍.开放经济下中国通货膨胀的价格传递效应研究[J].世界经济,2012(3)3-23.

[64] 罗伯特·巴罗.宏观经济学[M].北京:中国人民大学出版社,2001年。

[65] 罗富政,罗能生,侯志鹏.货币供给与通货膨胀的背离——基于虚拟经济虹吸效应的解释[J].经济学动态,2019(5)57-72.

[66] 吕建兴,毛学峰,曾寅初.食品价格冲击对核心CPI的传递效应——基于

3 种核心 CPI 的比较研究[J].经济理论与经济管理,2017(5)25-39.

[67] 吕越,盛斌.开放条件下产出缺口型菲利普斯曲线的再验证——基于中国省际季度动态面板数据[J].金融研究,2011(10)47-60.

[68] 马超群,佘升翔,陈彦玲,王振全.中国上海燃料油期货市场信息溢出研究[J].管理科学学报,2009(3)92-101.

[69] 马红旗,黄桂田,王韧,申广军.我国钢铁企业产能过剩的成因及所有制差异分析[J].经济研究,2018(3)94-109.

[70] 马勇,陈雨露.宏观审慎政策的协调与搭配:基于中国的模拟分析[J].金融研究,2013(8).

[71] 马勇,冯心悦,田拓.金融周期与经济周期—基于中国的实证研究[J].国际金融研究,2016(10).

[72] 马勇.植入金融因素的 DSGE 模型与宏观审慎货币政策规则[J].世界经济,2013(7).

[73] 潘慧峰,张金水.基于 ARCH 类模型的国内油价波动分析[J].统计研究,2005(4)16-20.

[74] 潘慧峰,周建,张金水.石油市场波动溢出模型研究[J].中国软科学,2005(8)152-157.

[75] 彭方平,连玉君.我国货币政策的成本效应——来自公司层面的经验证据[J].管理世界,2010(12)27-33.

[76] 裘翔,周强龙.影子银行与货币政策传导[J].经济研究,2014(5)91-105.

[77] 盛松成,翟春.中央银行与货币供给[M].北京:中国金融出版社,2016.

[78] 宋海林,刘澄.中国货币信贷政策理论与实证[M].北京:中国金融出版社,2003.

[79] 苏梽芳,陈凡.中国的通货膨胀惯性与通货膨胀不确定性——基于有限理性 NKPC 模型的分析[J].金融评论,2012(2)54-61.

[80] 孙立坚.开放经济中的外部冲击效应和汇率安排[M].上海:上海人民出版社,2005.

[81] 谭小芬,邵涵.国际大宗商品价格波动对中国通货膨胀影响的实证研究[J].金融研究,2019(2)38-60.

[82] 唐小飞,罗强,鲁平俊,刘伯强.经济全球化对各国通胀运行机制影响的研究述评[J].经济学动态,2013(3)60-63.

[83] 王爱俭,王璟怡.宏观审慎政策效应及其与货币政策关系研究[J].经济研究,2014(4).

[84] 王国静,田国强.金融冲击和中国经济波动[J].经济研究,2014(3)20-34.

[85] 王雪标,周维利,范庆珍.我国原油价格与外国原油价格的波动溢出效应——基于DCC-MGARCH模型分析[J].数理统计与管理,2012(4)571-584.

[86] 王志强,孙刚,邓黎阳.中国的MA模型与一体化政策效果[J].世界经济,2002(7)19-27.

[87] 魏巍贤,林伯强.国内外石油价格波动性及其互动关系[J].经济研究,2007(12)130-141.

[88] 闻岳春,唐学敏.开放经济条件下的内外均衡及财政货币政策研究[J].武汉金融,2013(6)7-10.

[89] 伍戈,李三.成本冲击、通货膨胀与货币政策——基于总供给—总需求框架的实证分析[J].金融评论,2015(1)22-33.

[90] 伍戈,连飞.中国货币政策转型研究:基于数量与价格混合规则的探索[J].世界经济,2016(3)3-25.

[91] 席鹏辉,梁若冰,谢贞发,苏国灿.财政压力、产能过剩与供给侧改革[J].经济研究,2017(9)86-102.

[92] 谢平.新世纪中国货币政策的挑战[J].金融研究,2000(1)1-10.

[93] 熊海芳,王志强.货币政策意外,利率期限结构与通货膨胀预期管理[J].世界经济,2012(6)30-55.

[94] 熊正德,韩丽君.金融市场间波动溢出效应研究 GC-MSV 模型及其应用[J].中国管理科学,2013(2)32-41.

[95] 徐强.GDP 缩减指数是测度通货膨胀的可靠指标吗?[J].统计研究,2006(5)7-14.

[96] 徐亚平.公众学习、预期引导与货币政策的有效性[J].金融研究,2009(1)50-65.

[97] 徐亚平.通货膨胀预期形成的模型刻画及其与货币政策的关联性[J].金融研究,2010(9)19-33.

[98] 徐忠,纪敏,牛慕鸿,李宏瑾.中国货币政策转型——转轨路径与危机反思[M].北京:经济管理出版社,2018.

[99] 徐忠.经济高质量发展阶段的中国货币调控方式转型[J].金融研究,2018(4)1-19.

[100] 徐忠.新时代背景下中国金融体系与国家治理体系现代化[J].经济研究,2018(7)4-20.

[101] 许伟,陈斌开.银行信贷与中国经济波动:1993—2005[J].经济学(季刊),2009(3)969-994.

[102] 鄢莉莉,王一鸣.金融发展,金融市场冲击与经济波动——基于动态随机一般均衡模型的分析[J].金融研究,2012(12).

[103] 杨继军,范从来."中国制造"对全球经济"大稳健"的影响——基于价值链的实证检验[J].中国社会科学,2015(10)92-113.

[104] 杨继生.通货膨胀预期、流动性过剩与中国通货膨胀的动态性质[J].经济研究,2009(1)106-117.

[105] 杨小军.人民币汇率与通货膨胀之间的溢出效应及动态相关性[J].世界经济研究,2020(2)59-70.

[106] 杨小军.中国新凯恩斯主义菲利普斯曲线的经验研究[J].统计研究,2011(2)13-18.

[107] 易纲.在博鳌亚洲论坛2018年年会分论坛的问答实录[Z].www.pbc.gov.cn,2018-4-11.

[108] 易纲.货币政策回顾与展望[J].中国金融,2018(3)9-11.

[109] 易行健.经济开放条件下的货币需求函数:中国的经验[J].世界经济,2006(4)49-59.

[110] 殷克东,吴昊,李雪梅.我国宏观审慎政策与货币政策协同效应研究[J].经济研究工作论文,2015:952.

[111] 约翰·B·泰勒,米切尔·伍德福德.宏观经济学手册(第1A卷)[M].刘凤良,许秀江,李辉文,译.北京:经济科学出版社,2010.

[112] 张蓓.我国居民通货膨胀预期的性质及对通货膨胀的影响[J].金融研究,2009(9)40-54.

[113] 张成思,计兴辰.中国货币政策框架转型:分歧与共识[J].金融评论,2017(6)1-15.

[114] 张成思,芦哲.媒体舆论、公众预期与通货膨胀[J].金融研究,2014(1)29-43.

[115] 张成思.短期通货膨胀率动态机制理论述评[J].管理世界,2007(5)113-145.

[116] 张成思.全球化与中国通货膨胀动态机制模型[J].经济研究,2012(6)33-45.

[117] 张成思.新凯恩斯菲利浦斯曲线研究述评[J].金融评论,2010(5)75-81.

[118] 张成思.中国通胀惯性特征与货币政策启示[J].经济研究,2008(2)33-43.

[119] 张鹤,张代强,姚远,张鹏.货币政策透明度与反通货膨胀[J].经济研

究,2009(7)55-64.

[120] 张鸿武.中国通货膨胀与产出缺口变异性替代关系的研究[J].统计研究,2009(12)74-80.

[121] 张健华,常黎.哪些因素影响了通货膨胀预期——基于中国居民的经验研究[J].金融研究,2011(12)19-34.

[122] 张伟进,方振瑞.金融冲击与中国经济波动[J].南开经济研究,2013(5)20-34.

[123] 张晓慧.中国货币政策[M].北京:中国金融出版社,2012.

[124] 张晓慧.货币政策的发展、挑战与前瞻[J].中国金融,2015年第19期,第28-30页。

[125] 张晓慧.货币政策框架的前世今生,中国金融四十人看四十年[M].北京:中信出版集团,2018.

[126] 张勇,范从来.货币政策框架:理论缘起、演化脉络与中国挑战[J].学术研究,2017(11).

[127] 赵红梅,易卓睿.劳动生产率与中国菲利普斯曲线的门限转换特征[J].南开经济研究,2019(6)108-131.

[128] 赵留彦,王一鸣,蔡婧.中国通胀水平与通胀不确定性:马尔柯夫域变分析[J].经济研究,2005(8)60-72.

[129] 赵留彦.中国通货膨胀预期的卡尔曼滤波估计[J].经济学(季刊),2005(12)842-863.

[130] 郑挺国,王霞,苏娜.通货膨胀实时预测及菲利普斯曲线的适用性[J].经济研究,2012(3)88-101.

[131] 中国经济增长与宏观稳定课题组.外部冲击与中国的通货膨胀[J].经济研究,2008(5)4-18.

[132] 中国银行国际金融研究所课题组.全球能源格局下我国的能源金融化策略[J].国际金融研究,2012(4)32-41.

[133] 周小川."十一五"时期中国金融业改革发展的成就[J].中国金融家,2011(1)24-30.

[134] 周小川.把握好多目标货币政策:转型的中国经济的视角[N].金融时报(北京),2016-6-25(1).

[135] 周小川.新世纪以来中国货币政策的主要特点[J].中国金融,2013(2)9-14.

[136] 邹平.金融计量学[M].上海:上海财经大学出版社,2010.

[137] 左大培.围绕着通货膨胀的"替换"作用的经济学论争[J].经济研究,1996(2)3-14

[138] Stock, J., Watson, M. Has the Business Cycle Changed and Why? *NBER Macroeconomics Annual*, 2002, pp. 159-218.

[139] 《2013年国内外油气行业发展报告》课题组.2013年国内外油气行业发展概述及2014年展望[J].国际石油经济,2014(Z1)30-39.

[140] Phillips, A. W. The Relationship between Unemployment and the Rate of Change of Money Wages in the United Kingdom 1861—1957. *Economica*, 1958, Vol. 25, No. 100, pp. 283-299.

[141] Agénor, P. R., Bratsiotis, G. J., Pfajfar, D. Credit Frictions, Collateral, and the Cyclical Behavior of the Finance Premium. *Macroeconomic Dynamics*, 2014, Vol. 18, pp. 985-997.

[142] Aizenman, J., Frenkel, J. A. Optimal Wage Indexation, Foreign Exchange Intervention, and Monetary Policy. *American Economic Review*, 1985, Vol. 75, No. 3, pp. 402-423.

[143] Aizenman, J., Hausmann, R. Exchange Rate Regimes and Financial-Market Imperfections, UCSC Dept. of Economics. Working Paper, 2001, No. 493.

[144] Akerlof, G. A. Behavioral Macroeconomics and Macroeconomic

Behavior. *American Economic Review*, 2002, Vol. 92, No. 3, pp. 411 – 433.

[145] Andrés, J., Arce, O. Banking Competition, Housing Prices and Macroeconomic Stability. *The Economic Journal*, 2012, Vol. 122, pp. 1346 – 1372.

[146] Angelini, P., Neri, S., Panetta, F. The Interaction between Capital Requirements and Monetary Policy. *Journal of Money, Credit and Banking*, 2014, Vol. 46, pp. 1073 – 1112.

[147] Angeloni, I., Faia, E. Capital Regulation and Monetary Policy with Fragile Banks. *Journal of Monetary Economics*, 2013, Vol. 60, pp. 311 – 324.

[148] Arellano, M., Bond, S. Some Tests of Specification for Panel Data: Monte Carlo Evidence and an Application to Employment Equations. *Review of Economic Studies*, 1991, Vol. 58, No. 2, pp. 277 – 297.

[149] Arellano, M., Bover, O. Another Look at the Instrumental Variable Estimation of Error-Components Models. *Journal of Econometrics*, 1995, Vol. 68, No. 1, pp. 29 – 51.

[150] Asai, M., McAleer, M., Yu, J. Multivariate Stochastic Volatility: A Review. *Econometric Reviews*, 2006, Vol. 25, No. 2 – 3, pp. 145 – 175.

[151] Atkeson, A., Ohanian, L. E. Are Phillips Curves Useful or Forecasting Inflation? *Federal Reserve Bank of Minneapolis Quarterly Review*, 2001, Vol. 25, No. 1, pp. 2 – 11.

[152] Barro, R. J. *Macroeconomics*, 5th Edition. Cambridge: MIT Press, 1997.

[153] Barro, R. J. *Macroeconomics: A Modern Approach*. Boston:

Cengage Learning, 2007.

[154] Batini, N., Brian, J., Stephen, N. An Open-Economy New Keynesian Phillips Curve for the UK. *Journal of Monetary Economics*, 2005, Vol. 52, No. 6, pp. 1061–1071.

[155] Batini, N. Euro Area Inflation Persistence, Europeancentral Bank Working Paper, 2002, No. 201.

[156] Beau, D., Clerc, L., Mojon, B. Macro-prudential Policy and the Conduct of Monetary Policy. Banque de France Working Paper, 2012, No. 390.

[157] Becher, D. A., Campbell II, T. L., Frye, M. B. Incentive Compensation for Bank Directors: The Impact of Deregulation. *The Journal of Business*, 2005, Vol. 78, pp. 1753–1778.

[158] Belke, A., Dreger, C. The Transmission of Oil and Food Prices to Consumer Prices. *International Economics and Economic Policy*, 2015, Vol. 12, pp. 143–161.

[159] Berardi, M., Duffy, J. The Value of Central Bank Transparency When Agents Are Learning. *European Journal of Political Economy*, 2007, Vol. 23, No. 1, pp. 9–29.

[160] Bernanke, B. S., Gertler, M., Gilchrist, S. The Financial Accelerator in a Quantitative Business Cycle Framework. In: Taylor, J. B., Woodford, M. (Eds.), *Handbook of Macroeconomics*, 1999, pp. 1341–1393.

[161] Binici, M., Cheung, Y. W., Lai, K. Trade Openness, Market Competition, and Inflation: Some Sectoral Evidence from OECD Countries. *International Journal of Finance and Economics*, 2012, Vol. 17, pp. 321–336.

[162] Blundell, R., Bond, S., Initial Conditions and Moment Restrictions in Dynamic Panel Data Models. *Journal of Econometrics*, 1998, Vol. 87, No. 1, pp. 115–143.

[163] Borio, C. E., Filardo, A. J. Globalisation and Inflation: New Cross-country Evidence on the Global Determinants of Domestic Inflation. BIS Working Papers, 2007, No 227.

[164] Borio, C. The Financial Cycle and Macroeconomics: What Have We Learnt? *Journal of Banking & Finance*, 2014, Vol. 45, No. 8, pp. 182–198.

[165] Boyer, R. S. Optimal Foreign Exchange Market Intervention. *Journal of Political Economy*, 1978, Vol. 86, No. 6, pp. 1045–1055.

[166] Bratsiotis, G. J., Tayler, W. J., Zilberman, R. Financial Regulation, Credit and Liquidity Policy and the Business Cycle. Centre for Growth & Business Cycle Research Discussion Paper Series, 2014, No. 196.

[167] Bray, M. Learning, Estimation, and the Stability of Rational Expectations. *Journal of Economic Theory*, 1982, Vol. 26, No. 2, pp. 318–339.

[168] Brooks, S. P., Gelman, A. General Methods for Monitoring Convergence of Iterative Simulations. *Journal of Computational and Graphical Statistics*, 1998, Vol. 7, No. 4, pp. 434–455.

[169] Calvo, G. A. Staggered Prices in a Utility-Maximizing Framework. *Journal of monetary Economics*, 1983, Vol. 12, No. 3, pp. 383–398.

[170] Campa, J. M., Goldberg, L. S. Exchange Rate Pass-Through into Import Prices: A Macro Ormicro Phenomenon? National Bureau of

Economic Research, 2002, No 8934.

[171] Carceles-Poveda, E., Giannitsarou, C. Adaptive Learning in Practice. *Journal of Economic Dynamics and Control*, 2007, Vol. 31, No. 8, pp. 2659–2697.

[172] Carrol, C. D. Macroeconomic Expectations of Households and Professional Forecasters. *Quarterly Journal of Economics*, 2003, Vol. 118, No. 1, pp. 269–298.

[173] Cecchetti, S., Debelle, G. Has the Inflation Process Changed. *Economic Policy*, 2006, Vol. 21, No. 46, pp. 311–352.

[174] Chen, C. An Introduction to Quantile Regression and the QUANTREG Procedure, SAS Institute Inc. *Statistics and Data Analysis*, 2005, Paper 213–230 (http://www2.sas.com/proceedings/sugi30/213–30.pdf).

[175] Chib, S., Omori, Y., Asai, M. *Multivariate Stochastic Volatility*. Handbook of Financial Time Series. Springer Berlin Heidelberg, 2009, pp. 365–400.

[176] Christiano, L. J., Motto, R., Rostagno, M. Financial Factors in Economic Fluctuations, ECB Working Paper, 2010, No. 1192.

[177] Christiano, L. J., Eichenbaum, M., Evans, C. L. Nominal Rigidities and the Dynamic Effects of a Shock to Monetary Policy. *Journal of Political Economy*, 2005, Vol. 113, pp. 1–45.

[178] Claessens, S., Kose, M. A., Terrones, M. E. How Do Business and Financial Cycles Interact? *Journal of International Economics*, 2012, Vol. 178–190.

[179] Claus, I. Is the Output Gap a Useful Indicator of Inflation? Reserve Bank of New Zealand Discussion Paper, 2000, No. 05, Wellington.

[180] Cogley, T., Sbordone, A. M. Trend Inflation, Indexation, and Inflation Persistence in the New Keynesian Phillips Curve. *American Economic Review*, 2008, Vol. 98, No. 5, pp. 2101–2126.

[181] Cogley, T., Sargent, T. J. The Conquest of US Inflation: Learning and Robustness to Model Uncertainty. *Review of Economic Dynamics*, 2005, Vol. 8, No. 2, pp. 528–563.

[182] Coibion, O., Gorodnichenko, Y. Is the Phillips Curve Alive and Well After All? Inflation Expectations and the Missing Disinflation. NBER Working Paper, 2013, No. 19598.

[183] Curdia, V., Woodford, M., Credit Spreads and Monetary Policy. *Journal of Money, Credit and Banking*, 2010, Vol. 42, pp. 3–35.

[184] Daniels, J. P., VanHoose, D. D. Exchange-rate Pass Through, Openness, and the Sacrifice Ratio. *Journal of International Money and Finance*, 2013, Vol. 36, pp. 131–150.

[185] Sonali, D. China's Evolving Exchange Rate Regime. IMF Working Paper, 2019, No. 50.

[186] Dixit, A. K., Stiglitz, J. E. Monopolistic Competition and Optimum Product Diversity. *The American Economic Review*, 1977, Vol. 67, pp. 297–308.

[187] Dotsey, M., Robert, G. K., Alexander, L. W. State-Dependent Pricing and the General Equilibrium Dynamics of Money and Output. *The Quarterly Journal of Economics*, 1999, Vol. 114, No. 2, pp. 655–690.

[188] Drehmann, M., Borio, C., Tsatsaronis, K. Characterising the Financial Cycle: Don't Lose Sight of the Medium Term! BIS Working Paper, 2012, Vol. 380.

[189] Durham, G. B. Monte Carlo Methods for Estimating, Smoothing,

and Filtering One-and Two-factor Stochastic Volatility Models. *Journal of Econometrics*, 2006, Vol. 133, No. 1, pp. 273–305.

[190] Shaw, E. S. *Financial Deepening in Economic Development*. New York: Oxford University Press, 1973.

[191] Eickmeier, S., Pijnenburg, K. The Global Dimension of Inflation—Evidence from Factor. Augmented Phillips Curves. *Oxford Bulletin of Economics and Statistics*, 2013, Vol. 75, pp. 103–122.

[192] Engler, P. Gain from Migration in a New-Keynesian Framework. *Free University of Berlin*, mimeo, 2007.

[193] Equilibria. IMF Working Papers, 1998.

[194] Erceg, C. J., Henderson, D. W., Levin, A. T. Optimal Monetary Policy with Staggered Wage and Price Contracts. *Journal of Monetary Economics*, 2000, Vol. 46, pp. 281–313.

[195] Eusepi, S., Preston, B. Central Bank Communication and Expectations Stabilization. *American Economic Journal: Macroeconomics*, 2010, Vol. 2, No. 3, pp. 235–271.

[196] Evans, G. W., Honkapohja, S. *Learning and Expectations in Macroeconomics*. Princeton University Press, 2001.

[197] Evans, G. W., Honkapohja, S. Policy Interaction, Expectations and the Liquidity Trap. *Review of Economic Dynamics*, 2005, Vol. 8, No. 2, pp. 303–323.

[198] Evans, G. W. Expectational Stability and the Multiple Equilibria Problem in Linear Rational Expectations Models. *The Quarterly Journal of Economics*, 1985, Vol. 100, No. 4, pp. 1217–1233.

[199] Evans, G. W., Honkapohja, S., Williams, N. Generalized Stochastic Gradient Learning. *International Economic Review*, 2010,

Vol. 51, No. 1, pp. 237-262.

[200] Expectations and the Missing Disinflation. NBER Working Paper, 2013, No. 19598.

[201] Ferrero, G. Monetary Policy, Learning and the Speed of Convergence, *Journal of Economic Dynamics and Control*, 2007, Vol. 31, No. 9, 3006-3041.

[202] Fiore, F. D., Tristani, O. Optimal Monetary Policy in a Model of the Credit Channel, *The Economic Journal*, 2013, Vol. 123, pp. 906-931.

[203] Fisher, I. *Booms and Depressions: Some First Principles*, Published by Adelphi, 1932.

[204] Flood, R. P., Marion, N. P. The Transmission of Disturbances under Alternative Exchange Rate Regimes with Optimal Indexing, *Quarterly Journal of Economics*, 1982, 97 (1), pp. 43-66.

[205] Flood, R. P., Bhandari, J. S., Horne, J. P. Evolution of Exchange Rate Regimes, IMF Working Paper, 1988, No. 0440.

[206] Flood, R. P. Capital Mobility and the Choice of Exchange Rate Regime, *International Economic Review*, 1979, Vol. 20, No. 2, pp. 405-416.

[207] Frankel, J. A. No Single Currency Regime Is Right For All Countries or At All Times, NBER Working Paper, 1999, No. 7338.

[208] Frankel, Jeffrey A. Systematic managed floating, NBER Working Paper, 2017, No. 23663.

[209] Friedman, M. The Role of Monetary Policy, *American Economic Review*, 1968, Vol. 58, No. 1, pp. 1-17.

[210] Friedman, M. Nobel Lecture: Inflation and Unemployment, *Journal*

of Political Economy, 1977, Vol. 85, No. 3, pp. 451 – 472.

[211] Fuhrer, J., Moore, G. Inflation Persistence. *The Quarterly Journal of Economics*, 1995, Vol. 110, No. 1, pp. 127 – 159.

[212] Fuhrer, J. C. The Persistence of Inflation and the Cost of Disinflation. *New England Economic Review*, 1995, No. 1, pp. 3 – 16.

[213] Karras, G. Inflation and the Great Moderation: Evidence from a Large Panel Data Set. *International Journal of Economic Sciences and Applied Research*, 2014, No. 3, pp. 7 – 19.

[214] Gagnon, E., Mandel, B., Vigfusson, R. Missing Import Price Changes and Low Exchange Rate Pass Through. *American Economic Journal: Macroeconomics*, 2014, Vol. 6, pp. 156 – 206.

[215] Gail Pierson, 工会力量与美国的菲利普斯曲线, 《美国经济评论》, 1968 年 6 月; 转引自马丁·布朗芬布伦纳: 《收入分配理论》, 华夏出版社, 2009 年。

[216] Gali, J., Gertler, M. Inflation Dynamics: A Structural Econometric Analysis. *Journal of Monetary Economics*, 1999, Vol. 44, No. 2, pp. 195 – 222.

[217] Gali, J., Gertler, M., Lopez-Salido, J. D. Robustness of the Estimates of the Hybrid New Keynesian Phillips Curve. *Journal of Monetary Economics*, 2005, Vol. 52, No. 6, pp. 1107 – 1118.

[218] Gaspar, V., Smets, F., Vestin, D. Inflation Expectations, Adaptive Learning and Optimal Monetary Policy. *Handbook of Monetary Economics*, 2010, Vol. 3. pp. 1055 – 1095.

[219] Gilchrist, S., Schoenle, R., Sim, J., Zakrajsek E. Financial Heterogeneity and Monetary Union. *Meeting Papers from Society*

for *Economic Dynamics*, 2014, No. 1327.

[220] Girtion, L., Roper, D. A Monetary Model of Exchange Market Pressure Applied to the Postwar Canadian Experience. *American Economic Review*, 1977, Vol. 67, No. 4, pp. 537-548.

[221] Global Determinants of Domestic Inflation. BIS Working Papers, 2007, No. 227.

[222] Glosten, L. R., Jaganathan, R., Runkle, D. E. On the Relation between the Expected Value and the Volatility of the Normal Excess Return on Stocks. *Journal of Finance*, 1993, Vol. 48, No. 5, pp. 1779-1801.

[223] Goodfriend, M., McCallum, B. T. Banking and Interest Rates in Monetary Policy Analysis: A Quantitative Exploration. *Journal of Monetary Economics*, 2007, Vol. 54, pp. 1480-1507.

[224] Gordon, R. J. The Time-Varying NAIRU and its Implications for Economic Policy. NBER Working Paper, 1997, No. w5735.

[225] Granger, C. W. J. Investigating Causal Relations by Econometric Models and Cross-Spectral Methods. *Econometrica*, 1969, Vol. 37, No. 3, pp. 424-438.

[226] Granger, C. W. J. Testing for Causality: A Personal Viewpoint. *Journal of Economic Dynamics and Control*, 1980, Vol. 2, pp. 329-352.

[227] Hamilton, J. D. A New Approach to the Economic Analysis of Nonstationary Time Series and the Business Cycle. *Econometrica*, 1989, Vol. 57, No. 2, pp. 357-384.

[228] Hamilton, J. D. *Time Series Analysis*. Princeton University Press, 1994.

[229] Hamilton, J. D. Rational-Expectations Econometric Analysis of Changes in Regime: An Investigation of the Term Structure of Interest Rates. *Journal of Economic Dynamics and Control*, 1988, Vol. 12, pp. 385 – 423.

[230] Hansen, B. E. The Grid Bootstrap and the Autoregressive Model. *Review of Economics and Statistics*, 1999, Vol. 81, No. 4, pp. 594 – 607.

[231] Honkapohja, S., Mitra, K. Targeting Nominal GDP or Prices: Guidance and Expectation Dynamics. CEPR Discussion Paper, 2014, No. DP9857.

[232] Fisher. *Booms and Depressions: Some First Principles*. New York: Adelphi, 1932.

[233] Ihrig, J., Kamin, S. B., Lindner, D., Marquez, J. Some Simple Tests of the Globalization. IMF Working Paper, 2004.

[234] Inflation Hypothesis. *International Finance*, 2010, Vol. 13, pp. 343 – 75.

[235] International Economics and Economic Policy. *World Energy Outlook 2013*, November 2013.

[236] International Energy Agency. *World Energy Outlook 2013*, November 2013.

[237] Ireland, P. N. Irrational Expectations and Econometric Practice. Unpublished manuscript, 2003.

[238] Issing, O. Monetary and Financial Stability: Is There a Trade-Off? BIS Papers, 2003, Vol. 18, pp. 16 – 23.

[239] Keynes, M. *A tract on Monetary Reform*. London: Macmillan, 1923.

[240] Stock, J. H., Watson, M. W. Understanding Changes in International Business Cycle Dynamics. *Journal of the European Economic Association*, 2005, Vol. 3, No. 5, pp. 968-1006.

[241] Jermann, U., Quadrini, V. Macroeconomic Effects of Financial Shocks. *The American Economic Review*, 2012, Vol. 102, pp. 1186-1186.

[242] Kannan, P., Rabanal, P., Scott A. M. Monetary and Macroprudential Policy Rules in a Model with House Price Booms. *The BE Journal of Macroeconomics*, 2012, Vol. 12.

[243] Karras, G. Inflation and the Great Moderation: Evidence from a Large Panel Data Set. *International Journal of Economic Sciences and Applied Research*, 2013, Vol. 3, pp. 7-19.

[244] Keynes, J. M. *A Tract on Monetary Reform*. London: Macmillan, 1923.

[245] Keynes, J. M. The General Theory of Employment. In: *Interest and Money*. London: Macmillan, 1936, reprinted 2007.

[246] Kim, J., Nelson, R. *State Space Model with Regime Switching: Classical and Gibbs-Sampling Approaches with Applications*. The MIT Press, 1999.

[247] King, R. G., Plosser, C. I. The Econometrics of the New Keynesian Price Equation. *Journal of Monetary Economics*, 2005, Vol. 52, No. 6, pp. 1059-1060.

[248] Kiyotaki, N., Moore J. Credit Chains. *Journal of Political Economy*, 1997, Vol. 105, pp. 211-248.

[249] Koenkez, R., Machado, J. A. F. Goodness of Fit and Related Inference Processes for Quantile Regression. *Journal of the American Statistical*

Association, 1999, Vol. 94, No. 448, pp. 1296 –1310.

[250] Kose, M. A., Prasad, E., Rogoff, K. S., Wei, S. J. Financial Globalization: A Reappraisal. NBER Working Paper, 2006, No. 12484.

[251] Kydland, F. E., Prescott, E. C. Rules Rather Than Discretion: The Inconsistency of Optimal Plans. *Journal of Political Economy*, 1977, Vol. 85, pp. 473 – 492.

[252] Levin, A. T., Piger, J. M. Is Inflation Persistence Intrinsic in Industrial Economies? Eurosystem Central Bank Working Paper Series, 2004, No. 334.

[253] Levine, R., Loayza, N., Beck, T. Financial Intermediation and Growth: Causality and Causes. *Journal of Monetary Economics*, 2000, Vol. 46, pp. 31 – 77.

[254] Liesenfeld, R., Richard, J. Univariate and Multivariate Stochastic Volatility Models: Estimation and Diagnostics. *Journal of Empirical Finance*, 2003, Vol. 10, No. 4, pp. 505 – 531.

[255] López-Villavicencio, A., Saglio, S. Is Globalization Weakening the Inflation-Output Relationship? *Review of International Economics*, 2014, Vol. 22, pp. 744 – 58.

[256] Lucas, R. E. Expectations and the Neutrality of Money. *Journal of Economic Theory*, 1972, Vol. 4, No. 2, pp. 103 – 124.

[257] Lucas, R. *Econometric Policy Evaluation: A Critique*. In: Brunner, K., Meltzer, A. *The Phillips Curve and Labor Markets. Carnegie-Rochester Conference Series on Public Policy* 1. New York: American Elsevier, 1976, Vol. 1, pp. 19 – 46.

[258] Friedman, M. The Role of Monetary Policy. *American Economic*

Review, 1968, Vol. 58, No. 1, pp. 1 – 17.

[259] Mackowiak, B., Wiederholt, M. Optimal Sticky Prices under Rational Inattention. *American Economic Review*, 2009, Vol. 99, No. 3, pp. 769 – 803.

[260] Mankiw, N. G., Reis, R. Pervasive Stickiness. *The American Economic Review*, 2006, Vol. 96, No. 2, pp. 164 – 169.

[261] Mankiw, N. G., Reis, R. Sticky Information versus Sticky Prices: A Proposal to Replace the New Keynesian Phillips Curve. *The Quarterly Journal of Economics*, 2002, Vol. 117, No. 4, pp. 1295 – 1328.

[262] Mankiw, N. G., Reis, R. Imperfect Information and Aggregate Supply. NBER Working Paper Series, 2010, No. 15773.

[263] Marcet, A., Nicolini, J. P. Recurrent Hyperinflations and Learning. The *American Economic Review*, 2003, Vol. 93, No. 5, pp. 1476 – 1498.

[264] Marcet, A., Sargent, T. J. Convergence of Least Squares Learning Mechanisms in Self-Referential Linear Stochastic Models. *Journal of Economic Theory*, 1989, Vol. 48, No. 2, pp. 337 – 368.

[265] Marzinotto, B. Beyond Monetary Credibility: The Impact of Globalisation on the Output-Inflation Trade-Off in Euro-Area Countries. *The North American Journal of Economics and Finance*, 2009, Vol. 20, No. 2, pp. 162 – 176.

[266] Masson, P. R. Contagion: Monsoonal Effects, Spillovers, and Jumps between Multiple Equilibria. IMF Working Papers, 1998.

[267] McCallum, B. T. On Non-Uniqueness in Rational Expectations

Models: An Attempt at Perspective. NBER Working Paper, 1981. No. 684.

[268] Milani, F. Adaptive Learning and Inflation Persistence. University of California-Irvine Working Paper, 2005, No. 50607.

[269] Milani, F. Expectations, Learning and Macroeconomic Persistence. *Journal of Monetary Economics*, 2007, Vol. 54, No. 7, pp. 2065–2082.

[270] Milani, F. Adaptive Learning and Inflation Persistence. University of California-Irvine Working Paper, 2005a, No. 50607.

[271] Moosa, I. A. *Exchange Rate Regimes: Fixed, Flexible or Something in Between?* New York: Palgrave Macmillan, 2005.

[272] Morgan, J. P. *Risk Metrics™—Technical Document (Fourth Edition)*. New York: Morgan Guaranty Trust Company, 1996, pp. 1–237.

[273] Muth, J. F. Rational Expectations and the Theory of Price Movements. *Econometrica*, 1961, Vol. 29, No. 3, pp. 315–335.

[274] Nolan, C., Thoenissen, C. Financial Shocks and the US Business Cycle. *Journal of Monetary Economics*, 2009, Vol. 56, pp. 596–604.

[275] O'Reilly, G., Whelan, K. Has Euro-Area Inflation Persistence Changed Over Time. *The Review of Economics and Statistics*, 2005, Vol. 87, No. 4, pp. 709–720.

[276] Obstfeld, M., Rogoff, K. S., Wren-lewis, S. *Foundations of International Macroeconomics*. Cambridge, MA: MIT press, 1996.

[277] Okun, A. M. *Potential GNP: Its Measurement and Significance*. Proceedings of the Business and Economic Statistics Section of the

American Statistical Association, 1962, Vol. 7, pp. 89–104.

[278] Oliver, C., Gorodnichenko, Y., Kamdar, R. The Formation of Expectations, Inflation, and the Phillips Curve. *Journal of Economic Literature*, 2018, Vol. 56, No. 4, pp. 1447–1491.

[279] Orphanides, A., Williams, J. Imperfect Knowledge, Inflation Expectations, and Monetary Policy. NBER Working Paper, 2004, No. 9884, pp. 1–35.

[280] Ozkan, G., Unsal, F. On the Use of Monetary and Macroprudential Policies for Financial Stability in Emerging Markets. Discussion Papers in Economics, University of York, 2013.

[281] Peacock, C., Baumann, U. Globalisation, Import Prices and Inflation Dynamics. Bank of England Working Papers, 2008, No. 359.

[282] Perlin, M. MS Regress—The MATLAB Package for Markov Regime Switching Models, Working Paper, 2010.

[283] Phelps, E. S. Money-Wage Dynamics and Labor-Market Equilibrium. *The Journal of Political Economy*, 1968, Vol. 76, No. 4, pp. 678–711.

[284] Phillips, A. W. The Relationship between Unemployment and the Rate of Change of Money Wages in the United Kingdom, 1861—1957. *Economica*, Vol. 25, pp. 283–299.

[285] Phillips, P. C. B. Approximations to Some Finite Sample Distributions Associated With a First-Order Stochastic Difference Equation. *Econometrica*, 1977, Vol. 45, No. 2, pp. 463–484.

[286] Pindyck, R. S. Volatility in Natural Gas and Oil Markets. *The Journal of Energy and Development*, 2004, Vol. 30, No. 1, pp. 1–19.

[287] Poole, W. Optimal Choice of Monetary Policy Instrument in a Simple Stochastic Macro Model. *Quarterly Journal of Economics*, 1970. Vol. 84, No. 2, pp. 197–216.

[288] Preston, B. Learning about Monetary Policy Rules When Long-Horizon Expectations Matter. *International Journal of Central Banking*, 2005, Vol. 1, No. 2, pp. 81–114.

[289] Primiceri, G. E. Why Inflation Rose and Fell: Policymakers' Beliefs and US Postwar Stabilization Policy. *The Quarterly Journal of Economics*, 2006, Vol. 121, No. 3, pp. 867–901.

[290] Lucas, R. Econometric Policy Evaluation: A Critique. In: Brunner, K., Meltzer, A. (eds.), *Theory, Policy, Institution: Papers from the Garnegie-Rochester Conference Series on Public Policy*. Elsevier Science Publishers B. V. (North-Holland), 1983, pp. 257–284.

[291] Rate Pass-Through, *American Economic Journal: Macroeconomics*, 2014, Vol. 6, pp. 156–206.

[292] Ratio. *Journal of International Money and Finance*, 2013, Vol. 36, pp. 131–150.

[293] Razin, Binyamini. *Flattening of the Short-run Trade-off between Inflation and Domestic Activity: The Analytics of the Effects of Globalization*. Tel Aviv University, Mimeo, 2007.

[294] Roberts, J. M. How Well Does the New Keynesian Sticky-Price Model Fit the Data? *Contributions in Macroeconomics*, 2005, Vol. 5, No. 1, pp. 1–39.

[295] Roberts, J. M. New Keynesian Economics and the Phillips Curve. *Journal of Money, Credit and Banking*, 1995, Vol. 27, No. 4, pp. 975–984.

[296] Rogoff, K. Globalization and Global Disinflation. *Economic Review—Federal Reserve Bank of Kansas City*, 2003, Vol. 88, pp. 45 – 80.

[297] Romer, D. Openness and Inflation: Theory and Evidence. *The Quarterly Journal of Economics*, 1993, Vol. 108, pp. 869 – 903.

[298] Roper, D. E., Turnovsky, S. J. Optimal Exchange Market Intervention in a Simple Stochastic Macro Model. *The Canadian Journal of Economics*, 1980, Vol. 13, NO. 2, pp. 296 – 309.

[299] Ross, S. A. Information and Volatility: The No-Arbitrage Martingale Approach to Timing and Resolution Irrelevancy. *The Journal of Finance*, 1989, Vol. 44, No. 1, pp. 1 – 17.

[300] Rotemberg, J. J. Sticky Prices in the United States. *The Journal of Political Economy*, 1982, Vol. 90, No. 6, pp. 1187 – 1211.

[301] Rotemberg, J. J., Woodford, M. An Optimization-based Econometric Framework for the Evaluation of Monetary Policy. *NBER Macroeconomics Annual*, 1997, Vol. 12, pp. 297 – 346.

[302] Rotemberg, J. J., Woodford, M. Interest Rate Rules in an Estimated Sticky Price Model. NBER Working Paper, 1999, No. 6618.

[303] Rubio, M., Carrasco-Gallego, J. A. Macroprudential and Monetary Policies: Implications for Financial Stability and Welfare. *Journal of Banking & Finance*, 2014, Vol. 49, pp. 326 – 336.

[304] Rudd, J., Whelan, K. Can Rational Expectations Sticky-price Models Explain Inflation Dynamics? *The American Economic Review*, 2006, Vol. 96, No. 1, pp. 303 – 320.

[305] Rudd, J., Whelan, K. Does Labor's Share Drive Inflation? *Journal*

of Money, Credit and Banking, 2005(b), Vol. 52, pp. 297–312.

[306] Rudd, J., Whelan, K. Modeling Inflation Dynamics: A Critical Review of Recent Research. *Journal of Money, Credit and Banking*, 2007, Vol. 39, No. s1, pp. 155–170.

[307] Rudd, J., Whelan K. New Tests of the New-Keynesian Phillips Curve, *Journal of Monetary Economics*, 2005(a), Vol. 52, No. 6, pp. 1167–1181.

[308] Benttolila, S., Dolado, J. J., Jimeno, F. J. Does Immigration Affect the Phillips Curve? Some Evidence for Spain, IZA. Discussion Paper, 2007, No. 3249.

[309] Samuelson, P. A., Solow, R. M. Analytical Aspects of Anti-inflation Policy. *The American Economic Review*, 1960, Vol. 50, No. 2, pp. 177–194.

[310] Sargent, T. J. Bounded Rationality in Macroeconomics: The Arne Ryde Memorial Lectures. OUP Catalogue, 1993.

[311] Sbordone, A. M. Do Expected Future Marginal Costs Drive Inflation Dynamics? *Journal of Monetary Economics*, 2005, Vol. 52, No. 6, pp. 1183–1197.

[312] Sbordone, Argia M. Prices and Unit Labor Costs: A New Test of Price Stickiness. *Journal of Monetary Economics*, 2002, Vol. 49, No. 2, pp. 265–292.

[313] Schularick, M., Taylor, A. M. Credit Booms Gone Bust: Monetary Policy, Leverage Cycles and Financial Crises, 1870—2008. NBER Working Paper, 2009.

[314] Schwartz, A. J. Why Financial Stability Despends on Price Stability? *Economic Affairs*, 1995, Vol. 15, No. 421–425.

[315] Sectoral Evidence from OECD Countries, *International Journal of Finance and Economics*, 2012, Vol. 17, pp. 321-36.

[316] Shaw, E. S. *Financial Deepening in Economic Development*. Oxford University Press, 1973.

[317] Shleifer, A., Vishny, R. W. A Survey of Corporate Governance. *The Journal of Finance*, 1997, Vol. 52, pp. 737-783.

[318] Smets, F., Wouters, R. Openness, Imperfect Exchange Rate Pass-Through and Monetary Policy. *Journal of Monetary Economics*, 2002, Vol. 49, pp. 947-981.

[319] Smets, F., Wouters, R. Monetary Policy in an Estimated Stochastic Dynamic General Equilibrium Model of the Euro Area. *Journal of the European Economic Association*, 2003, Vol. 1, No. 5, pp. 1123-75.

[320] Spiegelhalter, D., Thomas, A., Best, N., Lunn, D. WinBUGS user manual, 2003.

[321] Stock, J. H., Watson, M. W. Phillips Curve Inflation Forecasts. NBER Working Paper, 2008, No. w14322.

[322] Stock, J., Watson, M. Has the Business Cycle Changed and Why? *NBER Macroeconomics Annual*, 2002, Vol. 17, pp. 159-218.

[323] Suh, H. Evaluating Macroprudential Policy with Financial Friction DSGE Model. Mimeo, Indiana University Bloomington, 2011.

[324] Suh, H. Macroprudential Policy: Its Effects and Relationship to Monetary Policy. FRB of Philadelphia Working Paper, 2012.

[325] Svensson, L. E. Monetary Policy and Learning. *Economic Review—Federal Reserve Bank of Atlanta*, 2003, Vol. 88, No. 3, 11-16.

[326] Taghipour, A., Mousavi, A. The Effect of Financial Globalization on Monetary Policy Discipline: The Evidence from 22 Developing

Countries. *Money and Economy*, 2011, Vol. 6.

[327] Tayler, W., Zilberman, R. Macroprudential Regulation and the Role of Monetary Policy. Economic Working Paper Series in Lancaster University Management School, 2015.

[328] Taylor, J. B. Aggregate Dynamics and Staggered Contracts. *Journal of Political Economy*, 1980, Vol. 88, No. 1, pp. 1-23.

[329] Taylor, J B. Staggered Wage Setting in a Macro Model. *American Economic Review*, 1979, Vol. 69, No. 2, pp. 108-113.

[330] Taylor, J. B. Aggregate Dynamics and Staggered Contracts. *Journal of Political Economy*, 1980, Vol. 88, No. 1, pp. 1-23.

[331] Taylor, J. B. Low Inflation, Pass-Through, and the Pricing Power of Firms. *European Economic Review*, 2000, Vol. 44, No. 7, pp. 1389-1408.

[332] Thornton, J. The Relationship between Inflation and Inflation Uncertainty in Emerging Market Economies. *Southern Economic Journal*, 2007, Vol. 73, No. 4, pp. 858-870.

[333] Thornton, J. Inflation and Inflation Uncertainty in Argentina, 1810—2005. *Economics Letters*, 2008, Vol. 98, No. 3, pp. 247-252.

[334] Trichet, J. C. Asset Price Bubbles and Monetary Policy. Speech by President of the ECB, 2005.

[335] Turnovsky, S. J. The Relative Stability of Alternative Exchange Rate Systems in the Presence of Random Disturbances. *Journal of Money, Credit and Banking*, 1976, Vol. 8, NO. 1, pp. 29-50.

[336] Tyrell, I., Wei, S. J. Does Financial Globalization Induce Better Macroeconomic Policies? IMF Working Paper, 2004.

[337] Uhlig, H. A Toolkit for Analyzing Nonlinear Dynamic Stochastic Models Easily. In: Marimon, R., Scott, A. (Eds.), *Computational Methods for the Study of Dynamic Economies*. Oxford University Press, 1999.

[338] Velde, F. R. Chronicle of a Deflation Unforetold. *Journal of Political Economy*, 2009, Vol. 117, No. 4, pp. 591–634.

[339] Walsh, C. E. Monetary Theory and Policy (3rd edition). Cambridge Massachusetts: MIT Press, 2010.

[340] Weber, W. E. Output Variability under Monetary Policy and Exchange Rate Rules. *Journal of Political Economy*, 1981, Vol. 89. No. 4, pp. 733–751.

[341] Weymark, D. Measuring the Degree of Exchange Market Intervention in a Small Open Economy. *Journal of International Money and Finance*, 1997, Vol. 16, No. 1, pp. 55–79.

[342] Willis, J. L. Implications of Structural Changes in the U. S. Economy for Pricing Behavior and Inflation Dynamics. *Economic Review—Federal Reserve Bank of Kansas City* Q1, 2003, pp. 5–27.

[343] Yu, J., Meyer, R. Multivariate Stochastic Volatility Models: Bayesian Estimation and Model Comparison. *Econometric Reviews*, 2006, Vol. 25, No. 2–3, pp. 361–384.

[344] Yu, K., Lu, Z., Stander, J. Quantile Regression: Applications and Current Research Areas. *The Statistician*, 2003, Vol. 52, No. 3, pp. 331–350.

[345] Zakoian, J. M. Threshold Heteroskedastic Models. *Journal of Economic Dynamics and Control*, 1994, Vol. 18, No. 5, pp. 931–955.

[346] Zhang, C., Clovis, J. The New Keynesian Phillips Curve of Rational Expectations: A Serial Correlation Extension. *Journal of Applied Economics*, 2010, Vol. 13, No. 1, pp. 159–179.

[347] Zhang, C., Osborn, D. R., Kim, D. H. The New Keynesian Phillips Curve: From Sticky Inflation to Sticky Prices. *Journal of Money, Credit and Banking*, 2008, Vol. 40, No. 4, pp. 667–699.

[348] Zhang, C., Zhou, Y. The Global Slack Hypothesis: New Evidence from China. *International Review of Economics & Finance*, 2015, Vol. 42, No. 3, pp. 339–348.

[349] Zhang, W. China's Monetary Policy: Quantity versus Price Rules. *Journal of Macroeconomics*, 2009, Vol. 31, pp. 473–484.

[350] Zhang, C., Osborn, D. R., Kim, D. H. The New Keynesian Phillips Curve: From Sticky Inflation to Sticky Prices. *Journal of Money, Credit and Banking*, 2008, Vol. 40, No. 4, 667–699.

[351] Zhang, C. Structural Instability of US Inflation Persistence. *Applied Economics Letters*, 2008, Vol. 15, No. 14, pp. 1147–1151.

[352] Zhang, C., Clovis, J. Modeling China Inflation Persistence. *Annals of Economics and Finance*, 2009, Vol. 10, No. 1, pp. 89–110.

[353] Zhang, C. Structural Instability of US Inflation Persistence. *Applied Economics Letters*, 2008, Vol. 15, No. 14, pp. 1147–1151.

[354] Zhang, C., Osborn, D. R., Kim, D. H. The New Keynesian Phillips Curve: From Sticky Inflation to Sticky Prices, *Journal of Money, Credit and Banking*, 2008, Vol. 40, No. 4, pp. 667–699.

后　记

货币政策框架的转型是中国金融制度优化的重要组成部分。货币政策目标在整个货币政策框架中居于核心地位，而货币政策最终目标的选择则决定了整个货币政策框架的价值取向。本书在系统梳理货币政策研究脉络的基础上，多视角研究货币政策的价格稳定目标和金融稳定目标，结合对中国改革开放40年来货币政策实践的总结，以及中国经济高质量发展的新需求，探讨中国货币政策框架转型的基本方向。中国货币政策的目标和转型是本书的研究主线。

我对货币政策目标的研究，开始于2002年9月。当时我有机会在日本名古屋大学经济学部工作6个月，没有了教学和行政工作，也刚刚完成了"通货紧缩时期的货币政策"(博士论文)和"通货紧缩的国际传导机制"(国家社科基金)的研究工作，有时间也有了一定的研究积累，开始思考自己对货币政策的研究框架。对通货紧缩的研究使我切入了货币政策的目标问题，而目标的实现则依赖于货币政策工具的运用，以及中介目标和操作目标的选择。这种选择与我国特定转型和发展阶段主要经济变量之间的传导机制有着密切的关系，而这正是我们一般所说的货币政策框架。我计划用20年左右的时间来研究货币政策框架。围绕货币政策"转型—框架—目标"这一主线，我开始利用名古屋大学经济学部的图书文献中心整理相关资料，并利用这段时间对货币政策的中介目标进行了初步研究，回国后多次修改，2004年研究成果"论货币政策中间目标的选择"在《金融研究》第6期上发表。这篇论文是我发表的货币政策目标论方面的第一篇论文，在我截至2019年年底发表的论文中，该文的他引次数一直排名第一。应该说,这是对我开始这方面研究的最大激励。

十多年来,我围绕货币政策的目标和转型这一主题进行了较为系统的研究,逐步形成了一个研究团队。该团队的骨干成员多数为我曾经指导和正在指导的博士研究生,以及我的同事。团队成员来自上海对外经贸大学、安徽财经大学、西南财经大学、南京农业大学、南京财经大学、宁波大学、南京大学等高校。他们是:高洁超、何启志、刘晓辉、巩师恩、杨继军、胡育蓉、彭明生等。我们的研究团队非常幸运,2013年入选教育部"创新团队发展计划",2017年得到该计划的滚动支持。本书是该计划的结项成果之一,是我们团队共同的研究结晶。感谢教育部的创新团队计划为我们开展这项系统研究提供了宝贵的平台!

感谢我的老师洪银兴教授!是老师把我领进货币政策这扇大门,也是老师一直指导着我的研究方向和研究角度,马克思主义经济学的立场方法、前沿经济理论与中国实际的三者结合一直是老师对我研究工作的要求。我想,没有这些,我不可能完成这项繁复的研究工作,谢谢洪老师!

南京大学出版社徐媛编辑,为书稿做了十分艰辛而细致的编校工作,在此我表示深深的谢意!

对于货币政策的目标和转型这一主题的研究,虽然我力求有所创新,但由于本人的学识和研究水平有限、掌握的资料有限,成果中还有很多不成熟或不完善之处。敬请各位专家批评指正!

范从来

2020年春

图书在版编目(CIP)数据

中国货币政策：目标与转型 / 范从来著. — 南京：南京大学出版社，2020.5
ISBN 978-7-305-23291-6

Ⅰ. ①中… Ⅱ. ①范… Ⅲ. ①货币政策－研究－中国 Ⅳ. ①F822.0

中国版本图书馆 CIP 数据核字(2020)第 081972 号

出版发行	南京大学出版社
社　　址	南京市汉口路 22 号　　邮　编　210093
出 版 人	金鑫荣
书　　名	中国货币政策：目标与转型
著　　者	范从来
责任编辑	徐　媛
照　　排	南京南琳图文制作有限公司
印　　刷	南京鸿图印务有限公司
开　　本	787×960　1/16　印张 19.25　字数 270 千
版　　次	2020 年 5 月第 1 版　2020 年 5 月第 1 次印刷
ISBN	978-7-305-23291-6
定　　价	55.00 元
网　　址	http://www.njupco.com
官方微博	http://weibo.com/njupco
官方微信	njupress
销售热线	025-83594756

* 版权所有，侵权必究
* 凡购买南大版图书，如有印装质量问题，请与所购图书销售部门联系调换